KB041976

도나 해러웨이

조지프 슈나이더 지음
조고은 옮김

LIVE THEORY

도나 해러웨이

초판 1쇄 발행 2022년 4월 15일
초판 2쇄 발행 2022년 7월 8일

지은이 조지프 슈나이더
옮긴이 조고은

펴낸이 김현태
펴낸곳 책세상

등록 1975년 5월 21일 제2017-000226호
주소 서울시 마포구 잔다리로 62-1, 3층(04031)
전화 02-704-1251
팩스 02-719-1258
이메일 editor@chaeksesang.com
광고·제휴 문의 creator@chaeksesang.com
홈페이지 chaeksesang.com
페이스북 /chaeksesang 트위터 @chaeksesang
인스타그램 @chaeksesang 네이버포스트 bkworldpub

ISBN 979-11-5931-831-3 94100
      979-11-5931-829-0 (세트)

◆ 잘못되거나 파손된 책은 구입하신 서점에서 교환해드립니다.
◆ 책값은 뒤표지에 있습니다.

LIVE
THEORY

Donna Hara-way

도나 해러웨이

조지프 슈나이더 지음
조고은 옮김

소중한 친구이자 동료인
존 이츠로 키츠세를 추모하며

차례

1장 **들어가며**   11

개인적 배경 및 경력에 대한 인생 이야기   17
  : 아일랜드계 가톨릭 소녀가 국제적으로 저명한
  기술과학 분야의 페미니스트 학자가 되다

2장 **자연의 이야기로서 과학**   49
영장류학의 경우

"영장류학은 유인원에 대한 오리엔탈리즘이다"   57

자연 구축하기, 사실 만들기, 픽션 쓰기   63

페미니즘 이론의 한 장르로서 영장류학   73
  : 다르게 과학하기를 향해

과학소설로서 영장류학: 희망의 가능성들   100

3장 **반려종이 모인 퀴어 가족**   104
사이보그에서 개와 그 너머까지

"지구에서 살아남으려면 사이보그가 되자!"   107
  : 해러웨이의 첫 번째 페미니즘 선언

소중한 타자성에 진지하게 관여하기: 반려종   132

4장 신체, 지식, 정치, 윤리, 진실   152
페미니즘 기술과학의 모색

과학에 등장하는 남성적 겸손한 목격자를 재구성하기   157
상황적 지식, 부분적 관점, 강력한 객관성   171
다중적 주체와 능동적 대상이 새로운 유형의 지식을 만든다 186

5장 도나 해러웨이와의 대화   197

6장 왜 해러웨이를 읽어야 하는가   277

감사의 말   289
옮긴이의 말   291
주   296
참고문헌   304

LIVE THEORY

도나 해러웨이

Donna Haraway

1장
들어가며

이 책은 적어도 두 가지를 목표로 한다. 첫째, 도나 해러웨이의 여러 학술 저작에서 주요 내용 및 특성을 압축하여 한 권의 책에 담고자 한다. 이는 어느 작가에게든 위험한 작업이지만, 결국은 자신이 할 수 있는 선에서 나름의 독해나 자기 버전의 저자 혹은 주제를 만들어내는 작업이기도 하다. 해러웨이의 저작을 더 많이 읽을수록, 이 요약본에 당신이 원저작에서 파악한 주장이 빠져 있거나 심지어 '왜곡'되어 있다고 느끼는 경우도 늘어날 것이다. 둘째 목표는 첫째와 직접적으로 연결되어 있다. 참고문헌에 정리되어 있는 해러웨이의 저작을 직접 읽어보고 자신만의 '도나 해러웨이: 라이브 이론'을 정리해보겠다는 당신의 열정에 불을 지피는 것이다. 이 책은 앞으로 이어질 단어, 문장, 문단, 페이지 안에서 또 그것들을 통해 대상, 주체, 감각의 복잡하고도 매혹적인 공간을 열어주는 문과 같다. 하지만 이 문은 상당히 빨리 닫히기에, 당신이 직접 공들여 읽고 생각해주기를 기다리고 있는 해러웨이의 연구가 어떤 것일지에 대해 잠깐밖에 보여주지 않는다. 따라서 당신이 이 책만 읽고 해러웨이에 대한 공부를 중단

한다면 오직 내 버전의 해러웨이만 알게 될 뿐이며, 이는 당신이 해러웨이의 저작을 직접 접하며 읽고 쓰게 될 내용과는 상당히 다를 것이다. 나는 당신이 이 책을 읽어가면서, 혹은 읽은 후에도 계속해서 해러웨이와 함께하길 바란다.

해러웨이의 저작을 직접 읽기를 바라는 것은 내 경험 때문이기도 하다. 그의 저작을 읽는 경험은 결코 수월하지 않았지만, 매우 확장적이면서도 자극이 되었다. 이 책을 찬양 일색으로 채우지 않기 위해 노력했지만, 해러웨이의 사상과 저술에 대한 나의 열렬한 마음을 감출 수는 없을 것이다. 그로 인해 다시 나는 앞서 언급한 첫째 목표 혹은 과제인 압축, 요약, 비평하기로 돌아가게 된다. 30년 넘게 학술 논문 및 저서를 집필해왔기에, 나는 특히 인문학 및 사회과학 분야의 학술 비평 관습을 잘 알고 있다. 그에 대해 여기서 상세히 설명하지는 않겠지만, 미리 논의하여 조정해두고 싶은 관행이 하나 있다.

이러한 비평 전략을 가장 간단히 설명하자면 아마도 검토하고 있는 발상 및 주장의 부족한 점을 내세우는 방식일 것이다. 이는 그 주장이 기여하는 점보다 부족한 점에 초점을 맞추기에, 부족한 점에 비해 기여한 바는 부차적인 부분이 되어버린다. 이 전략은 토머스 쿤(1970)이 지배적 패러다임 안에서 행해진 "정상과학"이라고 불렀던 것의 입장에 서서, 항상 검토하고 있는 연구 및 저술이 "'우리'가 이미 알고 있는 바"에 기여하는 점을 평가한다. 즉 검토 중인 작업이 이 패러다임 내에서 '지식'에 기여하는 방식에 대해 판단한다(그러나 '이 패러다임 내에서'라는 단서는 생략해버릴 때가 많다). 지식을 이렇게 이해하는 방식은 그것을 특정 전문가 집단 사이에서 공유되거나 협의된 것으로 본다. 그들은 "이미 알려진" 것, 그리고 완전한 지식에 더욱 가까이 다가가기 위해 "'우리'가 알거나 발견해야 할 것"을 알고 있다고 간주된다. 이런 종류의 비평에는 호전적이거나 갈등과-투쟁이-뒤섞인-특성이 드러날 때가 있는데, 이것이 물론 생산적이고 바람직할 때도 있지만, 그 비평자가 검토한 대상에 대해 관대하게 이해하거나 보다 사색적인 응답을 할 여지를 거의 남겨두지 않기도 한다. 특히 그것이 기대고 있는 전제나 기존 조건의 측면을 다룰 때는 더욱 그렇다. 내가 다소 희화화하는 것일지도 모르겠지만, 그러한 관념은 지배적 패러다임 및 정통적 연구에 따라 규정된 이러한 지식을 다루는 전문가 집단이 보여주는 특정 유형의 학문적 훈련의 관행이자 결과이다.

이런 방식으로 리뷰와 비평을 집필하여 얻을 수 있는 성과가 분명히 있지만, 여기서는 사용하지 않고자 한다. 도나 해러웨이의 연구는 감히 누구도 비판할 수 없다는 뜻이 아니다. 그렇다고 하면 해러웨이는 웃음을 터뜨릴 것이다.[1] 오히려 이는 새로운 사상을 읽고 생각할 때 배움과 탐구를 위해서는 어떤 전략이 가장 생산적일지를 가늠하는 문제에 더 가깝다. 나는 궁금한 대상에 접근할 때 부족한 점이 무엇인지 찾기보다는 그것을 만나 얻게 된 것이 무엇인지 묻는 방식이 더 좋다고 생각한다. 마찬가지로 나는 무언가에 관심을 가지거나 접근할 때, 그것을 '알려지고/소유되어' 축소된 채로 그것의 '본질' 속에 남겨두기보다는,

보다 열린 자세로 그것에 관심을 가지면서 당신이 얻을 수 있는 것을 모색해보기를 권한다.

다시 말하지만 부족하거나 부재한 점에 초점을 맞추는 방식이나, 새로 접한 것을 주로 그 비평자가 가지고 있는 의제의 측면에서 보려는 시도가 적절하지 않거나 생산적이지 않다는 뜻은 결코 아니다. 사실 가장 훌륭한 비판적 사고 중 대부분이 저자가 침묵하고 간과하고 왜곡하고 단순히 고려 대상에서 제외해버린 부분에 대한 인식을 발전시키고 관심을 지속적으로 이어간 데서 나왔다. 가령 지난 세기와 이번 세기의 비판적 저술 중 가장 뛰어난 몇 편을 배출한 마르크스주의와 페미니즘은, 분명 우리에게 무엇이 침묵되고 부정되어왔는지 찾아보기를 요구하며 그러한 비판에서 비롯한 새로운 사상과 실천을 지향하고 우리가 더 많이 말하고 보고 살아가도록 도와준 두 가지 대표적 연구이다. 그리고 나는 이러한 비판 중 최선의 버전은 자신이 비판하는 이론에 자신도 의존하고 있음을 인정하는 비판이라고 생각한다. 그러한 비판은 다르게 바라보고 생각할 수 있게 해주는 자원을 이론으로부터 끌어내며, 자신과 다른 사람들의 삶의 실천에 관한 도덕적, 윤리적 입장과 함의를 더욱 깊이 탐구한다. 비판과 해체를 위해 반드시 파괴가 필요한 것은 아니며, 진지하고 강인한 겸손에서 이득을 얻는 경우도 많다.

여기서 해러웨이에 대해 다룰 때 나는 특정한 비판적 접근을, 즉 복잡한 것을 단순화하거나, 비평 대상이 하지 못한 점과 비평가가 보기에 빠져 있는 점을 심지어 일부 협의된 기준을 넘어서는 수준까지 지적하며 그 대상을 본질화하는 방식을 취할 때만 쓸모 있다고 여겨지는 비평 방식을 피하고자 한다. 그런 유형의 비평이 해당 지식 노동자의 자아를 쉽게 키우거나 축소시킬 수 있음에도(우리는 모든 인간의 사회적 행동에서 '개인적인 것'의 중요성을 결코 무시해선 안 된다), 그것은 학문적 작업 및 그러한 작업과 연관된 많은 세계에서 흔히 등장하는 방식이자, 지배적이고 이해관계가 얽힌 다른 구조들과 연결되어 그를 위해 복무하는 실천의 스타일 혹은 형식이기 때문에 지금까지 지속되어왔다.

이런 말을 했으니, 당신은 분명 내가 방금 피하고 싶다고 언급한 일, 즉 주로 이 책에 담고자 하는 나의 의제나 적어도 내가 이해한 해러웨이 연구의 의제에 잘 맞지 않는다는 이유로 사상이나 주장을 비판하는 듯한 순간을 이 책에서 찾아내고 싶을 것이다. 하지만 그런 평가는 나만의 방식으로 해러웨이를 보는 데 유용한 자원이 되어주지 못한다. 실제로 해러웨이의 저작에 대한 비평 중에서도 (의도적일 때도 있고 아닐 때도 있지만) 핵심에서 벗어났거나 오독에 기반하고 있다고 판단되어 여기서 자세히 소개하지 않기로 한 것들이 있다. 여기서 내 말이 옳다고 우겨대지 않아도, 관대함이 박하고 호전적이며 심지어 파괴적인 방식의 비판은 얼마든지 살아남아 재생산할 수 있을 만큼 많기 때문에(정확히는, 심지어 지배적이다), 나는 해러웨이의 연구에 대한 보다 관대한 접근을 독려하고 싶다고 충분히 말할 수 있다. 저런 방식의 비판을 할 때는 개인적으로나 집단적으로 평소보다 더욱 책임감을 가져야 하지만, 그것이 꼭 필요한 경우나 결코 금지되어선 안 되는 경우도 있다. 하지만 어떤 경우이든 이런 유형의 비판 및 질문이 우리가 배우거나 살아가는 유일한 방법이어선 안 된다.

마지막으로, 앞서 언급한 환원적 혹은 패러다임 수호적 비평 방식을 활용하고 싶다 해도, 해러웨이의 연구는 철저히 학제적이며 여러 미디어에 대한 다중적 문해력을 요하기에 그런 식으로 비판하기 상당히 어려울 것이다. 실제로 학제적 성격과 다중 문해력이 비평에 제기한 딜레마 중 하나가 바로 비평가가 어떤 기준을 적용해서 비평을 구성해야 하는가라는 문제였다. 해러웨이의 연구를 손쉽게 평가할 수 있는 '정상과학'은 없다. 물론 역사학이나 사회학 등의 학문적 기준을 사용할 수 있다. 마찬가지로 특정 페미니즘 혹은 마르크스주의에 따른 비판 기준을 사용해 해러웨이의 연구를 평가할 수도 있다. 그러나 해러웨이의 저술이 페미니즘 기술과학연구를 구축하고 계속 발전시키는 데 기여하는 한, 누군가가 학문적 비판의 원형을 정립할 수 있다는 의미의 정상과학 패러다임 따위는 있을 수 없다. 누가 아무리 간절히 원한다 해도 마찬가지이다.

다음은 이 시리즈의 모든 책에 대해 출판사가 정한 개괄적 원칙을 반영한다. 첫째, 이 책에는 해러웨이의 연구, 배경, 경력을 개관하는 〈들어가며〉 장이 있다. 그다음에는 그가 연구해온 주요 주제, 즉 영장류학에 관한 연구와 사이보그 작업 및 '친족'에 대한 탐구를 비롯하여 반려종에 대한 최근 연구, 그리고 과학에 대한 페미니즘적 비판이 2장부터 4장에 정리되어 있다. 다음엔 특별히 이 책을 위해 마련한 해러웨이와의 인터뷰가 길게 실려 있고, 짧은 결론 장에서는 당신이 해러웨이의 저작을 직접 스스로 읽어야 할 이유를 정리한 목록을 제공한다.

개인적 배경 및 경력에 대한 인생 이야기
: 아일랜드계 가톨릭 소녀가 국제적으로 저명한
기술과학 분야의 페미니스트 학자가 되다

도나 해러웨이는 진지한 그리고 종종 장난스럽고 유머러스한 이야기를 들려주고 살아가기를 좋아한다. 그의 저술 및 발표/공연에서 유머가 불필요한 여분이거나 단순히 강조나 보충을 위해 삽입되는 경우는 없다. 해러웨이가 5장에서 이야기하듯 심지어 웃기는 유머가 아닐 때도 있다. 그는 유머가 자신이 "세상에 존재하는 한 가지 방식" 중 하나이며, 연구 작업에서도 지적으로 중요한 의미를 갖는다고 말한다. 그리고 해러웨이는 은유와 비유를 활용하는 글쓰기를 좋아한다. 즉 그는 언어가 지닌 그리고 언어 속에 담긴 풍부함과 물질성, 운동성을 사랑하며 만끽한다고 할 수 있다. 그의 '이론'은 주로 생물학, 페미니즘, 기독교, 과학소설에서, 때로는 이 모든 영역에서 한꺼번에 도출된 폭넓은 은유와 비유를 매우 상상적으로 활용하여 만들어졌다고 말해도 지나치지 않을 것이다. 그의 서사와 그 속에 담긴 행위자, 극적 요소, 열정은, 심지어 그것이 다소 판타지적이라 할지라도,

항상 삶의 현실이나 체현된 물질에 관한 구체적 사항에 기반하고 있으며, 동시에 현재의 '현실적'인 지역 질서 및 실천을 넘어서는 한편 그것과 교차하면서 새롭지만 언제나 '현실적'인 가능성들을 지향하는 희망적인 방식으로 생각하고 행동하며 관계 맺을 수 있도록 우리를 이끌어준다. 자신의 작업의 이런 특성을 그는 문자적 성격과 비유적 성격 모두를 동시에 주장하는 것, 말하자면 문자적/비유적literal/figural 성격이라고 묘사한 바 있다 (Haraway, 2000a: 106~108).

해러웨이를 읽으면, 보다 널리 알려진 '사이보그'라는 표현보다, 혹은 그 표현에 덧붙여 그가 '물질-기호적material-semiotic'이라는 복합 형용사로 묘사해온 바에 주목할 필요가 있다. 이는 다양하고 적극적이며 때로는 수동적인 개체들이 공유하는 삶이 담긴 변형된 세계를 다루는, 그 자체로 기술인 새로운 이야기를 상상하고 이를 이야기하며 살아가기 시작하라고 독려하는 것이다. 그는 기존의 인터뷰와 자신이 집필한 저서 및 논문을 통해 이런 헌신과 저런 이야기를 담고 있는 자신의 삶에 대해 말해왔고, 보기 드물게 풍부한 이 자원들 덕분에 나도 여기서 수월하게 그의 삶을 다시 소개할 수 있게 되었다.

생애 초기

도나 진 해러웨이는 1944년에 콜로라도주 덴버의 아일랜드계 백인 가톨릭 중산층 가정에서 태어났다. 오늘날 그가 자신에 대해 이야기할 때는 거의 항상 "착한 가톨릭 소녀"로 지낸 어린 시절의 중요성을 지적한다. 즉 그는 그저 성당에 가기만 한 것이 아니라, 심층에서부터 가톨릭 교리를 이루는 이야기, 실천, 비유로 형성된 세계에 살았다. 이는 지금 그가 "세속적 실천worldly practice"이라 부르는 것과도 통한다. 그는 자신의 일상 속에서 그리고 일상과 연결되어 상당히 실제적으로 존재하는 상징적 개체들로 채워진 세계의 일부로 자신을 보았다. 그리고 그는 믿음을 가지는 법과 그 믿음이 자신을 어떻게 변화시킬지 인식하는 법을 충실히 배웠다. 약 30년 후, 자신의 학문적 저술과 삶에서 그러한 믿음을 포기했다고 밝히면서 그는 자신이 "무신론 및 반가톨릭에 헌신"한다고 말한다(Haraway, 2004a: 334). 물론 그는 어린 시절에 따랐던 "가톨릭 성찬주의Catholic sacramentalism"가 자신의 분석적 시각을 형성하는 데 중요한 영향을 미치고 있다고 말한다. 이러한 비유적 리얼리즘의 감수성을 자신의 삶과 학자로서의 사고에 적용하기도 했다. 그는 '세속성'에 대한 자신의 주장을 "신앙 행위"라고 부르며 관습적 사고를 규정하는 물질적인 것과 기호적인 것의 분리에 저항한다. 그에게 "육신과 인간 역사는 언제 어디서나 상호관계의 얇은 결로 얽혀 있으며, 그 관계의 참여자는 인간만이 아닙니다"(Haraway, 2000a: 106). 그리고 이 책 말미의 인터뷰에서 분명히 언급하듯, 해러웨이의 사상 중에서 명명 행위가 초래하는 우상숭배에 반대하는 가톨릭적 경고는, 앨프리드 노스 화이트헤드가 과학적 사고에서 매우 문제적이라고 생각했던 "잘못 놓인 구체성misplaced concreteness"과 일종의 상호작용이나 시너지 작용을 이룬다.

해러웨이가 들려준 이야기에 따르면, 지금의 그가 다른 사람들은 건드릴 수 없고 논의의 여지도 없다고 여겨온 범주를 구획하는 경계에서조차 투과성을 발견해내는 감각을 지니게 된 데는 어린 시절의 영향이 있는 듯하다(이는 분명 그가 가톨릭 성찬주의의 영향에 대해 지적했던 바의 일부이다). 여느 고등학교 졸업생과 마찬가지로 해러웨이는 집에서 너무 멀지 않은 (하지만 충분히 멀기도 한) 대학에 진학했다. 그곳은 특히 훌륭한 교양 과정을 갖춘 콜로라도 대학이었다. 그러나 대부분의 학부생과 달리 그는 전혀 다른 흥미 및 적성에 적합하다고 (실은 흥미와 적성을 만들어낸다고) 여겨질 뿐 아니라 다니는 사람들의 유형도 제각각인 세 가지 과목 즉 동물학, 철학, 영문학을 복수전공했다 (Haraway, 2000a: 13). 1966년에 대학을 졸업한 후, 그는 풀브라이트 장학금을 받고 파리에 있는 파리 대학 과학부와 테야르 드 샤르댕 재단에서 1년간 연구했다.

그 시대에는 특히 더 그랬듯이, 해러웨이도 미국 덴버에 있는 집과 대학에서 정치적으로 순진한 삶을 살지는 않았지만, 파리에 머물며 좌파 정치학에 대한 이해를 한층 더 높이게 되었다. 그가 자주 언급하듯 그는 "냉전, 스푸트니크호, 2차 대전 이후 미국 군사주의의 자녀"이다. 여기에 베트남전 시기에 백인 중산층의 특권을 물려받은 자녀이자, 미국과 서유럽에서 벌어진 학생 운동 및 1960년대 후반에 급성장하던 시민권 운동과 여성 운동, 퀴어 운동의 수혜를 입은 자녀라는 점을 덧붙일 수도 있다. 유학을 마치고 돌아온 그는 과학을 연구하고자 하는 젊은 세대에 제공되는 연방 재정 지원을 활용하여 예일 대학에서 생물학 박사 과정을 시작했다. 그곳에서 그는 당시에 캠퍼스에서 활발히 벌어지던 베트남전 반대 운동, 인종차별 반대 운동, 페미니스트 운동의 물결에 빠져들었다.

예일에서

해러웨이가 예일에서 얻은 경험은 물론 그에게 많은 영향을 끼쳤지만, 그가 예상한 방식과는 사뭇 달랐다. '진정한 생물학자'가 된다는 것은 실험실에서 탁월한 능력을 보이는 것을 의미했지만, 실험실은 해러웨이가 끌리는 곳도 아니고 자신이 탁월함을 보일 수 있다고 느껴지는 곳도 아니었다. 이렇게 자신감이 위기에 처하자, 그는 학생들이 추구하는 질문 및 프로젝트의 유형 면에서나 개인적인 면에서나 매우 폭넓은 활동을 허용한다고 알려진 영국 태생의 유명한 생태학자 G. 에벌린 허친슨G. Evelyn Hutchinson을 찾기에 이르렀다. 해러웨이는 그가 "이단적인 여성"을 든든히 지지해준다는 평판이 있었다고 술회했다(Haraway, 2000a: 19; Haraway, 2004d도 참조). 허친슨의 연구실에서 일하는 다른 학생들과 함께 해러웨이는, 당시에는 아직 자신을 그렇게 명명하지 않았지만, 생물학 및 과학에 대한 역사가로서 자신만의 고유한 관심사를 형성하기 시작했다. 그는 생물학과 발생학을 풍부하고 상세한 일군의 유기적 은유를 통해 세계를 파악하는 실천으로 바라보며 그에 대한 역사적, 철학적 연구를 해나갔다. 이러한 은유들이 자연과 사회에 대해 상당히 구체적이

고도 비유적인 방식으로 시야를 열어주고 사고를 가능하게 해
준다는 점에 매료되었다고 그는 말한다. 그의 박사논문인《크리
스털, 직물 그리고 장: 20세기 발생생물에서 사용된 유기체론의
은유들Crystals, Fabrics, and Fields: Metaphors of Organicism in 20th
Century Developmental Biology》(2004b[1976])은 과학사 내의 안정
과 변화를 이해하는 한 가지 방법으로 쿤(1970)의 패러다임 개념
을 채택했다. 그는 19세기 말에서 20세기 초까지 생물학의 역사
에서 나타났던 생기론과 기계론에서 유기체론으로의 변화를 쿤
의 개념으로 어느 정도까지 설명할 수 있는지 밝히고자 했다.

　　최근의 것에서부터 이 첫 책까지 해러웨이의 저작을 거슬러
읽어가다 보면, 최근 연구의 성격을 대표하는 정치적, 비판적 주
제의 상당 부분을 초기에는 찾아볼 수 없다는 의외의 사실을 발
견하게 된다. 그가 분석한 유기체론을 입론한 세 명의 핵심 학자
중 한 명인 조지프 니덤의 사회주의에 동조적인 해석을 했다고
읽어낼 수는 있지만, 해러웨이 자신의 사회주의적, 페미니즘적,
반인종주의적 신념은 분명히 드러나지 않는다. 물론 그것은 그
의 박사논문이자 첫 저서였고, 저명한 대학 출판사에서 상대적
으로 새로운 연구 분야의 생물학자가 집필한 책을 출간해준 상
황이기도 했다. 더구나 이 책은 분명히 발생생물학의 역사에 초
점을 맞추어 질문을 던지고 있었다. 학계의 정치적 관점이 생산
해낸 독해 방식은 해러웨이처럼 장래가 유망한 젊은 학자에게
까지 적용되어, 그의 논문을 담당한 편집자와 리뷰어들도 그런
'정치적' 주장이 그의 연구에 적절하지 않다고 판단했을 것이다.

그러한 담론들은 다른 역사적 순간이 되어서야 합쳐지기 시작한다. 그러나 해러웨이가 호놀룰루 하와이 대학에서 교수의 아내이자 시간제 교수로 지내며 박사논문을 마칠 즈음 그의 삶에 여러 일이 벌어지기 시작했다. 이 시기에 대학원의 정치 활동에서 얻은 경험과 당시의 역사적, 사회적 맥락의 영향을 받아, 해러웨이는 유기적이고 은유적인 사고를 중시하고 환원주의적 주장에 저항하는 자신의 태도를 확고히 유지하면서도, 이후 저술과 그에 담긴 목소리는 극적으로 바꾸어가게 되었다.

하와이 대학과 존스홉킨스 대학

"멕시코인과 치카노(멕시코계 미국인)의 세계 및 아프리카계 미국인의 세계"로 구성된 덴버에서, 해러웨이는 이와 같은 표식들이 가리키는 경험을 아일랜드계 가톨릭 백인 소녀로서, 그의 말을 빌리면 표지 없는 존재로 살아왔다. 그렇기에 "아일랜드계, 이탈리아계, 멕시코인, 치카노 가톨릭 인구"로 구성된 학교에 다니면서도 당시에는 그곳이 정확히 "인종적"이라고 "인식"하지 않았다고 한다(Bhavnani and Haraway, 1994: 20). 그래서 해러웨이는 자신에 대해 이야기할 때 1970년대 초반에 하와이에서 보낸 시절이 지니는 의미를 강조한다. 하와이는 뉴헤이븐이나 자신이 알던 예전의 덴버와는 멀리 떨어진 세계였기 때문이다. 대학원 동료이자 친구, 연인이었고 나중에 남편이 된 제이 밀러Jaye Miller가 하와이 대학의 역사학과에서 종신 과정 교수로 임용되자, 해러웨이도 1970년에 뉴헤이븐을 떠나 호놀룰루로 향한다.

거기서 해러웨이는 연구를 계속하며 박사논문을 완성하고 일반 과학 강의를 가르쳤다. 그는 도러시 스타인Dorothy Stein이라는 동료와 함께 '생물학과 성차 심리학'이라는 강의도 했는데, 이는 그가 페미니즘을 발전시키는 데 중대한 영향을 미쳤다.

해러웨이의 남편인 제이 밀러는 게이 해방 운동에도 활발히 참여하고 있었으며, 점차 공개적으로 게이로서의 삶을 살기 시작했다. 자신의 삶을 들려줄 때 해러웨이는, 본인 일생에서 명실상부하게 가장 중요한 우정이자 사랑인 밀러와 자신의 관계에 대해 매우 신중하게, 그리고 독특한 성격을 살려 이야기한다. 복잡한·파트너 형태이자 하나의 도전 과제였던 그와의 관계를 유머로 능치며, 해러웨이는 자신과 밀러가 마침내 "남매 근친상간"을 포기하고 따로 살기로 결정했다고 말한다. 거의 비슷한 시기에, 해러웨이가 사회 전반에 만연해 있는 악랄한 동성애 혐오라고 규정한 사유로 인해 밀러는 하와이 대학 역사학과에서 종신직을 거부당했다. 그의 언급에 따르면, 이 시기의 경험은 분명 두 사람 모두의 삶을 뒤흔들어놓을 만큼 고통스러웠다. 1974년에 해러웨이는 박사논문을 마치고 볼티모어의 명문 대학 존스홉킨스의 과학사학부에 일자리를 마련했다. 밀러는 텍사스 대학에 자리를 잡았고 게이 정체성도 보다 완전히 받아들였다. 이미 따로 살기로 결정도 내린 상태였기에, 그들은 사뭇 다른 환경 속에서 새로운 일과 삶을 시작하기 위해 하와이를 떠나면서 결혼도 끝냈다.

해러웨이의 하와이 시절은 그가 이후에 정치적 관점을 형성하고 백인 여성으로서의 특권을 자각하는 데 중요한 역할을 했다고 전해진다. 그는 호놀룰루의 인종적, 민족적 다양성(그곳에서는 앵글로-유럽계 인종이 소수의 지위이다)으로 인해, 제국주의 및 식민주의의 맥락에서 이전과 전혀 다른 방식으로 스스로를 경험하게 되었다고 언급한다. 그곳에서 그는 과거 덴버에서 아일랜드계 가톨릭 백인 소녀로서 비슷한 사람들 속에 둘러싸여 살던 시절에는 겪어본 적 없었던 방식으로 차이를 포착하고 경험했다. 그는 도러시 스타인과 함께 가르쳤던 강의가 자신에게 매우 중요했다고 말한다. 그 강의를 통해 인종적 혹은 탈식민주의적 페미니즘 용어를 명확히 이론화했기 때문이 아니라, "식민지 대학에서 여성학 연구자로서 학생들을 가르치면서 정치학, 이론, 그리고 정체성 경험을 결합한 매우 중요한 순간"이었기 때문이다(Bhavnani and Haraway, 1994: 21).

또한 해러웨이는 지적, 학문적 활동으로서의 생물학과, 과학사의 일부이지만 전형적으로 통용되는 이야기 속에서 너무나 쉽게 배경과 '맥락'으로 사라질 수 있는 보다 큰 역사적 구성물 사이의 연관성을 한층 분명히 파악하기 시작했다. 인생의 이 시기에 대한 대화에서 그는 대담자에게 "정체성이란 역사의 충돌을 통해 발전하는 일군의 효과들입니다. 그것은 추상적인 것이 아닙니다"라고 말했다(Ibid.: 21). 하와이에 있는 동안 여러 다양한 역사가 해러웨이에게 집적되었으며, 이는 이후에 그의 개인적인 경로와 지적/직업적인 경로에 영향을 미쳤다.

존스홉킨스 대학과 과학사학부는 6년 동안 해러웨이의 학문적 본거지였다. 해러웨이는 미국의 외교 정책, 국방 연구, 의학 및 공중보건 개선의 역사에 깊이 연루되어 있는 이 막강하고 부유한 대학에서 자신이 과학사학자가 되었다고 말한다. 그 전까지는 자신이 그다지 많이 연구하지 않았다고 느끼던 분야였다. 그곳에서 급진적 여성 교수 및 교직원으로 구성된 소규모 단체인 마르크스주의-페미니즘 여성 연합Marxist-feminist Women's Union에 가입하고, 흑인과 백인이 함께 지내는 인종 혼합 지역에서 공동체적으로 생활하면서, 그는 차이의 집단 정치 및 공동체에 대한 새로운 감각을 경험했다. 해러웨이와 동료 낸시 하트삭 Nancy Hartsock은 "과학소설을 많이" 읽었고, 강의와 연구를 통해 섹스/젠더에 대한 질문, 즉 "지금은 우리가 페미니즘 이론이라 부르"지만 당시에는 아니었던 것을 탐구했다. 홉킨스에서 연구하던 이 시기에 사회주의 페미니즘과 반인종차별 운동에 참여하면서, 마르크스주의와 과학, 과학에서 페미니즘의 문제, 과학 발전에서 인종차별의 중요성, 군사주의에 대한 급진 과학적 비판, 그리고 화학전 및 생물학전에 대한 지식 및 이해가 그의 지적, 학문적 작업의 중심이 되었다.

이때 해러웨이가 박사논문 이후 출간한 첫 책이자 앞으로 이어질 그의 연구를 정의하는 관점을 빼곡히 담은 《영장류의 시각: 근대 과학 세계에서의 젠더, 인종, 자연Primate Visions: Gender, Race, and Nature in the World of Modern Science》(Haraway, 1989a)을 집필하기 시작한 것은 우연이 아니었다. 이 책과 이 시기에 집필하기 시작한 다른 저술에서 해러웨이는 인간과 동물 사이의 복잡한 관계 및 영장류에 대한 과학적 이야기가, 인간이 타자와의 관계나 차이에 대해 만들어낸 인종적, 성적 이야기들이 발전하는 데 결정적으로 작용하는 방식에 매료되었다. 또한 그는 이렇게 영장류와 관련된 이야기에서 자연과 문화, 그리고 섹스와 젠더의 지배적인 개념이 '관건'이라는 점을 알게 되었다. 해러웨이는 이 영장류를, 서구 과학, 사회, 자연, 문화의 근간을 이루는 일군의 이야기를 창조하고 유지하기 위해 영장류학자를 비롯한 여러 사람이 다양하게 활용하는 중요한 형상으로 보았다고 말한다. 그는 이 이야기들이 어떤 존재와 어떤 특성이 인간이라고 여겨지는지에 대해, 그리고 기존 과학자들이 주장하는 중립성과는 거리가 먼 지식의 기반에 대해 논하는 강력한 도덕적, 윤리적 이야기라는 점이 가장 핵심이라고 보았다.

1980년대 산타크루스와 힐즈버그에서

1970년대 후반에, 저명한 문학사가이자 철학자인 헤이든 화이트Hayden White는 산타크루스에 있는 캘리포니아 대학에서 새롭게 부상하던 학제적 연구 단위인 '의식사History of Consciousness' 학과, 간단히 줄여 '히스트콘Hist Con'이라고 알려져 있는 학과를 재구성하고 활성화하는 임무를 맡았다. 이미 캘리포니아 대학 체계 속에서 실험적이고 수준 높은 캠퍼스로 자리 잡은 산타크루스는 화이트에게 인문학과 사회과학에서 통상적인 학문 연구의 경계를 횡단하며 새로운 문제를 던지는 최첨단의 연구를 하고 있는 젊은 학자를 발굴해달라고 요청했다. 그는 인류학자 제임스 클리퍼드James Clifford를 성공적으로 고용한 뒤, 페미니즘 이론을 연구하는 사람을 찾았다. 이는 말할 것도 없이 미국에서 최초로 명확히 페미니즘 이론 연구를 위해 마련된 교수직이었다. 여성학 및 페미니즘 이론의 주요 학술지인 《사인즈Signs》(1978a, b)와 《래디컬 히스토리 리뷰Radical History Review》(1979)에 실린 영장류와 섹스/젠더 및 인종에 대한 해러웨이의 도발적인 논문들과 책으로 출간된 그의 박사논문을 보며 화이트와 클리퍼드는 해러웨이에게 관심을 가지게 되었다. 자신이 발전시키고 있던 학문적 관심과 존스홉킨스 학과의 학문적 선호가 잘 맞지 않는다고 느끼던 해러웨이는 산타크루스에 면접을 본 뒤 그곳에 고용되었다. 그리고 1980년부터 과학, 페미니즘, 반인종차별주의적 비판 이론 연구를 결합하여 길을 부수는 동시에 새로 만들어가는 경력을 시작했다. 그가 수차례 밝혔듯 UC 산타크루스는 개인적으로나 학문적으로나 더할 나위 없이 충분한 지원을 해주는 곳이었다. 거기서 일한 첫 10년 동안 해러웨이는 탁월한 논문과 저서를 여럿 출간했고, 이를 통해 페미니즘 과학연구 및 독창적 문화 비평으로 국제적인 명성을 얻은 학자가 되었다. 산타크루스로 옮긴 덕분에 볼티모어에서는 배울 수 없었던 인종적, 민족적 차이에 대한 새로운 교훈을 다양하게 선사하는 북부 캘리포니아와 일종의 연애를 시작하기도 했다.

해러웨이와의 한 인터뷰에서, 과거 대학원 학생이었던 사이어자 니콜스 구디브Thyrza Nichols Goodeve는 해러웨이가 실제로 얼마나 많이 "자신이 쓰고 가르친 이론을 삶으로 구현하는지"

에 대해 자신이 느낀 바를 언급했다(Haraway, 2000a: 63). 그들은 1980년대 초에 산타크루스와 그곳에서 북쪽으로 세 시간 올라간 소노마 카운티의 작은 마을 힐즈버그에서 보낸 해러웨이의 인생에 대해 이야기한다. 힐즈버그에는 현재 그가 파트너인 러스틴 호그니스Rusten Hogness와 개, 고양이, 주변 식물들과 함께 살고 있는 집이 있고, 그곳에서 구디브가 묘사한 해러웨이의 특성, 즉 자신의 이론을 삶으로 실천하는 모습을 잘 보여주는 일군의 이야기가 만들어진 듯하다.

제이 밀러와의 결혼은 끝냈지만 절친한 우정은 유지하면서 (이에 대해 해러웨이는 "신혼여행을 가지 않았기에 우리는 이혼여행을" 1975년에 다녀왔다고 말하기도 했다)(Haraway, 2000a: 35), 해러웨이는 당시 홉킨스 대학에서 과학사 전공으로 석사학위를 받고 자신의 몇몇 강의를 듣는 대학원생이었던 호그니스를 만나 교제를 시작했다. 해러웨이의 표현에 따르면 "지적 상류층 가정" 출신의 반전주의자 호그니스는 과학 지식, 좌파 정치학, 사회 정의 및 봉사 활동에 대한 깊은 헌신을 해러웨이와 공유했고, 그러다 보니 학자의 길은 현실과 괴리되었다고 느끼며 차츰 관심을 잃었다. 호그니스와 밀러는 1975년에 처음 만나 친구가 되었으며 1977년에 그들 셋은 넷째 친구와 함께 힐즈버그에서 낡은 집이 있는 더없이 아름다운 땅을 12제곱킬로미터가량 매입했다. 그것은 아직 완전히 머릿속에 그리지는 않았지만 희망으로 가득 찬 미래, 즉 "보류된 꿈"에 대한 일종의 투자였다. 밀러는 텍사스 대학의 교수직을 그만두고 캘리포니아로 옮겨와 샌

프란시스코의 고등학교에서 학생들을 가르쳤다. 해러웨이가 산타크루스에 취직한 후인 1980년대 초에 이 꿈은 힐즈버그에 비범한 가정을 꾸린 네 사람, 해러웨이, 호그니스, 밀러, 그리고 밀러의 연인인 로버트 필로미노Robert Filomeno의 공동체로 현실이 되었다. 밀러와 필로미노는 1980년부터 연인 사이였다. "왓슨빌의 필리핀-멕시코계 미국인 남성"인 필로미노는 이민자 노동 계급 가정 출신으로, 그의 이야기는 해러웨이가 "인종 간 결혼에 반대하는 캘리포니아법의 인종차별적 역사"라 지칭한 역사와 깊이 연관되어 있었다(Haraway, 2000a: 62). 필로미노의 특성을 이렇게 개인적 사항과 역사-문화적 위치 모두를 고려하여 설명하는 방식은 해러웨이 저술의 가장 큰 특징이다. 필로미노는 개인적으로 해러웨이와 가까웠을 뿐 아니라, 온갖 유형의 '지역'이 항상 동시적으로 지니고 있는 계급, 인종, 국가의 역사와 항상 연결되어 있고 그 역사에 의해 형성된 사람이었다. 해러웨이가 나중에 글로 쓰듯이, 역사가 없는 존재는, 적어도 인간의 경우엔, 없다. 설령 이 역사/이야기가 제도 학문적 글쓰기에서는 명시적으로 드러나지 않는 경우가 허다할지라도 마찬가지이다.

구디브와 인터뷰할 때는 해러웨이도 그런 단어를 사용했지만, 1980년대 초에 힐즈버그에서 형성된 이 네 사람의 관계를 최대한 적절히 묘사하려면 '가족'이나 '두 커플'로 생각하려는 충동을 거부해야만 한다. 오히려 해러웨이는 자신들이 키워간 관계를, 개인들이 친밀하고 헌신적인 결속을 지속하는 관계를 명명할 때 사용하는 보다 친숙한 단어가 표시하는 경계를 넘어서거나 확장하는, 한결 복잡하고 다층적인 우정의 관점으로 보라고 요구할 것이다. 10여 년이 지난 후, 해러웨이는 지배적, 우선적 범주인 이성애 가족과, 인간과 인간의 연결을 이해하고 파악하는 한 가지 방식인 혈연과 인종에 대한 지지를 신랄하게 비판하는 글을 썼다.

> 나는 친족관계와 '가족'을 통한 유대에 신물이 나 죽을 지경이다. 그리고 나는 우정, 일, 부분적으로 공유하고 있는 목적, 가누기 힘든 집단적 고통, 피할 수 없는 죽음, 끈질긴 희망에 뿌리를 둔 연대의식과 인간적 결합 및 차이의 모델을 갈망한다. 이제는 또 다른 무의식, 즉 모든 것이 정체성과 재생산의 드라마로부터 비롯하지는 않는 시초적 장면으로서의 '낯선 무의식'을 이론화할 시기이다. 유전자와 정보라는 동전으로 다시 만들어진 피를 포함하여, 피로 이어진 유대는 이미 충분히 피 칠갑을 해왔다. (Haraway, 1997: 265)

그러나 그는 또한 사람들이 거의 선택의 여지 없이 "거주하고 있는" 단어 및 비유(심지어 '가족'과 '커플'까지 포함하여)를 수용하면서도, 그것의 "본성에 어긋나게" 살아가는 일이 놀랍고도 희망적이기까지 한 결과를 생산할 수 있다는 특유의 주장을 펼치기도 한다.

해러웨이에게 1980년대 초 힐즈버그에서의 삶은 분명히도, 이성애적, 부르주아적, 성적, 인종적 관습의 가차 없고 헤게모니적인 부담을 느끼면서도, 다르지만 뚜렷한 방식으로 그것과 관련을 맺으며 살아가고자 노력하는 평범하면서도 매우 진지하고 특별한 순간이었을 것이다. 그는 그때가 또한 각별히 행복한 시간이었다고 회고한다. 힐즈버그의 집을 둘러싸고 깊이 얽혀 있는 이러한 이야기를 구디브가 다른 방식을 취할 수 있는 상황이나 삶의 가능성에 대한 보다 추상적인 주장의 순간으로 해석할 수 있었던 사실이나, 해러웨이가 '자신의 이론을 살았다'는 말을 들을 수 있었다는 사실은, 해러웨이 연구의 특성을 잘 보여준다. 이 특성은 당시에는 물론 최근의 개와 반려종에 대한 연구에서도 꾸준히 지속되고 있다.

이를 드러내는 한 가지 방법은 문자적인 것과 비유적인 것의 혼합에 대한 그의 헌신, 즉 세계 속에서 너무나 많은 서로 다른 타자와 함께 살아가며, 또한 바로 그 삶 속에서 연구하고 변화를 시도하는 존재가 세계에 '계속 연결되어 있도록' 돕는 한 가지 방식으로서 '물질-기호적'인 감각에 대한 그의 헌신을 되풀이하여 설명하는 것이다. 여기에는 어린 시절의 가톨릭 성찬주의에 대한, 그리고 학문 영역의 생물학적 유기체에 대한 그의 꾸준한 주석 달기와, 사유재산, 상품, 이윤, 시장이라는 이름으로 생명체 및 사물의 세계가 구성되는 방식에 대한 마르크스주의-사회주의적 이해, 그가 기술과학연구에 도입해온 탈식민주의, 반인종차별주의적 페미니즘, 그리고 누군가의 '이론'과 '삶'은 오직 함께, 완전히 뒤섞여서 나타날 수밖에 없다는 그의 강력한 감각이 발견한 모든 증거를 바탕으로 친숙하고도 권력적인 범주를 대상으로 유머를 녹여 경계를 넘거나 범주를 무력화하는 일에 대한 그의 사랑이 동시에 존재한다.

해러웨이는 산타크루스 '히스트콘'에서 보낸 첫 10년 동안 사회주의 페미니스트 비평가이자 기술과학 역사가로서의 경력과 업적 면에서 놀라우리만치 생산적인 활동을 했다. 홉킨스에서 시작한 영장류학 연구도 계속 진척했고, 특히 사이보그라는 자신의 비유에 초점을 맞춘 연구를 비롯하여 새로운 방향의 주장 및 분석도 발전시켰다. 그에게 명성을 안겨주기도 한 이 시기의 주요 간행물로는 〈테디 베어 가부장제: 1908년부터 1936년까지 뉴욕시 에덴동산의 박제술Teddy Bear Patriarchy: Taxidermy in the Garden of Eden, New York City, 1908~1936〉(1984/1985), 〈사이보그 선언: 1980년대의 과학, 기술 그리고 사회주의 페미니즘 A Manifesto for Cyborgs: Science, Technology, and Socialist Feminism in the 1980s〉(1985), 〈상황적 지식: 페미니즘에서 과학의 문제와 부분적 관점의 특권Situated Knowledges: The Science Question in Feminism and the Privilege of Partial Perspective〉(1988), 〈포스트모던 신체의 생명정치: 면역체계 담론에서 자아의 결정The Biopolitics of Postmodern Bodies: Determinations of Self in Immune System Discourse〉(1989b), 수상 저서인 《영장류의 시각》(1989)과 1991년에 위의 여러 논문과 이전에 발표한 에세이를 모아 출간한 세 번째 저서 《유인원, 사이보그 그리고 여자: 자연의 재발명Simians, Cyborgs, and Women: The Reinvention of Nature》 등이 있다. 이 시기에 해러웨이는 여러 뛰어난 박사논문의 지도를 맡고, 꾸준히 학부와 대학원에서 강의하며, 교수 위원회와 대학 운영에 기여하면서 존경받는 선생이자 동료, '좋은 시민'으로 자리매김하기도 했다.

그러나 그 10년간의 성공과 행복은 막대한 슬픔과 비애로 인해 잦아들었다. 로버트 필로미노가 1985년에 에이즈에 걸렸고, 제이 밀러, 해러웨이, 러스틴 호그니스가 돌보던 힐즈버그에서 이듬해 세상을 떠났다. 얼마 지나지 않아 밀러도 에이즈 진단을 받았다. 그는 점점 쇠약해졌고, 해러웨이와 호그니스가 번갈아 그를 간호했지만 그 역시 1991년에 세상을 떠났다. 어린 시절에는 가톨릭 신자, 이후에는 생물학자로서 그는 삶과 죽음의 연결성과 삶이 늘 죽음에 의지하면서 그로부터 의미를 가져오는 방식에 대한 깊은 이해를 체화하고 있었지만, 이 경험을 통해 시각의 새로운 층위와 복잡성을 자신의 삶과 연구에 더하는 방식으로 그 이해는 더욱 깊어졌다. 《유인원, 사이보그 그리고 여자》의 마지막 에세이인 〈포스트모던 신체의 생명정치〉는 사랑하던 친구가 에이즈로 세상을 떠난 시절의 개인적 경험과 의학에서 전형적으로 인간의 면역체계와 자아를 외부 타자의 가차 없는 공격과 그들을 막기 위한 방어로 설명하는 방식에 대한 자신의 관심을 연결한다. 동시에 그 에세이는 향후 10년간 그의 연구의 중심 주제가 될 관계의 복잡성 및 장소에 대한 일련의 문제를 예견한다.

여기서는 복잡성과 경계 흐리기에 대한 해러웨이의 관심과 사회적, 문화적 분석 및 비평에서 은유로 역할하는 생물학적 개체에 대한 애정의 한 가지 사례를 통해 그의 사고와 저술의 한 측면을 그려볼 수 있을 것이다. 《사이보그 핸드북The Cyborg Handbook》에 그가 쓴 서문 〈사이보그와 공생자: 새로운 세계의 질서 속에서 함께 살기Cyborgs and Symbionts: Living Together in the New World Order〉(Haraway, 1995)의 한 각주에서 그는 동료 생물학자 린 마굴리스에게 감사를 표하며 생물학적 개체 '믹소트리카 파라독사Mixotricha paradoxa'를 처음으로 소개했다. 실증적 설명과 이론 모두에서 믹소트리카 파라독사는 '구체적'이고 살아 있는 개체인 동시에, '외부'이자 맥락이라고 여겨지는 것에서 독립적으로 존재하는 구획된 자아 혹은 분리된 '행위자'라는 간단하지만 중심적인 구분을 즉각 교란시키는 모순과 복잡성의 '모델'이기도 하다. 또한 이는 문자적인 것과 비유적인 것의 융합이라는 점에서, 그리고 생물학적 개체(그는 모든 물리적 개체라고 말할지도 모른다)를 면밀히 주목할 때 생산되는 규모 및 규모의 변화라는 문제에 대한 그의 관심의 예라는 점에서, 세계에 대한 해러웨이의 시각을 분명히 보여주는 사례이기도 하다. 마지막으로 이는 그러한 개체에 주의를 기울이다 보면 초점을 굴절 혹은 이탈시키는 일이 수반되기도 한다는 그의 감각을 한층 깊이 이해할 수 있도록 도와준다. 한 줄로 이어지는 움직임이나 동작을 따라가는 동안, 사람의 눈이나 생각은 그것이 있던 곳과 연결되어 있지만 다른 곳이기도 한 곳으로 갑자기 움직인다. 그렇게 움직이면 질문과 질문한 사람이 모두 변화하기 때문에, 하이퍼텍스트를 읽을 때와 같은 감각이 느껴지기도 한다.

믹소트리카 파라독사는 남호주 흰개미의 내장 속에 사는 미세 생물로, 해러웨이는 이를 "뒤섞이고 모순적이며 미세한 '털'trichos 조각"이라고 부른다. 해러웨이는 이 단세포 유기체를 새롭게 설명하며 '개인'과 '집단'이라는 간단한 개념을 위기에 빠뜨린다. '그것'이라고 여겨지던 것은 이 생물이 "서로 다른 다섯 종의 개체와 절대적으로 공생"하는 형태로만 존재한다는 사실 속에서 혼란에 빠진다.

이 개체들은 각기 분류학적 이름을 갖고 있고, 박테리아에 매우 가까운 성질을 띠고 있어요. 왜냐하면 세포핵이 없기 때문이지요. 박테리아는 핵산과 DNA를 갖고 있지만, 핵을 조직하지는 못해요. 이렇게 서로 다른 다섯 종류의 물체가 각각 그 세포 안에 살고 있거나 그 세포의 다른 영역 위에 살고 있지요. […] 그러니까 어떤 것들은 세포막의 습벽 속에 살고 있고, 어떤 것들은 그 세포 안에 살고 있어요. 그러나 그것들이 온전한 의미에서 그 세포의 일부는 아니에요. 하지만 절대적 공생관계로 살고 있기도 하지요. 거기에서는 어떤 것도 독립적으로 살 수 없어요. 이것이야말로 극렬한 공의존 관계입니다! 그러므로 문제는 그것이 하나의 개체냐 아니면 여섯 개의 개체냐 하는 겁니다. 그러나 여섯 개라는 답은 옳지 않아요. 핵을 지닌 세포 한 개마다 핵이 없는 개체가 백만 개가량 있으니까요. 수많은 복사판이 있는 것이지요. 그러므로 하나는 언제 두 개가 되기로 할까요? […] 무엇을 믹소트리카라고 생각해야 하나요?

단지 핵이 있는 세포일까요, 아니면 집합체 전체일까요? (Har-
away, 2000a: 83)

여기서 해러웨이가 하나와 다수, 자아와 타자(사실은 자아
그 자체)의 개념을 모호하게 만든 것의 의의가 분명히 드러난다.
이는 주체성에 대한 후기구조주의 비판과의 관련성을 훌쩍 넘
어선다. 물론 그는 그 비판에 적대적이지 않지만 말이다. 오히려
그것은 분명히 영장류, 사이보그, 섹스/젠더, 기술과학, 인종, 그
리고 가장 최근에는 반려종으로서의 개에 관한 저술에서 뚜렷
하게 드러나는 연결성, 복잡성, 상호연루interimplication, 우발성
에 대한 그의 시각을 대표적으로 보여주는 특징이다.

페미니즘 과학연구 분야의 저명한 학자

해러웨이의 이러한 시각과 이를 상술한 그의 글은 처음 접한 독
자들이 읽기에 어려울 수도 있다. 해러웨이는 자신이 "극도로 비
추상적인 의식"을 가지고 있으며 "추상성에 거의 알레르기가
있을 정도"라고 농담을 던지곤 하는(Haraway, 2000a: 107) 사람이
기에, 저술 내용이 추상적이거나 '전문 용어'로 가득 차 있어서
어렵다기보다는, 그가 전하는 이야기를 이해하는 데 필요한 바
로 그 유형의 경계를 정확히 흐트러뜨리는 방식을 사용하기 때
문에 읽기 까다롭다. 특히 그의 저술은 문자적인 것과 상징적인
것, 혹은 물질적인 것과 기호적인 것을 가르는 익숙하고 중심적
인 구분을 흐려놓는데, 이 경계 흐리기는 '자연'과 '문화' 사이에

존재하며 그가 "자연문화natureculture"라고 명명하는 것을 설명할 때 가장 근본이 되는 특성 중 하나이기도 하다. 그는 물질-기호적 개체에 대한 이야기를 쓸 뿐 아니라, 글과 세계 사이, 그 자신이 즐겨 쓰는 용어를 사용하자면 글과 '육체' 사이에 통상적으로 상정되는 거리를 지우기 위해 자신이 연구하고 글 쓰고 말하는 방식에 대해서도 쓴다. 해러웨이에게 문자적인 것은 비유적이며, 비유적인 것은 가장 생산적이게도 문자적이어야 한다. 널리 알려져 있는 영장류, 사이보그, 변이된 겸손한 목격자 앙코마우스™, 반려종 등을 포함해 해러웨이의 저술에 등장하는 모든 물질-기호적 개체는 특정한 역사를 가진 대상으로, 그가 특정한 이야기를 할 수 있게 도와준다.

해러웨이는 자신의 분석 대상은 구체적이고 근거가 있다고 주장한다. 이는 그들이 언제나 "끈적한 실"을 가지고 있기에, 문제의 대상과 그에 대한 분석을 분리하거나 탈맥락화하여 모종의 추상적 보편으로 삼기 어렵게 만든다는 의미이다. 예를 들어 위에서 언급한 생물체의 이미지 및 실제를 전경화하면서 그는 이렇게 말한다. "믹소트리카 파라독사와 우리의 관계는 실험실 기계, 비행기 여행, 동물학과 분류학의 전체 역사는 물론 오스트레일리아의 식민지 과학 역사까지 포함하는 기술과학적 연관을 통해 생산됩니다"(Ibid.: 84). 이런 의미에서 해러웨이가 다루는 개체는 추상이 아니다. 그의 이론을 구성하고 있기도 하고 그 이론의 한 가지 실천이기도 한 그 개체들은, 위에서 그가 믹소트리카 파라독사를 다루던 방식과 마찬가지로 재묘사되면서 오히려

"처음에 보이던 것보다 훨씬 더 두터워"진다(Ibid.: 108). 이 실천에 대한 여러 가지 사례를 앞으로 더 제시할 것이다.

보다 문학적인 전통을 존중하면서도, 해러웨이는 철학적으로 자크 데리다와 해체주의 문학 이론보다는 앨프리드 노스 화이트헤드, 찰스 퍼스, 마르틴 하이데거, 미셸 푸코에게서 더 큰 영향을 받았다.[2] 비록 그것이 특이한 학문 연구로 구분될지라도, 인내심과 의지를 가지고 이론이 생동하고, 움직이며, 열려 있고, 굴절한다는 의미에서 실제로 '살아 있다'고 생각하면, 독자들도 이렇게 문자 그대로 해석된 이야기 속에서 '세속적'으로 보고/생각하는 방식을 통해 지적이고 실천지향적인 가능성을 발견하기 시작할 것이다. 물론 그런 구분은 구분된 것의 특수성을 나타내기도 하지만, 분과적 제도 학문의 관습을 담고 있기도 하다.

복잡성, 물질성, 민주주의, 부분적이고 강력한 객관성, 진실, 페미니즘, 반인종차별주의, 기호학, 기술과학 내에서의 사회주의 비평에 대한 해러웨이의 헌신과 모든 지식 프로젝트는 네 번째 저작이자 여러 수상 경력에 빛나는 1997년의 《겸손한_목격자@제2의_천 년: 여성인간©_앙코마우스™를 만나다: 페미니즘과 기술과학Modest_Witness@Second_Millenium: FemaleMan©_Meets_Onco_Mouse™: Feminism and Technoscience》에서 더욱 진척되고 강력하게 정교화되었다. 이 책에서 해러웨이는 자신의 연구를 최근의 자본주의적 혹은 포스트모던적 가상의(하지만 현실적인), 그리고 실질적인(하지만 굴절된) 공간에 위치 짓기 위해 제목에 구문적 표식인 @나 ©, TM을 사용한다. 그리고 무엇보다 이 책은 그가 직접 마련한 실천 방안, 즉 "현대 과학 및 기술의 특정 주요 영역에서 페미니즘, 반인종주의, 민주주의, 지식, 정의에 관한 심각한 도덕적, 정치적 요구에 난잡하게 참여하는 한편, 오직 문자 그대로 생각하지 않기 위한 실천 방침 및 자조 매뉴얼"(Haraway, 1997: 15)이다. 해러웨이는 이메일 주소와 역사적이지만 가상적인 시공간에서, 다른 책에서 "비유작업의 이동동물원menagerie of figurations"이라 부른 것을 만들어내는 새로운 세 가지 형상, 즉 겸손한 목격자, 여성인간©, 앙코마우스™의 도움을 받아 글을 쓴다. 그러면서 그는 제3의 서기 천 년에 순결하지 않은 페미니즘 연구 및 과학과 기술(즉 기술과학)에 대한 비판이 세상과 살아 있는 존재의 삶을 더 나은 방향으로 바꿀 수 있는 방법은 무엇인지에 대해 비판적이면서도 희망적인 일군의 이야기를 들려준다. 기호학 혹은 "의미의 해부학"을 이루는 세 부분(통사론 혹은 "의미작용의 형식적 구조", 의미론 혹은 "소통의 내용 및 형상", 화용론 혹은 "의미-만들기의 생리학")에 대한 자신의 인식을 중심으로 유머와 고도의 진지함을 곁들여 책을 구성하면서, 이를 자신이 포용할 수 있는 유형의 기호학으로 만들기 위해 그는 회절diffraction이라는 네 번째 부문을 추가한다.

회절은 해러웨이가 학문을 추구하는 행위를 통해 끊임없이 세상에 '차이를 만들어내는 것'을 목표로 하는 비판적 학문 유형을 가리키는 데 사용하는 용어이다. 그는 이 단어를 린 랜돌프Lynn Randolph의 그림 〈회절A Diffraction〉에서 빌려왔다. 이 그림은 "분열된 [여성의] 형상이 화면에서 나와, 간섭 패턴이 의미가 만들어지고 삶이 되는 방식에 차이를 만들어낼 수 있는 세계로 이동하는" 모습을 보여준다(Haraway, 1997: 14). 회절은 빛이 프리즘이나 평면이 있는 스크린을 통과하면서 광선의 방향이 바뀌어 다른 곳으로 가게 되는 결과로 나타나는 패턴, 간단히 말해 빛이 회절되면서 나타나는 차이 패턴을 기록하는 일과 관련된 현상을 설명하는 광학적 은유이다. 랜돌프의 그림과 해러웨이의 저작 모두에서 회절은 이러한 변화와 통과의 기록을 만들고 유지하고 그것에 참여한다는 의미, 그리하여 실제로 그 기록을 구현하고자 하는 일종의 비판적 학문을 수행한다는 의미이다. "우리는 물질-기호적 장치들 속에서 차이를 만들고, 기술과학의 광선을 회절시킬 필요가 있다. 그리하여 우리의 삶과 육체라는 기록 필름에 새겨지는 유망한 간섭 패턴을 더 많이 얻을 수 있도록 말이다"(Ibid.: 16).

비유적인 것과 진지한 이야기를 사랑하던 해러웨이는 랜돌프의 도발적인 그림에 매료되었고, 이 그림은 그가 이 책의 각 장을 생각하고 집필할 수 있게 도와주는 중요한 원천이 되었다. 그는 인간 여성의 가슴을 가진 흰쥐가 면류관을 쓰고 관찰실 안에 앉아 있고, 여러 쌍의 눈이 창문으로 그를 들여다보는 그림 〈실험실, 혹은 앙코마우스™의 수난The Laboratory, or The Passion of OncoMouse™〉을 뒤표지에 수록하고, 이를 포함해 그림 열 점을 책 전체에 사용하여, 자신의 분석을 전달하고 독자들이 그 분석을 이해하는 데 도움을 준다. 앙코마우스™는 유방암 연구를 위해 만들어진 생명의학 및 생명공학의 실험동물, 즉 실재하는 유전자 변형 생물이며, 유전공학으로 생산된 살아 있는 생물로는 최초로 특허를 받은 모델이기도 하다. 랜돌프의 그림과 해러웨이의 서사는 앙코마우스™를 또한 "예수의 형상"으로 보여주기도 한다. 해러웨이는 "그의 이야기는 수난의 이야기"라고 주장한다(Ibid.: 46~47). 이러한 주장과 이 책에 등장하는 나머지 형상들, 즉 21세기의 해러웨이가 한층 더 진정으로 겸손한 목격자이자 변이된 목격자를 상상할 수 있게 한 17세기 과학혁명의 소위 '겸손한 목격자', 초국적 페미니즘이라는 유동적이고 뒤섞인 범주에 물질성을 부여하는 조애나 러스Joanna Russ의 1975년 과학소설《여성인간The Female Man》의 '여성인간', 인종적, 생물학적 순수성에 대한 환상에 맞서는 글을 쓸 수 있게 도와준 18세기 후반 중부 및 동유럽 신화의 뱀파이어 같은 형상에 대한 논의에서, 해러웨이는 현재와 미래를 위한 이야기를 다시 주조하기 위해 기독교적인 비유적 리얼리즘과 구원 이야기들을 교란하고 재작업하고자 하면서도, 기술과학의 역사 및 현재에서 그 이야기들의 중요성을 다시금 강조한다. 이런 면에서 랜돌프의 그림이 때때로 해러웨이의 사상에 유용한 소재를 제공한 동시에, 해러웨이의 저술도 때때로 랜돌프의 그림에 자원이 되었던 듯하다.

초기 연구와 마찬가지로, 여기서도 해러웨이는 다른 사람의 연구와 역사적-물질적 세부 사항을 긴밀한 근거로 삼은 사례들을 촘촘히 담아 글을 쓴다. 그것이 17세기 런던의 왕립학회와 로버트 보일의 실험실에서 비롯한 서양 과학사의 기원, 즉 기술과학 내에서 재생산 정치, 인종, 계급이 뒤얽혀 있는 상태이든,

인간 게놈 프로젝트의 재현과 인간 유전학의 수사이든, 혹은 과학소설에 등장하는 인물과 플롯의 구체적 사항이든, 그의 글은 추상성과는 거리가 멀다. 1980년대 중반에 사용된 사이보그라는 프레임이 여기서는 그가 선호하는 "물질-기호적 개체"가 되었다. 이를 통해 그는 "생명과 세계가 구축되어 들어가는 대상", "폭발적으로 실천 세계 전체를 이루는[이룰 수 있는] 내파된 원자 혹은 조밀한 교점"으로 볼 수 있으며, 본인이 "기술과학적 신체의 줄기세포", 즉 "사촌 혹은 형제자매로 이루어진 가족"이라고 부르기도 한 형상들을 모아 마치 주문 같은 목록을 만들었다. 이는 "칩, 유전자, 씨앗, 태아, 데이터베이스, 폭탄, 인종, 뇌, 생태계"이다(Haraway, 1997: 11).

그의 전략은 기술과학의 세계 속에서 이렇게 내파된 교점, 그가 "지식, 실천, 권력의 우주의 지도를 그리는 형상들"이라고 보는 여러 교점을 복잡화하고 역사적으로 촘촘하게 만드는 것이다. 그는 과학자와 지식 노동자가 오늘날 기술과학에서 지배적 이야기의 틀로 삼고 있는 "세속화된 기독교적 리얼리즘의 전체성, 전유, 종말론적 재난, 희극적 해결 방안 및 구원의 역사를 동원하지 않고", 이러한 교점뿐 아니라 다른 교점 및 세계를 발견하고 추구할 수 있게 도와줄 "뒤섞여 있으면서도 구별되어 있는 문해력"을 발전시키고 결합하도록 그들을 독려한다(Ibid.: 11). 해러웨이는 이러한 이야기를 달성 및 억제의 틀로 구획하는 발전 유형의 시간보다는, "응축, 융합, 내파"의 하나로서 이 "사이보그 형상들"이 속해 있는 변이된 시공간에 주목한다. 여기서 해러웨이는 푸코의 생명권력 개념을 확장하여, 자신이 "전 지구적"이라고 부르는 그물망의 차원에서 작동하는 이른바 "테크노생명권력"에 대해 서술한다.

불가능하겠지만 그래도 오독을 피해보고자 말하면, 해러웨이는 자신이 "제2의 서기 천 년"이라 부르는 시기 말미에 과학과 사회에 대한 학문 연구를 특징지었던, 때로는 양극화했던 지적 논쟁에 참여했다. 그러나 그는 친숙한 이론과 철학의 언어를 그것이 정의되어왔던 대로 사용하기보다는 자기 고유의 은유 및 형상을 활용하여 이 논쟁에 참여한다. 어떤 면에서 이것은 특정한 주장 및 입장으로 끌려들어 가지 않기 위한 노력이다. 그러한 주장들은 그가 비판해왔던 바로 그 이원론의 관점으로 진술된 것이며, 해러웨이는 그것들이 얼마간 무의미하고 비생산적이며 너무 익숙할 뿐이라고 생각하기 때문이다. 그가 이러한 논쟁을 야기한 상황을 아예 다루지 않는다는 뜻이 아니다. 오히려 그는 익숙하고 추상적인 유형의 이론을 더 이어간들, 지식 활동에서 그 지식이 연결되어 있는 세상을 바꾸는 데 도움을 줄 수 있는 통찰과 행동은 생산되지 않을 것이라고 생각한다. 푸코와 마찬가지로, 해러웨이는 어떤 것에 대해서든 일견 원대한 '이론'은 결코 제공하지 않으려 한다. 그보다는 바라보고 사고하고 함께 행동하는 방식을 바꾸어 현재와 미래에 인간은 물론 인간과 연결되어 있는 다른 많은 타자가 함께 인식하고 살아갈 수 있게 독려하려 한다. 그는 푸코가 그랬듯 이런 일을 다른 방식으로 해나가자고 우리를 독려하려 한다. 이러한 움직임의 첫걸음은 이를 상상하는 것이고, 그다음은 실질적 가능성으로 구현하는 것이다. 그는 이러한 접근이 중요하다고 확신한다.

사람들은 이 글쓰기 방식 때문에 해러웨이의 저작을 읽기 어려워하곤 한다. 논의에 등장하는 용어들은 관련된 여러 지적, 학문적 논쟁에 익숙한 독자에게조차 낯설고, 페미니즘 이론, 마르크스주의, 후기구조주의, 생물학, 혹은 과학사회학이나 과학사 분야의 독자들에게도 마찬가지일 것이다. 이런 방식으로 해러웨이는, 비록 항상 친숙한 이론 및 개념과 처음부터 분명히 연결되지는 않더라도, 열린 자세로 자신이 사용하는 은유 및 형상이나 시각의 복잡성을 접해보라고 제안한다. 해러웨이는 다중적이고 경계를 가로지르는 문해력을 옹호한다. 그는 그러한 문해력이 현재와 미래의 기술과학계 및 사회에서 벌어지는 복잡하고 전 지구적인 문제를 해석하는 것은 물론, 더욱 자유롭고 민주적이고 올바르며 모든 존재에게 더 많은 것을 약속할 수 있는 세계를 만들기 위한 지역적 논쟁에 시민들이 적극적이고 필연적으로 개입하는 데도 필수적이라고 믿는다.[3]

이를 위해 그는 아리스토텔레스까지 거슬러 올라가서 근대 서구 계몽주의 전통을 규정하는 여러 범주의 경계를 넘기 위해 노력한다. 그는 특히 섹스, 젠더, 인종, 국가의 위계적 구조 속에서 입증되었듯이 계몽주의가 점점 더 '우리'에게 바람직하지 않은 방향으로 복무하고 있다고 생각한다. 외피에 새겨진 구분은 해체되었다. 물질적인 것 혹은 기호적인 것이 물질-기호적인 것이 되고 자연 혹은 문화였던 것은 자연문화가, 리얼리즘 대 상

45

대주의였던 것은 비유적 리얼리즘이 된다. 타당성에 대한 주장은 전경 혹은 후경 담론에 대한 질문이 되고, 인간과 기계의 구분을 당연히 여기던 관점이 사이보그에 대한 작업에서는 문제가 된다. 인간과 동물의 구분은 영장류 분석을 통해 모호해지며, 그 뒤로 20여 년이 지난 후 "가능한 가장 작은 분석 단위는 '관계'"(Haraway, 2003a: 20)라고 보는 기술과학 영역에서 수행된 인간과 개에 대한 최근의 연구는 다시 한번 그 경계를 흐려놓는다. 브뤼노 라투르의 저술에서처럼, 해러웨이는 기계와 무생물을 결코 비활성 상태로 여기지 않으며, 인간과 무생물 사이의 관계도 진지하게 다룬다.

이 절의 서두에 밝혔듯 해러웨이는 《겸손한_목격자》로 국제적으로 저명한 인물이 되었다. 그의 제자이자 지금은 자신도 페미니스트 과학연구자인 채리스 쿠신스 톰프슨Charis Cussins Thompson은 2002년 4월 하버드 대학 과학사 분과의 로스차일드 강의에서 그를 소개하며, 도나 해러웨이가 "이제 학계에서 가능한 한에서는 최고로 유명해진 참"이라고 말했다. 해러웨이는 《영장류의 시각》으로 1990년에 구스타부스 마이어스 인권상과 1992년에는 미국 사회학회의 과학, 지식, 기술 분과에서 로버트 K. 머튼상을 수상했을 뿐 아니라, 1999년에는 《겸손한_목격자》로 과학기술 연구 분야 최고의 책으로 미국 과학사회학회에서 루드비크 플레크상을 수상했고, 2000년에는 과학사회학회와 미국 과학정보연구소로부터 과학사회학 학문 연구에 대한 그의 탁월한 평생 공헌을 치하하는 J. D. 버널상을 수상했다. 그 후에 출판된 《해러웨이 읽기The Haraway Reader》(2004a)는 그가 당시에 진행하고 있던 연구에 대한 글뿐 아니라, 그의 과거 연구 중 가장 주목할 만한 에세이 여러 편을 검토하여 재수록하고 있다.

이러한 업적에 안주하지 않고, 해러웨이는 '개집의 탄생The Birth of the Kennel'이라는 제목으로, 새로우면서도 직전의 연구 방향과 연결되어 있는 연구를 시작했다. 이 연구는 인간과 개의 관계에 대한 탐구이자 명상이다. 1963년에 출판되고 영어로는 1973년에 번역된 미셸 푸코의 저서 《임상의학의 탄생》을 상기시키는 이 연구는 푸코를 다시 한번 인용하고 암시할 뿐 아니라, 해러웨이가 《겸손한_목격자》에서 주장했던 회절적 분석을 설명하고 수행한다. 회절적 분석은 우리가 기술과학을 그 명사가 전형적으로 소환하는 의미와는 상당히 다른 방식으로 볼 수 있도록 하기 위해 그가 구상해낸 방법이다.

따라서 인간-개 혹은 반려종 관계에 대한 이 연구는 지금까지 해러웨이의 저술 중 가장 접근하기 쉬운 글을 생산해냈다. 이때 출판된 논문 몇 편은 2003년에 <반려종 선언: 개, 사람 그리고 소중한 타자성The Companion Species Manifesto: Dogs, People, and Significant Otherness>이라는 작은 책자로 묶여 출판되었다. 이 제목을 보면 과거 그의 <사이보그 선언>이 연상되지만, 반려종 연구 초기의 글은 해러웨이에게든 우리 모두에게든 상당히 다른 목소리를 내고 있으며, 매우 상이한 시-공간에서 제출되고 있다. 이 두 선언의 중심 형상들에 대해 설명할 때도 해러웨이는 그 형상들이 모두 특유의 위치와 특정한 역사를 지니고 있다고 재차 강조한다. 사이보그에 대한 그의 설명 중 널리 알려져 있는 "그것은 어떤 정원(에덴의 정원 등)에서 태어나지는 않았지만, 분명히 역사를 가지고 있다"라는 문장이 이를 잘 보여준다. 해러웨이의 사이보그는 군사주의, 냉전, 우주 경쟁, 통신에 관한 과학 및 기술에 연결된 형상이지만, 반려종이라는 형상은 천 년이 저물어가는 시기의 역사와 더불어 현존하는 속도, 함몰된 거리 collapsed distance, 내파 및 응축, 즉 그가 《겸손한_목격자》에서 논의했던 모든 맥락과 함께 나타나는 것은 물론, 전 지구적이며 끝없이 이어지는 듯한 차이의 경험, 그리고 이러한 경험에 연결되어 현재 직면하고 있고 앞으로도 전 세계적으로 인간들이 마주해야 할 도전과 더불어 등장한다. 사이보그의 반려를 아예 제쳐두는 것은 아니지만, 해러웨이는 개-인간의 관계성을 다루는 최근의 연구가 새로운 천 년에 지구라는 행성(어떤 표식을 붙여야 마땅할까?)에서 사람들이 이 공간을 공유하는 다른 존재 및 개체와 함께 보다 평화롭고 생산적으로 살 수 있도록 돕는 데 보다 유망한 가능성을 제공한다고 믿는다. 그리하여 과거에 그의 연구의 중심이었던 여러 주제가 이제는 그가 "소중한 타자성"이라고 부르는, 차이가 제시하는 도전의 구체적인 내용으로 구성되어, 그 속으로 우리를 한층 더 깊이 데려간다. 해러웨이는 '반려자'인 다른 종들과 협력하며 보고, 듣고, 주의 깊게 살아갈 때, 인간은 서로를 대하거나 새로이 나타나는 타자의 '이동동물원'과 함께하는 상황에서 생산적으로 활용할 수 있는 새로운 형식의 관계를 실천할 수 있다고 분석한다.

2장
자연의 이야기로서 과학
영장류학의 경우

중요한 역사가이자 과학 대상 문화 분석가로서 도나 해러웨이의 명성은 《영장류의 시각: 근대 과학 세계에서의 젠더, 인종, 자연》(1989a)이 비평적으로 호평을 받으면서 시작되었다. 이 책은 집필하는 데 꽤 오랜 시간이 걸렸지만 내내 많은 기대를 받고 있었다. 페미니스트 과학철학자 샌드라 하딩은 이 책을 "오랫동안 기다려 왔다"고 말하며, 이 책에 대한 "선행 리뷰들에 […] '독창적인', '비상한', '탁월한', '압도적으로 자극적인', '뛰어나고 독창적인'이라는 단어들이 흩뿌려져 있었는데"라며 리뷰를 시작하고는 "그런 말들은 결코 과장이 아니다"라고 덧붙인다(1990: 295). 영장류를 연구하는 과학자들은 간간이 "근사하다" 정도의 반응을 보일 뿐이었으나, 인문과학 분야의 리뷰는 대부분 찬사를 보내고 있었다.[1]

　16장으로 이루어져 있으며 400쪽이 넘고 무수한 사진과 이미지, 그리고 백 쪽에 달하는 주석, 참고문헌, 찾아보기를 담고 있는 거대한 이 책은 분량 면에서도 방대하지만, 이 책에 담긴 영장류 연구와 거기서 도출한 과학과 사회, 혹은 사회로서의 과학에 대한 탁월한 비판적 분석에서 배울 수 있는 내용 역시 어마어마하다. 물론 이 책은 영장류학이라 불리는 과학에 대한 연구서지만, 해러웨이는 이 책의 주제가 "반복, 정체성, 협력, 전체, 차이, 변화, 갈등, 파편, 재생산, 성, 정신"이라고 말한다(1989a: 369). 이 목록은 그가 제기하는 질문의 범위를 암시한다.

　원숭이, 유인원, '인간' 등 영장류를 대상으로 한 과학연구에 대한 그의 관심은 그가 1974년에 존스홉킨스 대학 과학사학부에 자리를 잡은 직후부터 시작되었다. 영장류학이 전하는 이야기를 더 많이 찾아볼수록, 생물학자, 물리인류학자, 심리생물학자, 동물학자 등이 모여 있는 이 느슨하게 조직된 학제적 과학 전공이 해러웨이 자신의 연구에 중심이 될 질문을 탐구하는 데 더없이 비옥한 장소라는 점이 분명해졌다. 그의 연구는 역사적으로 상황 지어진 과학적 구조물로서의 자연, 문화, 섹스/젠더, 인종에 대한 것이었기 때문이다. 《영장류의 시각》은 그가 왕성하게 연구 활동을 벌이던 1980년대 중반에 산타크루스에서, 막바지에는 뉴저지 프린스턴의 고등연구소에서 집필되었다. 거의 같은 시기에 그는 그 유명한 사이보그 선언의 여러 버전과 더불어, 이후 1991년에 《유인원, 사이보그 그리고 여자》라는 책으로 묶여 나오게 될 다른 에세이들을 쓰고 있기도 했다. 이 책들은 모두 다양한 의미를 담고 있으며, 그 이후로 현재까지 해러웨이가 저술 활동을 하는 내내 반복적으로 나타난 일군의 비평적 주제, 형상, 도덕적/이데올로기적 관심을 한데 묶고 있다.

　해러웨이는 꾸준히 자신의 사상 및 관점이 '사회주의적'이라고 밝히지만, 1980년대 후반에 발표된 논문들과 《영장류의 시각》에서는 '문화연구'의 논의 형식이 보다 두드러지게 나타난다(Haraway, 1992a 참조). 문화연구의 형식이라 함은, 글을 쓸 때 '좌파' 혹은 네오마르크스주의 그리고/또는 문화적 마르크스주의의 풍미를 띤 입장을 취하지만, 특정한 입장을 고정시키는 '전분'은 넣지 않아 복잡하고 이질적인 상태라는 의미이다. 여기서 취하는 개념적 자원은 명시적으로 비학문적 혹은 반학문적까지는 아니더라도 분명 학제적이다.[2] 해러웨이의 해체적 주장은 개방적이며 성찰적이다. 또한 과학에 대한 문화연구 지식(이는 자신이 하고 있는 연구이기도 하다)을 비롯하여 지식을 만들고 다루는 과정 자체를 비판적으로 검증해나갈 중심 주제로 삼는다. 해러웨이의 비평은 도처에서 예리함이 번득이지만 그럼에도 그의 어조는 옹졸하거나 거만하지 않으며, 이는 그가 과학자와 지식 노동자의 특성을 설명할 때도 마찬가지이다.[3]

폐쇄, 전체화, 자기확신과 독선, 본질주의, 그리고 분리 혹은 '객관성'을 주장하거나 선망하는 태도는 모두 신랄하게 거부된다. 그의 목표는 열정, 지배에 대한 비판, 특히 섹스/젠더 및 인종적 지배에 대한 비판, 엄밀하고 창의적인 학문 연구, 논의의 부분성과 보다 제한된 형식의 정치 연합에 대한 긍정이며, 이 모두가 자신이 비판하는 세계 및 실천 속에서 본인만의 함의를 파악해내는 변함없는 감각을 통해 그의 글에 담겼다. 마지막으로, 문화연구 작업이 모두 그렇지는 않지만, 여기서 해러웨이의 글은 경험적 세부 사항으로 가득 차 있다. 인류학자 로버트 영Robert

Young은《영장류의 시각》에 담긴 해러웨이의 글과 이야기에 대해 다음과 같이 논평한 바 있다.

해러웨이의 이야기를 보며 내가 가장 강렬하게 느낀 것은, 그가 사상, 제도, 연구 전통의 역사와 개인들이 자신을 성찰해온 역사가 얽혀 만들어낸 짜임 속에 온전히 몰입하기 위해서 새로운 기준을 세운다는 점이다. 읽으려면 힘이 많이 들고, 그의 문체가 감미로운 운율을 위해 양보하는 일은 전혀 없지만, 그럼에도 그의 글은 매우, 매우 짜릿하다. 그의 글은 최고의 의미로 '과하다'. 그는 우리를 이끌고 복잡한 네트워크의 세세한 부분과 여러 매개는 물론, 과학적 후원, 개념화, 연구, 출판 및 보급으로 이어지는 힘들의 결탁을 누비고 다닌다. 그 짜임은 아주 섬세하고, 그 네트워크들도 아주 치밀하게 얽혀 있어서 실체와 과학적 맥락 사이, 혹은 과학과 이데올로기 사이의 이분법을 유지하려는 그 어떤 희망도 사라진다. 맥락과 실체는 서로 맞물려 있을 뿐만 아니라 떼어낼 수 없이 뒤얽혀 있거나 상호구성적이다. (1992: 103)

이러한 문체는《영장류의 시각》에 담긴 다음의 에세이에서 가장 뚜렷하게 드러난다. 1) <테디 베어 가부장제: 1908년부터 1936년까지 뉴욕시 에덴동산의 박제술>. 이 글에서는 칼 에이클리Carl Akeley의 생애 및 작업과 미국 자연사박물관 아프리카관의 구성을 살펴보면서, 예상가능한 대부분의 방향으로 자연의 특성을 삭제해버리면서 '문명화된' 서구 백인 남성의 '타자'로서 '자연'을 문자 그대로 만들어내는 방식에 대한 구체적 통찰을 제공한다. 2) <에덴의 유인원, 우주의 유인원: 내셔널 지오그래픽을 위한 과학자로서의 귀향Apes in Eden, Apes in Space: Mothering as a Scientist for National Geographic>. 이 글에서는 지구에서의 삶의 한계를 초월하겠다는 (남성적) 판타지를 검토하고, 아울러 '자연 속에/(자연과 함께) 홀로 있다'고 묘사되면서 정글에 사는 침팬지와 함께 독해되는 백인 여자들, 특히 제인 구달의 대중적인 자연과학 이야기 속에서 소통의 페티시가 역사를 대체하고 있음을 보여준다. 이런 이야기는 당시 민족해방 운동이 일어나고 있던 아프리카에서 죽어가는 식민주의 체제를 애도하며 지배자들의 쓰린 마음을 달래주는 비유이며, 더불어 그곳에서 중요한 과학연구가 행해지고 있음을 전해주는 이야기이기도 하다. 3) <하드웨어에 대한 은유: 해리 할로와 사랑의 테크놀로지 Metaphors into Hardware: Harry Harlow and the Technology of Love>. 이 글에서는 '모성의 돌봄'을 연구하는 비교심리학자가 단순한 자극-반응 및 정신분석 모델이 제공하는 것보다 '더욱 인간적'이고 '따뜻한' 관점을 보여주는 과학적 관찰을 얻을 수 있는 원숭이의 수행을 만들어내기 위해서 사디즘과 남성주의를 결합하여 유명한(악명 높은) 일군의 실험실 실험을 기획했음을 밝힌다. 4) <다문화 영역의 생명정치The Biopolitics of a Multicultural Field>. 이 글에서는 일본의 영장류학 연구 보고서와 영미 연구자들이 주도한 연구를 비교 및 대조한다. 일본의 영장류 연구는 개인, 집단, 분석 단위에 대해 지향점이 상당히 다른 질문을 던지고 있으며, 그리하여 영미 연구자들은 일본인 동료들이 무슨 연구를 하는지 처음에는 이해하지 못했다.

그는 우리가 영장류학, 더 일반적으로는 과학을 언제나 구체적인 역사적 시간 및 장소에서 쓰였으며 "특정한 미학, 리얼리즘, 특정 정치학, 진보를 향한 헌신"이라는 틀로 구획되어 있는 하나의 이야기 모음으로 보도록 이끌어준다(Haraway, 1989a: 4). 원숭이, 유인원, 인간을 점점 더 정확히 목격하고 위치 짓는 이야기들 속에서, 이 과학은 현실과 자연을 특정한 방식으로 안정되고 질서를 이루고 있으며, 누군가에게 발견되기 위해 존재하는 것, 어떤 특별한 시각에 의해 발견되고 적절히 명명되기 위해 항상 거기에 있었던 것으로 구성한다.[4] 해러웨이 역시 이렇게 친숙한 과학적 이야기를 전하고 살아가는 작업에 상당히 이끌렸지만, 그는 과학에 대한 글을 쓰고 삶을 살아갈 수 있는 다르고도 더 좋은 방식을 제안하는 비유를 만들어내길 원했다. 그는 "과학의 역사"가 다른 방식으로 이야기될 수 있다고 주장한다.

사실을 생산하기 위한 기술적, 사회적 수단의 역사에 대한 하나의 서사로서 말이다. 사실이란 그 자체로 이야기의 유형, 경험에 대한 증언의 유형이다. 그러나 경험을 이끌어내려면 물리적 도구, 접근가능한 해석 전통, 특정한 사회적 관계를 비롯한 정교한 기술이 반드시 필요하다. 아무것이나 사실로 나타날 수 있는 것이 아니며, 아무것이나 보이고 행해질 수 있는 것, 그에 따라 이야기될 수 있는 것이 아니다. 과학적 실천은 일종의 스토리텔링의 실천으로 간주될 수 있다. 즉 자연의 역사를 서술하는 기술로, 이 기술은 규칙에 지배되고, 제약에 구속되어 있으며, 역사에 따라 변한다. (Ibid.: 4)

이런 방식으로 과학을 보기 위해서는 과학을 사회와 분리된 것보다는, 사회의 불가분한 일부이자 사회를 만들어내고 있는 관련자로 봐야 한다. 그리고 이야기는 본인 역시 역사적으로 특정한 위치에 있으며, 온갖 이해관계와 자원, 기회, 욕망, 불안, 맹점을 가지고 있는 화자에 의해 말해진다. 이 책은 물론 다른 곳에서도 해러웨이는 이야기들이 생성하는 세계 속에서 이러한 특수성들이 어떤 차이를 만들어내는지를 고려하고 지적하는 데깊은 관심을 보인다.

과학은 어떤 식으로든 사회 및 문화와 분리되어 있다는 친숙한 관념은 하나의 헤게모니로, 이는 과학 및 그것의 실천이 더바람직한(가령 페미니즘적인, 정의로운, 반인종차별적인, 민주적인 등의) 여러 선택지가 존재함에도 남성중심적, 인종차별적, 식민주의적 역사 및 세계와 얽혀 있다는 점을 다양한 방식으로 바라보지 못하게 차단한다. 실제로 과학과 사회 사이의 이 추정적경계가 투과성을 지닌다는 주장은, 경계가 수행하는 이데올로기적 작업을 보다 명확히 바라보는 시각과 더불어 과학연구의핵심 신조가 되었다. 이 작업에는 해러웨이를 비롯하여 샌드라하딩(1986, 1992, 1993, 1998), 이블린 폭스 켈러(1985, 1992, 1995), 샤론 트래위크(1988, 1992), 캐런 버라드(1995a, b, 1999), 아델 클라크 (1998), 아델 클라크와 버지니아 올레슨(1999), 수전 리 스타(1991) 등 과학 친화적 페미니스트 비평가의 역할이 결코 작지 않았다. 그리고 페미니스트는 아니지만 브뤼노 라투르의 연구도 비슷한 주장을 하곤 한다. 그는 과학과 사회 사이의 경계는 투과적이며, "모더니즘적 합의"가 과학과 사회는 분리되어 있다고 묘사해왔 던 것과 달리 이 경계는 훨씬 더 왕래가 많은 장소라고 주장한다 (Latour, 1999 참조). '사회'가 과학에 미치는 영향은 해로우며 왜곡 을 만들어낸다는 한층 친숙한 주장을 넘어, 사회와 과학은 투과 적이며 심지어 그런 식으로 분리를 상정할 수 없다고 주장하면 서, 해러웨이와 여타 학자들은 기존 주장과 대립하면서도 신중 히 희망을 품을 수 있는 의견을 펼칠 수 있게 되었다. 즉 수정되 고 "승계된successor" 과학(Harding, 1986, 1992 참조)을 구축하면 그것이 더 나은 사회를 만드는 데 도움이 될 수 있으며, 과학과 사회는 이제 막 고려되기 시작했을 뿐인 가능성을 가지고 서로 를 구성한다는 것이다.

이 장에서 나는 그의 핵심 주장 일부를 강조하고 20세기에 이러한 과학을 만들어낸 몇 가지 지배적인 이야기를 검토하면 서, 영장류학 및 과학을 문화연구적으로 분석한 해러웨이의 의 견을 전달하고자 한다. 이것은 그저 대략적인 요약일 뿐이기 때 문에, 당신은 그것을 확인해줄 실증적인 세부 사항을 파악하면 서 이 풍부하고 복잡한 논의에 직접 참여해야 한다(또한 Haraway, 2000b 참조). 둘째로 《영장류의 시각》의 마지막 장을 참고해 나는 해러웨이가 얼마나 주저 없이 더 나은 미래의 과학과 사회를 향한 희망(그가 지적했듯 이는 낙관주의와 다르다)을 읽어내고 이야기하는지 보여주는 사례를 제시할 것이다. 그런 다음에는《영장류의 시각》의 다양한 장을 명확히 하나로 묶어주는 주장을 살펴보겠다.

"영장류학은 유인원에 대한 오리엔탈리즘이다"

이 주장은《영장류의 시각》의 <서론> 중 한 절의 제목이다. 이 절은 톰 팰모어Tom Palmore의 1976년 그림 <누워 있는 누드Reclining Nude>의 사본이 담긴 페이지와 마주보도록 짝 지어져 있다. 그 그림에서는 커다란 고릴라가 오른쪽으로 누워서 왼쪽 무릎을 부드럽게 앞으로 구부려 허리를 가로지르고 있으며, 팔을 접어 머리를 괴고 있고, 얼굴은 정면을 보고 있으며 입술은 살짝 벌어져 있고, 상대를 알아보는 듯한 눈은 우리의 시선을 마주하고 있다. 이 인상적인 이미지는 인간적인 제목 때문인지 처음에는 유머러스하게 느껴진다. 그러나 계속해서 살펴보면, 우리의 시선이 그림 주인공의 눈으로 다시 돌아가면서 유머는 사라지고 보다 진지한 무언가가 작동하고 있음을 감지하게 된다. 고릴라는 자신을 바라보는 우리를 바라보고 있다. 책 뒷부분에서 해러웨이는 우리가 그 고릴라를 '남성'이라고 판단하도록 분석하지만, 팰모어는 그가 '여성'처럼 느껴지도록 이미지를 제시한다. 그리고 그 표현은 불확실성보다는 일종의 차분한 강렬함을 통해,

이렇게 인간의 시선에 취약하게 노출된 상태가 초래할지도 모르는 결과에 대한 두려움(그렇지만 충격은 아닌)을 나타내는 듯하다. 인간과 유인원의 만남에 대한 다음의 이야기를 감안하면 그런 우려도 놀랄 일이 아니다. 왼쪽을 보면 그 이미지와 마주보는 페이지에 해러웨이가 다음과 같이 서술하고 있다.

> [⋯] 영장류학은 **질서**, 즉 분류학적인, 따라서 차이를 배치하는 것을 통해 설정되는 경계를 협상하여 작동하는 정치적인 질서에 대한 것이다. 이러한 경계는 제대로 된 가족에 대한 규범과 같이 중요한 사회적 영역을 표시하며, 커리큘럼 개발, 정신건강 정책, 환경보호 정치, 영화 제작 및 도서 출판 같은 사회적 관행에 의해 구축된다. 영장류학의 유력한 과학적 이야기를 구성하는 두 개의 주요 축은 [⋯] 섹스/젠더, 그리고 자연/문화처럼 상호작용하는 이원론에 의해 규정된다. 섹스와 서구 세계는 생물학과 인류학에서 자명하다. 이렇게 복잡한 이원론의 지도적 논리하에서, 서구의 영장류학은 유인원에 대한 오리엔탈리즘이다. (1989a: 10)

어떤 사람은 의아해할지도 모른다. 해러웨이는 원숭이와 유인원에 대해 쓰고 있는 것일까, 아니면 인간에 대해 쓰고 있는 것일까? 그런 뒤 당연하게도, 그는 '우리' 모두가 영장류라는 사실을 기억해낼 것이다. 우리 사이의 차이는 무엇이며, 그 차이는 **인간**에 의해 어떻게 이야기되고 어떤 결말로 향하는가/누구의 목적을 추구하는가? 우리는 우리의 형제자매가 누워 있는 누드의 이미지를 다시 바라본다.

무언가가 바뀌었다. 새로운 불편함이 있다. 그러나 이제 그 것은 오직 그 유인원의 얼굴에서만 읽을 수 있는 것이 아니라 바라보고 있는 사람 안에서도 자라난다. 실제로 우리 독자는 이제 그 고릴라의 우려를 더 잘 이해할 수 있을지도 모른다. 그렇게 된다면 해러웨이는 기뻐할 것이다. 왜냐하면 그는 과학이 전하는 이야기에 대해 이렇게 이야기를 쓰면서, 이를 통해 위에 거론한 이원론을 비롯한 여러 이원론이, 종종 성찰조차 없이 지속되는 위계 및 지배의 관계를 다시 기입하는 사상과 실천을 계속 지탱하기 위해 어떻게 작동하는지에 대해 훨씬 더 거대한 비판적 인식을 촉발할 수 있으리라고 희망하기 때문이다. 그 위계와 지배는 곧 영장류의 질서이며, 영장류 중 **인간**이 당연하게 자신의 배우자prim(ary)-mate*를 동반하고 가장 중요한 위치를 차지하는 상황을 의미한다. 영장류학을 오리엔탈리즘으로 읽어내면서, 그는 자신의 분석이 악당과 희생자가 등장하는 단순한 이야기가 아니라, 영향과 행위성agency을 널리 분배하고 '선한 의도', 가부장주의, 사랑이 때때로 초래하는 어두운 복잡성과 결과를 정당하게 평가하는 이야기임을 알린다. 심지어 과학에서도 결백한 위치란 없다는 것이 바로 해러웨이가 내세우는 주장이다.

---

* 가장 중요한 짝primary-mate, 즉 배우자를 마련하는 것이 영장류prim-mate의 요건이기도 함을 드러내는 언어유희.

이렇게 조직화하는 주장의 키워드는 에드워드 사이드의 1978년 책 《오리엔탈리즘》에서 왔다. 저명한 팔레스타인 지식인이자 문학 연구자인 사이드는 이 책을 통해 1980년대에 등장하기 시작한 문화연구와 탈식민주의 분석 및 비판이라는 신생학문 분야를 정착시키는 데 일조했다. 그러한 글쓰기를 특징짓기 위해 앞서 내가 거론한 여러 특질을 설명하고 규정하면서, 사이드는 동양에 대한 유럽과 북미 학문의 특성을 분석하는 데 관심을 가졌다. 그는 이러한 학문 작업을 "서구 유럽의 경험 속에 동양이 차지하고 있는 특별한 장소에 기반하여 동양을 받아들이는 한 가지 방법"으로 보았다(Said, 1978: 1). 해러웨이에게 그 "특별한 장소"는 영장류학자들이 자연이란 무엇인지, 무슨 의미인지에 대해 써왔던 이야기 속에서 원숭이와 유인원이 차지하는 "특별한 장소"와 나란히 대응된다. 그리고 이와 대비되는 (남성)**인간**(hu)Man, 그중에서도 특히 (하지만 노골적이지는 않게) '제1세계'의 '문명화된' 백인 남성이란 무엇을 의미해왔는지는 모든 면에서 그러한 특권적 세계를 형성해온 이원론의 '다른' 쪽에 기대고 있었다.

사이드가 분석한 직접적인 대상은 문학과 학술적 텍스트였지만, 이러한 텍스트들은, 해러웨이가 위의 긴 인용문에서 명명했던 바와 마찬가지로, 그 텍스트의 외부에 존재하는 '서양적인 것'과 '동양적인 것'에서 발견되는 정교하고 다층적이며 견고한 관습과 연결되어 있다. 분석의 주요 대상은 푸코(1973)가 "담론적 실천"이라고 불렀던 것으로, 이는 담론, 미학을 포함한 담론의 형식과 논리, 담론의 대상과 주체, 그리고 더 나은 표현을 찾지 못해 일부는 비담론적 실천이라고 부르기도 하는 서로 연결된 일련의 생성적이고 강화적인 활동 등을 가리킨다. 사이드는 자신의 분석 방법을 다음과 같이 설명한다.

> 따라서 오리엔탈리즘적 텍스트에 대한 나의 분석은 [···] 동양에 대한 '자연스러운' 묘사가 아니라 재현으로서의 재현이라는 [···] 증거를 강조한다. 이 증거는 소위 진실한 텍스트(역사, 철학적 분석, 정치적 논문)뿐 아니라 명백히 예술적인(즉 공개적으로 상상적인) 텍스트에서도 두드러지게 발견된다. 살펴봐야 할 것은 스타일, 수사적 표현, 배경, 서사 장치, 역사적 및 사회적 환경이지, 재현의 정확성도 아니고 몇몇 위대한 원본에 대한 충실도도 아니다. (1978: 21)

오리엔탈리즘은 외부, 즉 선호되고 특권적인 위치에서 보는 사람과 이 서사적 시선의 대상이 되는 사람 모두에게, 매우 중대한 차이를 지니게 된 세계들 사이에서 발생하는 접촉에 대한 이야기를 들려준다. 사이드에게 이 시선은 '서양'에서 왔으며 '동양'을 이야기한다. 그러나 물론 서양과 동양 모두 이 텍스트들 안에서 만들어진 것이다. 해러웨이가 보기에 그 시선은 백인, 서양 과학자의 시선이며, 원숭이와 유인원을 '거의 (남성)**인간**' 혹은 더 나아가 '기원적인', '문화 이전의', 혹은 '자연의' **인간**이라 부를 수 있는 것으로 조명한다. 다시 말하지만, 따라서 이 모든 것이 지식의 대상으로서 기입된다/만들어진다. 각 경우에 후자인 **타자**는, **자아**이자 빛과 시각의 원천인 전자보다 열등하지는 않더라도 그것과 완전히 구별되며 부차적이라고 서술되지만, 두 쌍의 형상은 그와 연관된 이원론의 목록 전체와 마찬가지로 오직 상호의존적 위치로서만 의미를 만들거나 작동시킨다. 섹스/젠더, 자연/문화가 그런 이원론에 포함된다. 한쪽을 특정하거나 이해하는 일은 다른 쪽을 규정하는 매우 세부적인 사항과의 차이에 의존한다. 다른 것과 구별되며 우월하다고 여겨지는 위치 혹은 대상은 독특함과 우월성이라는 의미의 측면에서 부차적인 것에 의존한다. 예를 들어 보다 열등한 것, 즉 자원으로 낙인찍힌 쪽 없이는, 보다 위대한 것, 문화의 비범한 특질인 쪽도 자신이 이야기하고 규정하는 것, 자신이 체현하고자 하는 것이 될 수 없다. 그러면 기존의 이원론에 따라 그어진 경계를 유지하기가 상당히 위태로워진다. 경계가 심하게 흐려지면 그 특정한 이야기가 더 이상 효과적으로 전해질 수 없기 때문이다. 이렇게 지배적 이야기를 모호하고 혼란스럽게 만드는 일이 정확히 사이드와 해러웨이 같은 문화연구 비평가들이 하는 작업이며, 하딩(1990: 297)의 말에 따르면 다른 무엇보다 바로 《영장류의 시각》이 하는 작업이기도 하다.

해러웨이는 20세기의 여러 영장류 연구 텍스트를 매우 중대한 서사로서 검토한다. 그 서사 안에서 그리고 그 서사를 통해 자연과 섹스는 자연적인 기반이 되고, 그곳에서 인간의 문화, 젠더 질서, 가정, '가족'이 등장하며, 그 위에서 이들은 질서화된 지식 및 진보의 이름으로 적절하게 작동한다. 그는 이러한 이원론들이 여성과 인종화된 신체에 특히 중요한 영향을 미쳤다고 주장한다. 이들의 신체는 어두운 피부를 가진 비인간 영장류라는 이 '자연적인' 개체군에서 '관찰'된 범주로서 섹스를 설명해온 방식이 도출한 하나의 결과이기 때문이다(Haraway, 1989a: 12). 이 비인간 영장류들은 다른 어두운 피부의 인간 영장류가 살고 있던 장소를 참조하거나, 그들이 살던 장소에서 연구되었다. 어두운 피부의 인간 영장류가 살던 환경은 백인 과학자 및 다른 사람들이 관찰하던 비인간 영장류가 향유하던 환경과는 극적으로 다르면서도 연결되어 있었다. 이러한 특성이 기입된 자연은 특정한 문화적 형태, 즉 질서 잡힌 '공동체'라는 특정한 개념의 기초를 마련한다고 여겨지는 남성 지배적 위계, 남성적 공격성, 여성의 섹슈얼리티 및 수동성, 이성애 및 가부장적 가족 구조와 협력 형태 등을 의미와 실천 모두에 기반이 되는 '자연적인' 것으로 인정하게 만드는 데 사용되었다.

자연 구축하기, 사실 만들기, 픽션 쓰기

《영장류의 시각》에서 해러웨이는 먼저 제2차 세계대전 이전의 박제술과 1936년에 뉴욕시 미국 자연사박물관에 개관한 아프리카관에 전시된 칼 에이클리의 디오라마,[5] 거의 동시에 이루어지고 있던 예일 대학 심리생물학자 로버트 미언스 여키스Robert Mearns Yerkes, 컬럼비아 대학 비교 생리심리학자 클래런스 레이

카펜터Clarence Ray Carpenter, 시카고 대학의 진화생물학자 스튜어트 올트먼Stuart Altmann의 학문 연구에서부터 체질인류학자 셔우드 워시번Sherwood Washburn(널리 알려진 '남자는 사냥꾼' 가설의 창시자)과 1970년대 심리학자 해리 할로(그리고 '엄마'를 향한 어린 원숭이의 애착에 대한 특히 잔인하고 여성혐오적인 그의 실험)로 대표되는 전후 시대의 연구, 저술 및 교육을 구체적으로 검토한다. 뿐만 아니라 1984년 초에 이뤄진 행동과학 고등연구센터Center for Advanced Study in the Behavioral Sciences의 두 번째 영장류 프로젝트 및 비인간 영장류의 외형과 행동의 형식으로 자연이 이야기되고, 글로 쓰이며, 말 그대로 전시, 소비, 교육, 도덕 훈련, 연구를 위해 조립되는 방식을 설명한 그 프로젝트의 출판물 《영장류 사회Primate Societies》(Smuts et al., 1987) 등도 면밀히 살펴본다. 그는 이 다양한 연구 활동 및 결과에 대해 정중하게, 그러나 때로는 분노에 차서(특히 할로에 대한 논의를 보라) 쓰지만, 무엇보다 영장류학이라는 과학적 텍스트는 그저 발견되기 위해 거기 있었던 자연적 세계와의 교신 속에서 정립된다고 주장하는 리얼리즘적인 (그리고 이러한 형식 속에서 성차별적인) 논리를 뒤흔들고자 한다. 위와 대조적으로 그는 이 자연적인 세계는 일차적으로 특정한 인간 작업의 성취물이며, 가장 영향력 있는 과학 텍스트와 그것에 연결된 실천 속에서 우리가 관찰 및 연구에 활용하는 사실적 허구라고 주장한다.

영장류학이 자연을 '구축해' 왔다고 주장할 때, 그가 그러한 과학자들이 알고, 보고, 만졌던 것에 물질적 사실성이 전혀 없다거나, 자신이 검토하는 관점이 터무니없다고 논하는 것은 물론 아니다. 해러웨이가 말하고자 하는 바는, 자연 및 자연의 특정 사례에 대한 우리의 관념과 이해가 그것들을 알고 설명하고자 하는, 매우 인간적이며 문화/상징/서사로 가득한 시도/실천에 의해 형성되었다는 것이며, 더 나아가 이러한 이미지와 이해는, 언제나 그것들이 등장하고 고전을 거듭하며 변화를 겪어온 사회적, 역사적 순간과 긴밀하게 연결되어 있다는 것이다. 그는 영장류학 저술들에서 비인간 영장류의 이미지, 사회적 조화 및 차이에 대한 인간의 불안, 그리고 그 조화를 유지하기 위해 남성 지배적 위계의 중요성을 중심으로 조직된 남성 우월주의적이고 인종차별적인 이야기를 발견했다. 이 이야기가 그런 삶을 살아온 제1세계 백인 남성과 여성의 집단적일 뿐 아니라 개인적인 희망, 두려움, 환상, 극적 서사를 반영한다는 점은, 과학자들 스스로는 이것이 과학적 연구에 미친 영향을 오류나 '편향'으로 보는 경우를 제외하고는 대체로 부정하기는 하지만, 우리에겐 그다지 놀라운 일이 아니다.[6]

　일부 비평가는 이러한 주장이 물질적 실재를 무시하는 극도로 상대주의적인 입장이라고 오해하곤 한다. 그러나 해러웨이는 사고가 단순하거나 '냉소적인' 상대주의에는 "자의적 권력 이상의 기준이 없다"며 거듭하여 비판한다. 그는 어떤 이야기는 다른 이야기보다 나으며, 그만큼 옹호될 수 있다고 주장한다. "나는 사람들이 설명하기 위해 안간힘을 쓰는 세계란 사실 존재하지 않는다고, 기호의 체계와 의미의 생산 속에서 지시물은 존재하지 않는다고, 실천의 전통 안에서 더 나은 설명을 구축하는 데 진보란 있을 수 없다고 주장한 적이 없다"(Haraway, 1989a: 12).

1980년대는 인간과학 전반에 걸쳐 다양한 사회구성주의 분석이 정교화되던 시기이다. 과학연구에서 사회학자 브뤼노 라투르와 스티브 울거(1979)는 그들의 공저이며 해러웨이(1980)도 호평한 《실험실 생활: 과학적 사실의 사회적 구성Laboratory Life: The Social Construction of Scientific Facts》[7]을 통해 이 흐름의 주장을 가장 먼저 펼치기 시작한 사람 중 하나이다. 《영장류의 시각》여러 장이 이런 유형의 분석에 기여하지만, 동시에 과학 이야기를 전하고 살아가는 일의 난잡하고 물질적인 복잡성을 너무 많이 축소하지 않도록 경계한다. 해러웨이는 자신이 과학연구에서 사회구성주의적 주장의 "유혹"이라고 부른 것에 다가가면서도 주의를 기울인다. "유혹"이라고 부른 이유는, 여기서 제공된 중요한 부분적 통찰이 모두 너무 쉽게 그 자체로 "전체의 이야기"인 것처럼 받아들여지기 때문이다. 그는 실험실에 있던 과학자들에 대한 라투르와 울거의 민족지적 연구와 이후에 출간한 라투르의 저서 《젊은 과학의 전선Science in Action》(1987)이 과학 자신의 이야기에 널리 퍼져 있던 리얼리즘 미학을 거부하고, 과학을 "협상, 전략적 움직임, 기입, 번역"(Haraway, 1989a: 6)의 측면에서 규정된 집단적 행동의 문제로 바라봤다는 점을 높이 평가한다. 성공적인 과학자들은 자신이 글로 쓴 주장의 배후에서 충분한 동맹을 확보하여 도전자를 압도할 수 있는 사람이다.

해러웨이는 역사적으로 특정한 정치적, 경제적 배치가 지식에 중요한 영향을 미친다는 마르크스주의의 주장이 이런 분석 유형에 공헌했다고 본다. 마르크스는 하나의 정치경제적 특권의 위치에서 보고 행동하면, 자신의 활동과 그것이 그 세계에 미치는 영향에 대한 왜곡된 시각을 생산하게 될 뿐이라고 주장했다. 특정한 위계적 배치에 더욱 깊이 관여되어 있을수록 자기 자신과 자기 행동의 영향을 온전히 보기는 더 어려워진다. 지식을 형성하는 영향력을 인식하는 이러한 방식은 과학과 과학자가 우리에게 자연에 대해 말하는 것을 고려할 때 중요한 자원을 제공한다.

그러나 해러웨이는 우리가 과학자가 자연에 대해 하는 이야기에 주의를 기울여야 한다고 강력히 느끼기도 한다. 그는 그들이 하고 있는 일이 "단순히 권력과 통제에 관한" 것이기만 한 것은 아니며, 그들의 이야기가 "세계에 도달"하고 있고, "그들의 지식은 어떤 식으로든 그들이 다루고자 하는 주제, 즉 지식 대상의 능동적인 목소리를 번역한다"는 과학자들의 주장에 공감한다(Haraway, 1989a: 8). 생물학 연구와 그것이 만들어내는 지식에 대한 해러웨이의 깊은 수용과 이해(사실은 사랑)는 그가 간과하지 않고 싶어 하는 '유산'의 일부이다. 과학적 지식이 구성되었다고 말하는 것은 그것이 거짓이거나 '그저 언어의 문제'라는 뜻이 아니다. 말하자면 거기에는 무언가가 있다. 그리고 과학은 '거기'에 무엇이 있는지 그리고 그것이 어떻게 작동하는지에 대해 널리 퍼져 있는 믿음을 축적한 이야기를 전하는 데 상당히 능하다. 그러나 그는 이 과학적 스토리텔링이 성공적으로 이루어지는 방식과 자신이 "신체 생산 장치"*(이 용어는 그의 제자인 케이티 킹Katie King의 유사한 연구(1991, 1994a, b, 2003)를 참고한 것이다)라고 부르는 것에서 그 스토리텔링이 담당하는 역할은 아직 명확히 드러나지 않았으며, 더 깊이 질문할 필요가 있다고 말한다. 과학자들의 이야기에 대해, 더 많은 행위자와 덜 분명한 경계를 가지고 보다 복잡한 이야기를 하는 것이 그의 연구 목표 중 하나이다. "나는 능동적인 것과 수동적인 것, 문화와 자연, 인간과 동물, 사회적인 것과 자연적인 것이라는 이원론에 의존하지 않는 하나의 과학사를 이야기하기 위한 개념을 찾고 싶다"(Haraway, 1989a: 8). 구성을 복잡한 '생산 장치'로 보는 이 관점은 세계를 생산한다는 명목으로 얼마나 다양한 능동적 개체가 집단적으로 인식될 수 있는지를 이해하고자 해러웨이가 계속해서 사용하는 강력한 분석 도구이다.

---

* 신체 생산 장치apparatus of bodily production는 케이티 킹의 문학 생산 장치apparatus of literary production 개념을 차용한 것이다. 킹은 서구의 문학 연구 제도에서 서지학bibliography이 중요한 담론으로 떠오르면서 텍스트를 구성하는 작업과 해석하는 작업이 분리되었다고 지적한다. 따라서 서지학은 문학 텍스트와 문학 텍스트 비평의 노동분업을 고정시키고 특히 문학 연구 대상으로서의 문학 텍스트를 등장시킨 핵심 장치로서 '문학 생산 장치'가 된다. 해러웨이는 이 개념을 차용하여 유기체 역시 과학 담론에 의해 만들어진다고 주장한다. 과학은 다양한 신체를 연구 대상으로 규정하는 '신체 생산 장치'가 되어, 사회적으로 구성된 것을 자연적인 것으로 둔갑시키는 이데올로기적 기능을 담당한다. 박미선, 〈테크노문화 시대의 여성주의 인문학: "전유되지 않은 타자"의 정치와 절합의 기호학〉, 《문화과학》 58호, 2009, 266쪽 참조.

1장에서 나는 사람/사물 경계를 가로지르는 연결들에 대한 해러웨이의 강조가 어떤 성격과 의미를 지니는지 미리 살펴보았다. 영장류와 사이보그에 대한 글에서 그는 사회구성주의 분석에서 너무 자주 중심이 되곤 하는 인간의 행위성이라는 개념을 깊은 곳에서부터 복잡하게 만들고 대체하는 방식으로, 그러한 경계 가로지르기에 상당한 주의를 기울인다. 과학을 사실에 대한 서사적 픽션이라고 보는 관점을 주장하면서 그는 다음과 같이 쓴다.

생물학은 유기체라고 불리는 대상에 적합한 픽션이다. 생물학은 유기체로부터 '발견된' 사실을 만들어낸다. 유기체는 생물학자를 위해 수행하고, 생물학자는 그 수행을 훈육된 경험을 통해 입증된 진실로, 즉 사실로, 과학자와 유기체가 공동으로 이뤄낸 행동 혹은 공적으로 바꾸어놓는다.

낭만주의는 리얼리즘으로, 리얼리즘은 자연주의로, 재능이 진보로, 통찰이 사실로 넘어 들어간다. 과학자와 유기체는 모두 하나의 스토리-텔링 실천 속의 행위자이다. (Haraway, 1989a: 5, 강조는 추가)

거칠게 단순화하자면, '사회적'이라는 용어가 오직 인간만이 관여했다는 의미로 사용된다면, 여러 구성 작업 중 온전히 '사회적'이라 불릴 수 있는 것은 그저 일부뿐이다.[8]

거의 같은 시기에 라투르(1983, 1988)는 19세기 후반 프랑스에서 루이 파스퇴르와 그의 미생물이 맺었던 능동적인 관계에 대해 비슷한 글을 쓰고 있었다. 기술과학연구에서 '행위자 네트워크 이론actor network theory, ANT'이라고 불리게 된 이론의 창시자인 라투르(Law and Hassard, 1999 참조)와 해러웨이는 지식 프로젝트를 연구하면서 행위성과 행동에 관해 보다 복잡한 구성주의적 관점을 요구하는 학자 중 아마도 가장 널리 인용되는 학자가 되었다.

사회구성주의 주장의 유혹에 대해 해러웨이는 마지막으로 한 번 더 경고를 보낸다. 모든 문화적 실천과 마찬가지로 과학도 페미니즘과 반인종차별주의의 렌즈를 통해 점검되어야 하지만, 그 렌즈 자체도 그들 나름의 권력이 작동하여 움직이는 역사적으로 특정한 자원에 의해 만들어지고 작동한다는 것이다. 여기서 해러웨이는 자기-성찰적 비판에 헌신해야 한다고 강조하면서, 선호하지 않는 관점에는 신속히 적용하는 바로 그 비판적인 분석을 선호하는 입장을 대할 때는 얼마나 쉽게 면제해주는지를 드러낸다. 이러한 비판은 전해지고 경험될 수 있는 모든 이야기에 유효하다. 소위 구성주의 비평을 활용하면서도 어느 한쪽으로 다른 쪽을 침묵시키지 않고 이러한 통찰에 끌리는 동시에 경계하는 자세를 유지할 수 있다면, 그가 촉진하고자 하는 새로운 이야기를 향한 경합도 꽤 활발하고 유망해질 수 있다.

실제로 해러웨이는 결코 비판과 해체에서 그치지 않는다. 오히려 그는 그 비판을 통해 구축되는 '다른 세계'로 움직이고자 혹은 적어도 그곳을 향해 제스처를 보내고자 노력한다. 관습적으로 과학은 밝혀내고 확정하며, 자연에 대한 사실 혹은 그가 보기엔 사실적인 이야기를 생산하는 분야로 받아들여진다고 주장하면서, 그는 과학의 산물을 또한 픽션으로 보기도 해야 한다고 강조한다. 사실과 허구는 반대라는 일반 상식에 맞서면서, 해러웨이는 사실과 허구라는 두 용어는 모두 그 의미의 중심에 인간의 행동을 반드시 필요로 한다고 지적한다. 사실과 허구는 둘 다 "행해진 일"이며, 인간에 의해 전해진다. 그는 사실이 아닌 것이라는 장소에 허구보다는 "의견과 편견"을 둔다. 여기서 해러웨이(1989a: 3)가 활용한 어원학적 구분에 따르면 사실은 이미 벌어진 일을 지칭하는 "고대 라틴어의 중성 과거분사"로서, "직접적 경험, 증언, 질문을 통해 파악될" 수 있으며 "북미에서 지식에 접근할 때 거대한 특권을 차지하는 경로"이다. 대중적으로 사실에 비해 부차적이라는 평가를 받지만, 그럼에도 지속적으로 진실하다고 인식될 수 있으며 실제로 그렇게 인식되고 있는 허구는, 인간 행동에 대한 과거분사보다는 동명사에 가까운 어원을 가지고 있다. 즉 그것은 현재 진행 중이고, 지금 일어나고 있으며, 여전히 가능성에 열려 있다. 그것은 "적합하게 만들고, 형성하거나 발명할 뿐 아니라 […] 꾸며대는" 행동이다(Haraway, 1989a: 3~4). 두 용어 모두 인간 행동에 기반하고 있지만, 사실은 "생성적 행위나 수행"을 숨기거나 "가면으로 가리는" 한편, 허구는 말하자면 그 수행을 겉으로 드러낸다. 물론 사실의 신봉자들은 꾸며낼 수 있다는 허구의 가능성, 즉 허구의 수행이 "사물의 진정한 형태"를 왜곡하거나 덮어버릴 가능성을 두려워한다(Ibid.: 4).

해러웨이는 우리가 과학의 실천을 사실인 동시에 허구인 이야기의 생산, 즉 글쓰기로 볼 수 있도록 이끈다. 과학의 실천에 대한 이러한 시각을 통해 인간 행동이라는, 즉 인간이 하고 있는 행위라는 중심을 강조하면서, 그는 과학이 전하는 이야기를 다시 읽거나 다시 쓸 가능성을 만들어낸다.

　　과학소설을 통해 과학을 읽는 것은 해러웨이가 우리와 자신의 상상력을 열어내기 위해 곧잘 사용하는 실천 방식 중 하나이다. 'SF'는 현재/미래의 첨단 기술 세계를 배경으로 하는 이야기를 제공하며, 그는 정확히 이러한 새로운 세계의 개방성과 가능성에 매료되었다(Gordon, 1994: 246~248 참조). 그는 오랜 동료인 테레사 드 로레티스Teresa de Lauretis를 인용하여 제안한다. 과학소설과 과학이 공유하는 "기호 작업"을 통해 우리는 과학소설과 과학 중 한쪽을 다른 쪽을 통해, 혹은 양쪽을 함께 읽을 수 있다고 말이다. 드 로레티스는 "나는 이렇게 생각한다"고 쓴다.

　　과학소설에는 사회적 상상력의 새로운 형태를 창조할 수 있는 잠재력을 지닌 기호를 사용하는 방법이 담겨 있다. 과학소설은 문화적 변화가 일어날 수 있는 영역의 지형을 그린다는 의미에서, 그리고 사람들 간의 그리고 사람과 사물 간의 관계에 관한 다른 질서와 물리적, 물질적 존재를 포함한 사회적 존재에 대한 다른 개념화를 구상한다는 의미에서 창의적이다. (1980: 161)

　　그리고 《영장류의 시각》에서 해러웨이(1989a: 15)는 독자들에게 이와 동시에 그러한 "사회적 상상력의 새로운 형태"를 쓰는 필자가 되어야 한다고 선명하게 요청한다. 그는 "나는 독자들이 사람, 동물, 기술, 그리고 땅 사이의 관계에서 기존과 다를 뿐 아니라 덜 적대적인 질서를 구상할 수 있는 '다른 세계'를 발견하기를 바란다"고 말하며, 자신이 자연문화라 부르는 것을 둘러싸고 질서를 이루고 있는 새로운 이야기와 세계를 향해 나아가자고 청한다.

페미니즘 이론의 한 장르로서 영장류학: 다르게 과학하기를 향해

해러웨이는 일군의 에세이를 담고 있는 3부 '여성됨의 정치학: 페미니즘 이론의 한 장르로서 영장류학The Politics of Being Female: Primatology as a Genre of Feminist Theory'으로 《영장류의 시각》을 마친다. 이 제목과 부제는 과학, 페미니즘, 문화 비평에 대한 그의 전형적인 접근 방식을 상당 부분 보여준다. 즉 여성이 되는 것은 물론 남성이 되는 데도 (곧 존재론에는) '정치'가 존재한다는 주장과, 과학적 실천에서 발견되는 그 정치가 일종의 페미니즘일 수도 있다는 주장은 매우 '평범하지 않아' 주의 깊은 관심을 요한다. 물론 그의 책을 읽었다면 이런 주장이 그다지 놀랍지 않을 수도 있다. 처음부터 해러웨이는 '문화' 및 그와 관련된 범주들이 구성된 물질적, 기호적 개체일 뿐만 아니라, '자연'과 그저 '주어진' 것처럼 보이는 자연의 구체적 예시들(신체 등)도 마찬가지로 그러한 장치에 의해 글로 쓰이고 기입되며 '생산되었다'고 주장해왔다. 그리고 대개의 경우 자연은 '섹스'(주로 여성을 의미)가 무엇을 의미할 수 있는지를 두고 다투는 문화 (그리고 젠더) 논쟁의 기반으로 여겨져왔기 때문에, 영장류과학은 분명히 여성이 되는 것과 남성이 되는 것이 무엇을 의미해왔는지에 관한 역사의 중심에 있다.

그러나 해러웨이가 이 책에서 약 300쪽에 걸쳐 해온 이야기를 고려하면, 영장류학이 일종의 페미니즘 이론이라는 주장이 당혹스러울 수 있다. 그는 영장류학의 상당 부분이 암컷이나 여성은 자연과 문화 양쪽 모두에서 유대-기독교 전통이 그랬듯 오직 남성 다음에 오는, 사실상 남성 '외부에 있는 것'이며, 기껏해야 남성의 맥락으로서 존재하는 것이라는 시각을 반영하고 정교화하며 승인했다는 점을 풍부한 증거를 들어가며 드러냈다. 그는 영장류학의 텍스트와 연구 실천이 이러한 이야기를 해왔다는 것이 놀랍지 않다고 말한다. 하지만 그렇다면 영장류학이 페미니즘이라는 이 주장은 어떻게 생각해야 할까? 그의 주장을 따라가다 보면, 해러웨이가 페미니즘과 여성 과학자가 영장류학에 미치는 영향을 읽는 방법뿐 아니라, '더 나은' 과학과 페미니즘, 그리하여 더 나은 사회를 쓰고 살 수 있는 방법에 대한 그의 시각의 어떤 부분을 더 자세히 볼 수 있다(Haraway, 2000b도 참조).

"의심과 아이러니는 페미니즘이 자연의 텍스트에 기입하는 가장 기초적인 요소이다"(Haraway, 1989a: 279). 해러웨이는 "여성됨의 정치적이고 생물학적인 과학"에 대한 논의를 시작하면서 이렇게 쓴다. 한편으로 즐겁게 "명백한 자연의 진실에서 결점을 찾기 위한 초대"나, 다른 한편으로 대중적인 자연사 집필하기에 비하면, "미국 역사에서 날조의 전통"이 오히려 "기만이 덜한 형태"라고 병치하면서, 그는 자연에 대해 널리 퍼져 있는 헤게모니를 더 잘 이해하고 저항할 수 있는 기회를 주는 것으로서 날조를 주의 깊게 살펴보기를 권한다. 즉 자연이란 무엇인지, 그것과 그 대상 간의 관계를 어떻게 보고 어떻게 이해할지, 그리고 그것을 문화와 관련하여(특히 생물학 및 체질인류학 담론에서 문제가 되는 '자연-기술적 대상'이 여성일 때) 어떻게 생각할지 고민해보기를 제안한다.

피니어스 테일러 바넘Phineas Taylor Barnum(날조의 제왕)에게 가장 친숙한 인공물의 이미지였을 "미라로 만든 원숭이의 머리와 몸통을 커다란 물고기의 꼬리에 꿰매 붙여 구성한" 인어를 언급하면서, 해러웨이는 앞으로 이어질 내용에서 자신의 목표는 "물고기든 원숭이든 과학자든 여성의 삶 속에서 패턴을 뜯어내지 않으면서 바느질의 증거를 찾는 일"이라고 밝힌다(Ibid.: 280). 이를 위해 그는 네 명의 "북미 백인 여성"(당시에도 그렇게 불리고 있었을지 모르는 이 소수의 여성을 슬프게도 대표하는 특성(Ibid.: 293~297)) 영장류과학자의 연구에 관심을 집중한다. 그들은 분명히 자신의 과학 영역에서 마법의 힘을 얻은 다양한 "인어들"을 바로 그런 식으로 조사하는 위치에 있었다. 그들의 연구에서 "바느질"의 증거가 실제로 발견되었으며, 그때 그들이 추구한 주장 덕분에 20세기 후반 영장류학과 이를 넘어서는 영역에서 무엇이 여성, 남성, 섹스, 젠더, 자연, 문화로 여겨질 수 있는지에 대한 과학적 "꿰매기" 혹은 글쓰기 방법을 새롭게 모색할 수 있었다. 이 이야기들은 엄연히 당시 여성 페미니스트들의 이야기였지만, 그것은 또한 희망적(다시 말하지만, 낙관적이 아니다)인 과학의 이야기이자, 과학이 허용하고 심지어 길러낼 수 있음에도 덜 알려진 가능성의 일부이기도 했다.

진 올트먼

1974년에 진 올트먼Jeanne Altmann은 학술지 《비헤이비어Behaviour》에 〈행동에 대한 관찰 연구: 샘플링 방법Observational Study of Behavior: Sampling Methods〉이라는 제목으로 첫 번째 단독 논문을 발표했다. 당시 그는 영장류과학 분야의 고급 학위가 없었기에 수학교육학 석사라는 자신의 자격만으로는 학술대회에 참여할 수 없었지만, 1963년부터 아프리카에서 유명한 영장류학자 및 공동 저자이자 당시 시카고 대학의 생물학 교수였던 남편 스튜어트 올트먼과 함께 진행한 개코원숭이 연구를 통해 영장류 분야의 과학자로서 상당한 경험을 쌓고 있었다. 그래서 해러웨이는 여전히 올트먼의 1974년 논문이 원숭이와 유인원의 현장 행동에 대한 건실한 묘사 및 설명 기준을 설정했다고 주장한다. 그의 논문은 하나 이상의 여러 방식으로 이루어진 수사적 개입이었다.

　　그렇다면 진 올트먼이 해낸 그토록 중요한 일은 과연 무엇일까? 그는 요컨대 당신은 당신의 관찰에서 추출한 데이터가 실제로 당신의 연구가 던지는 질문, 특히 비교 질문에 적절하다고 상당히 확신해야 한다고 말한다. 왜냐하면 우리의 학문 제도 내에서 그렇지 않았던 경우도 있었기 때문이다(그렇기에 그의 논문 부제도 '샘플링 방법'이다). 언뜻 급진적으로 보이지는 않지만, 올트먼이 묘사한 문제는 주로 허술한 분석이나 수학적 정교성의 부족이 아니라, 개념화에 대한 문제, 즉 바라보는 방식과 파악하는 방식에 관한 문제였다(Haraway, 1989a: 308). 물론 영장류 분야 연구에서 데이터가 생산되고 사용되는 방식에 관심을 보인 사람이 올트먼이 처음은 아니다. 오히려 해러웨이는, 올트먼이 자신이 한 일을 집필할 수 있었을 뿐 아니라 그의 글이 막대한 차이를 만들어낼 수 있었던 원인 중 하나가 바로 당시의 그 구체적 과학 실천과, 영장류학이 존재하던 (소위 과학 '외부'의) 세계에서 동시적으로 성장한 암컷, 여성, 페미니즘에 대한 관심이 겹쳐지며 만들어진 특정한 교차점이었다고 주장한다. 그는 이 교차가 하나의 역사적 '전환점'을 이루며, 올트먼의 논문은 물론 그에게 공감하고 그의 가치를 인정한 여남 동료들(상당수는 그들 자신도 자기 스승의 결함 있는 연구 조언으로 인해 어떤 식으로든 갈등을 겪는 학생이었던) 사이에서 성장한 네트워크와 함께, 온갖 '안정적인' 과학적 실천 및 대상을 뒤흔드는 데 일조했다고 주장한다.

게다가 올트먼 자신이 발전시킨 어미 개코원숭이의 삶에 대한 현장 연구는 영장류과학에서 "여성적이라고 여겨지는 것"을 변화시켰을 뿐 아니라 "영장류 모성"이라는 거의 "신성하게" 여겨지는 지위를 탈신비화하기 시작했다(Ibid.: 304). 해러웨이는 올트먼의 연구에 대한 이야기를 "젠더와 과학에 대한, 즉 젠더화된 사회적 주체로 위치를 설정하는 일과 과학 지식 및 철학을 생산하는 일 사이의 관계에 대한 페미니즘적 질문의 알레고리"로 제시한다(Ibid.: 305).

1980년에 《어미와 새끼 개코원숭이Baboon Mothers and Infants》로 출판된 올트먼의 박사논문 연구는 영장류과학과 인간과학 그리고 산업자본주의가 한창인 시기의 사회에서 여성과 남성의 삶과 조건에 관한 언어, 산문, 이미지 사이에서 상호텍스트성을 만들어내며, 단순하지만 강력한 두 가지 은유를 사용한다. 첫째, 동아프리카 암보셀리 지역의 어미 개코원숭이에게 면밀한 주의를 기울이면서, 올트먼은 이 암컷들이 일상적으로 얼마나 여러 종류의 일을 거의 동시에 하는지에 놀랐다. 그들의 존재와 과업을 묘사하는 데는 다중적이고 분열적이라는 단어가 가장 적합해 보였으며, 올트먼은 자신이 본 끊임없는 "저글링"을 표현하기 위해 "이중 경력의 엄마역할dual career mothering"이라는 개념을 사용했다. '다중 경력의 엄마역할'이라고 했다면 더욱 적절했을 것이다. 해러웨이는 이 은유를 인간 엄마의 삶에 적용하면, 경력은 여성 중 일부만 가질 수 있는 특권이기 때문에 인종과 계급의 차이를 지우게 되지만, 그럼에도 이 은유는 어미 개코원숭이가 실제로 하는 일, 더 나아가 영장류 동물의 어미가 일반적으로 하는 일이 무엇인지를 전면에 내세운다고 지적한다. "엄마가 하는 일이 배경 소음, 사회 생활의 형태를 구성하는 요소, 다양성을 생성해내는 사람[즉 남성]의 활동을 위한 자원으로 여겨져왔다는 점에서, 그러한 전경화는 페미니즘적 움직임"이다(Ibid.: 314). 나아가 해러웨이는 올트먼의 초점으로 인해 그가 이 암컷 영장류 친족을 다음과 같이 활용하고 있음이 더욱 분명해진다고 말한다.

> 신체 생산 장치 내에서 물질-기호적 행위자[로 활용하고 있다]. 그들은 그저 어떤 담론적 실천을 입증해주거나 무효화하기 위해 기다리고 있는 '담론 이전의 신체'가 아니며, 인간들이 문화적 투사를 해주길 기다리는 빈 화면도 아니다. 그 동물들은 과학적 지식이라 여겨지는 것을 구성하는 데 있어 능동적인 참여자이다.(Ibid.: 310)

이러한 어미들의 삶을 묘사하기 위해 올트먼이 사용한 또 하나의 은유는 예산 짜기budgeting였다. 이는 온전히 자신의 재량으로 결정할 수 있는 사항이 몇 가지로 제한된 상태에서 다양한 요구를 다루는 방식을 가리킨다(Ibid.: 314). 그가 관찰한 어미들은 여러 과업을 동시에 저글링할 뿐만 아니라, 이 저글링을 제한된 '자유도' 내에서 그때그때 위계적 용어로 전략화해야 했다. 해러웨이는 이 은유가, 첫째 은유와 마찬가지로, 올트먼의 어미 개코원숭이를 다른 영장류와, 그리고 개코원숭이의 아프리카 서식지에서 멀리 떨어진 세계들과 연결한다고 지적한다. 첫째 이유는 '예산을 짜야' 한다는 필요가 서구 인본주의 및 남성중심주의적 사상에서 매우 보편적인 개인의 무한한 잠재력에 대한 초월적 환상(해러웨이가 이 책의 이전 장에서 언급한 지구 밖 우주 여행에 대한 환상을 포함하여)과 상당히 대조되기 때문이다. 그리고 둘째로는 그 은유가 그의 연구를 산업자본주의하에서 시간과 에너지에 대해 탐구해온 사회과학 연구의 긴 전통과 연결해주기 때문이다. 올트먼이 자기 나름의 목적을 위해 그 은유를 '물려받고' 그곳에 '거주하는' 것(그러나 그 시간-에너지 전통의 대부분과 상당히 상충하는 방식으로)이야말로 해러웨이가 독려하는 훌륭한 과학적/정치적 페미니즘의 유형이다.

더 나아가 그는 어미 개코원숭이에 초점을 맞춘 올트먼의 연구가 놓여 있던 진화에 대한 지배적이고, 안정되어 있으며, 수용적이지 않은 진실의 맥락에 주목한다. 진화론 및 진화 연구 분야에선 누구와 무엇이 진화하는지를 이해하기 위해서는 "차등적 생식의 성공"이 가장 중요하다는 다윈주의적 주장이 당연한 것으로 "주어져" 있었다(Ibid.: 312). 이는 항상 암컷과 더 성공적으로 짝짓기를 할 수 있고, 그리하여 후대를 남기고 자신의 유전 형질을 발전시킬 수 있는 수컷의 측면에서 프레임이 만들어졌다('부계'). 이로 인해 이 짝짓기 '보물'을 확보하는 데 가장 공격적이고 지배적인 수컷이 관찰의 초점이 되고, 궁극적으로는 남자는 사냥꾼이라는 워시번의 주장과 진화 과정이 비-인간에서 인간 영장류로 나아간다는 생각이 형성되었다.

올트먼은 매우 집요한 감각으로 (남성) 영장류학자가 (자신의 샘플링 논문에 언급된 바와 같이) 현장에서 자기 앞에 놓인 것에 합당한 관심을 기울이지 않았으며, 그러면서 수컷의 번식 성공률을 과장하고 암컷의 번식 성공률은 상당히 축소했다는 점을 지적했다. 따라서 그들은 암컷 원숭이 및 유인원이, 수컷과 마찬가지로 극적인 갈등보다는 협력 및 타협을 통해 성공적인 짝짓기 및 생활을 영위하는 능동적 전략가이자 참여자임을 보지 못했을 것이다. 그는 '짝짓기'를 넘어 일상생활에서 암컷들이 하는 일에 더 오랜 시간에 걸쳐 더 많은 관심을 기울여야 한다고 주장했다. 올트먼은 번식 성공이라는 수컷 중심의 그림을 만들어낸 이유 중에는, 영장류를 관찰할 때 해러웨이가 "살인, 섹스, 대혼란"이라고 지칭한(Ibid.: 312) 극적인 요소를 선호하는 학계의 경향도 있지만, 그런 경향은 논의되지 않았다고 믿었다. 그는 동료들에게 일상적인 일과 암컷에 대해서도 이제껏 해보지 않았던 방식으로 주목해야 한다고 촉구했다. 올트먼은 이러한 어미 개코원숭이들이 "가장 흥미로운 개인"(Haraway, 1989a: 312)일뿐 아니라 유전적 다양성 생성자로서 적어도 수컷과 동등한 역할을 한다고 보았다.

올트먼의 연구는 또한 여성, 과학자, 페미니스트가 의미하는 바에 대한 복잡한 개입도 보여준다. '여성으로서 말하기', 혹은 아프리카계 미국인이나 서발턴으로 말하기가 진실에 대한 주장의 서문처럼 흔히 들리는 요즘 이 시대에, 해러웨이의 이러한 분석은 매우 유익하다. 그는 학술 연구에 대한 근대와 포스트모던 담론 사이에 나타나는 긴장과 연관 지어 올트먼의 연구를 설명한다. 오늘날에도 마찬가지이지만, 페미니즘적 주장을 하고자 하는 여성 과학자로서 해러웨이는 "'정체화identification' 대

'문제설정problematization' 간의 긴장 혹은 암컷/여성을 […] 명
명하는 전략으로서의 해체deconstruction"에서 오는 긴장이 있다
고 말한다(Ibid.: 309).

　올트먼의 입장에서, 여성이라는 자신의 정체성에서 출발하
여 페미니즘적 방식을 선명히 드러내어 말하면, 과학자로서 자
신의 신뢰도가 떨어질 것이 분명했다. 그것은 과학에 '정치'를
넣는 일이 될 것이다. 그의 1974년 논문은 남성 동료들의 성차
별을 비판하는 열혈 페미니스트의 논문이 전혀 아니었다. 실제
로 해러웨이는 "남성형 표현(관찰자, 그)"으로 가득 채워져 있으
며 매우 "곧이곧대로" 냉정한 문장으로 쓰인 그 논문에서 "여성
이라는 단어는 거의 나타나지 않는다"고 말한다(Ibid.: 305). 동
시에 올트먼이 '좋은 과학연구'로서 하고 싶었던 이야기는 유동
적이고, 비일관적이고, 변화하며, 활발한 대상/주체인 암컷에 대
한 것이었다는 점에서 당시의 지배적인 '좋은 과학' 지식을 거
스르고 있었다. 그는 배경을 전경으로 가져오고 싶었을 뿐 아니
라, 지배적인 이야기가 자리하고 있는 기반 자체를 바꾸고자 했
다. 그러나 해러웨이는 다음과 같이 말한다. "'존재'는 지식의 기
반이 되지 않는다. 적어도 '존재'가 정체화가 아니라 질문을 만
들어내는 전략적이고 구축된 장소로 만들어지기 전까지는 아니
다"(Ibid.: 309). 단기적으로 만족스럽거나 정치적으로 유용한 경
우가 있다 하더라도, 지배적이고 폐쇄적인 페미니즘 혹은 남성
중심적이거나 남성의 이론을 여성 버전으로 대체하려는 접근
은 성공적인 전략이 아니다. "반대로 뒤집으려는 움직임은 인식

론적으로 약하다. […] 강력한 움직임은 관련된 담론 공동체에
서 지식으로 여겨지는 바를 밀어내거나 불안정하게 만드는 것
이다"(Ibid.: 310). 비록 올트먼은 어미/암컷 개코원숭이에 대한
과학적 주장을 펼치면서 충분히 '여성으로서 말할' 수 없었지만,
해러웨이는 그가 일으킨 불안정화야말로 틀림없는 페미니즘으
로서, 영장류학의 성격을 폭로하는 매우 도발적인 사례라고 주
장한다.

린다 마리 페디건

1974년에 텍사스의 한 연구소에 조성된 일본원숭이 집단 내 사
회적 역할 및 관계에 대한 연구로 박사학위를 받은 체질인류학
자 린다 마리 페디건Linda Marie Fedigan의 작업은 해러웨이의 관
심을 끌었다. 부분적으로 이는 무엇이 어떻게 보이고 상상될 수
있는지를 형성하는 과정에서 언어가 차지하는 중심적 위치와
은유 및 모델의 생산성을 이 작업이 온전히 존중하고 있었기 때
문이다. 페디건은 독자들에게 경험적으로 논쟁의 여지가 있는
대안에 개방적인 태도를 가지라고 요구하면서, 지배적인 진화
모델로서 이미 주어져 있는 남성중심주의적 사실들에 더욱 대
담하게 질문을 던진다. 더욱이 페디건은 차등적 생식의 성공 및
인간족hominid 동물의 삶과 그에 따른 문화 수립에 성차가 중심
적인 역할을 한다는, 즉 수컷이 더 중요하다는 보편적 가정에 문
제를 제기한다.

　　올트먼과 마찬가지로 페디건은 물상과학physical science의

어떤 모더니즘 전통들은 따르면서도 다른 전통의 경계는 위반하는 방식으로 글을 썼으며, 해러웨이는 이를 중요하게 여겼다. 하지만 '좋은 과학'을 하는 것이 우선적으로 갖추어야 할 기본 요건 중 하나였던 페디건은 반-상대주의자이자 반-환원주의자이기도 했다. 원숭이와 유인원이 현장에서 하고 있다고 보이는 바와 좀 더 일치하는 이야기가 더 나은 이야기라고 평가할 수 있으며, 가장 단순한 설명이 반드시 가장 좋은 설명은 아니라는 것이 그의 생각이었다.

페디건의 첫 번째 주요 단독 저서는 자신이 텍사스 연구소에서 수집한 원숭이 데이터를 분석한 것으로,《영장류 패러다임: 성역할과 사회적 유대Primate Paradigms: Sex Roles and Social Bonds》라는 제목으로 1982년에 출판되었다. 해러웨이는 그것이 비판적이고 해석적이며 역사적 인식을 가진 저술이라고 평한다. "과학의 구성적 해석 과정이 배경으로 물러나지 못하게 막았다"(1989a: 318). 그리고 물상과학의 관습과는 반대로, 페디건은 좋은 과학을 하기 위해서는 분석의 대상/주체에서 거리를 두거나, 자신이 사용하는 상징적 자원으로부터 거리를 둬야 한다는 '객관성 효과'에 의존하지 않는다. 그의 텍스트에서 비판적 성찰성은 그저 공격하기 위한 말이 아니며, 그는 픽션이나 문화 분석에서 발견되는 해석적이고 더욱 개방적인 글쓰기 관습을 끌어온다. 게다가 페디건이 명시적으로 보다 다양한 청중을 원했기 때문에 이 개방성은 한층 뚜렷하게 드러난다. 그는 영장류학뿐 아니라 여성학 '전문가'들에게도 신뢰성 있는 학자로 보이고자 했다. 또 한 번 올트먼과 마찬가지로, 페디건은 수컷을 간과하지 않으면서도 암컷 동물에게 지속적이고 구체적인 관심을 기울였다. 이로 인해 독자는 암컷과 수컷 원숭이 모두가 '삶과 의미의 능동적인 생성자'라는 이미지를 가지며, 위계적 성차가 가장 중요하다는 매우 흔한 가정에 도전하게 된다.

이 논문과 그 후로 이어진 몇 편의 중요한 리뷰 에세이에서, 페디건은 지배적인 사회생물학 모델이 원숭이를 자원이 부족하여 다양한 존재 및 환경과 벌여야 하는 제로섬 경쟁으로 가득 찬 가혹한 세계에 끊임없이 적응하는 데 주력하는(실제로 매우 익숙한 이야기이다), 자기-극대화 전략의 추론자로 기입하는 방식에 의문을 제기했다. 성차에 관한 사회생물학의 주장에 비하면, 그 자신의 분석은 주로 "친족선택, 상호이타주의, 부모의 투자"에 집중했다(Haraway, 1989a: 320). 그가 보고 기입한 원숭이 세계는 경쟁과 자원 부족을 둘러싼 구조화가 덜 엄격하며, 성별에 의해 고정되기보다는 변화하는 차이에 대면하여 집단생활을 형성할 수 있도록 개방성이 더 높고 기회도 다양한 모습이었다. 또한 그는 각광받고 있지만 자신이 보기엔 의문스러운 이론들에 강력한 실증적 뒷받침이 부재한다는 점을 놓치지 않고 강조했다. 원숭이 '가족'이 식량을 공급해줄 수컷 사냥꾼들이 돌아오길 기다리는 '집'이라는 거점을 거의 신성한 대상으로 신봉하는 이론이 대표적 예이다.

그는 사회생물학이 동물 행동에 대한 성차별적 주장을 필연적으로 생산하기보다, 암컷이 진화적 자원 면에서 선천적으로 수컷보다 열등하다는 가정에서 시작하는 것이 문제라고 주장했다. 그러한 가정은 암컷이 항상 수컷과의 경쟁에서 패배하며, 결국 "상징적, 과학적, 사회적으로 수컷의 행동을 위한 자원"이 될 수밖에 없다고 추측하는 과학적 이야기를 생산하는 사회생물학 모델의 기반이 되었다. 이어 해러웨이는 다음과 같이 말한다.

> 구조적인 물질-기호적 단편은, 성적 재생산의 시작에 대한 설명에서부터 '가족'의 기원의 재구성과 서사 자체에서 욕망 및 행동의 구조에 관한 이론에 이르기까지 서구 성차별 담론의 모든 핵심적 기원으로부터 복제되어 나온다. (Ibid.: 322)

페디건이 하고자 했던 것과 해러웨이(Ibid.: 322)가 그토록 중요하다고 생각하는 것은 일반적으로 전해지는 이야기의 세부 사항에 개입하는 것이 아니라, 이야기의 장 자체를 불안정하게 만들면서 '어떤 이야기는 할 수 있고 다른 이야기는 거의 할 수 없는 이유는 무엇인가'라는 질문을 던지는 것이다.

해러웨이는 페디건의 후속 논문 두 편이 학생들에게 미치는 잠재적 영향과 영장류학의 관행 및 내용 측면 모두에서 특히 중요하다고 강조한다. 페디건이 지배적인 이야기에 개입하기 위해, 출판 활동 중에서도 리뷰 에세이와 학생용 교재를 집필하는 전략을 택한 것은 페미니즘 과학에 중요한 영향을 미쳤다. 이 리뷰 에세이 중 하나인 <지배와 생식 성공Dominance and Reproductive Success>에서 페디건은 제목에서 잘 드러나는 주제를 다루기 위해 이 두 변수 간의 관계가 경험적으로 어떻게 보여왔는지에 대한 질문을 던졌다. 페디건이 지적한 "이상한 스캔들"은 "차등 생식 성공에서 측정하기 가장 쉬운 측면이 […] 거의 측정되지 않아왔다"는 점이다(Haraway, 1989a: 323).

오랫동안 부계 혈통이 연구의 초점으로서 우선시되어왔지만, 사실 그것을 확실히 특정하기는 상당히 어렵다. 반면 모계 혈통 혹은 암컷의 생식 성공은 확인하기가 비교적 쉽다. 짝짓기 상대를 암컷이 선택한다는 것은 다윈의 기본 주장의 핵심이기도 하다. 그럼에도 발정기 암컷에게 수컷이 접근하는 것(오직 짝짓기에만 관심을 가지는 경우)은 아주 중요한 문제로 추정되어 연구의 관심이 많이 이어져온 데 반해, 암컷은 항상 수동적인 자원으로 여겨졌다. 페디건은 암컷이 짝짓기 상대로 지배적인 수컷을 선택해야 생식에 성공할 가능성이 가장 높다는 친숙하고 선호된 설명은, 암컷이 그러한 선택을 하는 과정에 대한 아무 체계적 증거도 없이 만들어져왔다고 주장했다(Haraway, 1989a: 323). 이러한 지적 이후로도 계속 지배에 대해 다루면서 페디건은 지배가 중요하지 않다고 주장한 것이 아니라, 오히려 그것이 암컷 스스로의 경쟁적 행동을 비롯한 다른 많은 변수를 포함하며 수컷과 암컷의 상호작용 속에서 맥락화되어왔다는 관점을 제공했다. 여기에서 해러웨이는 페디건이 "생물학에서 암컷이 된다는 것에 대해 문제를 제기하며 기본적 진화론과 기본적 현장 연구를 재구성한" 이후의 연구에 영향을 미쳤다고 말한다(Ibid.: 324).

1986년에 출판된 두 번째 리뷰 에세이 <인간 진화의 모델에

서 여성 역할의 변화The Changing Role of Women in Models of Human Evolution>에서는 섹스에서 명시적으로 인간족에 관련된 주제인 젠더로 관심을 전환한다. 이는 페미니즘 담론뿐만 아니라, '문화'를 호모사피엔스와 그 종의 성격을 규정하는 성취로 보는 영장류학의 측면에서 보더라도 섹스와 젠더 사이에 중요한 관련성이 있다는 해러웨이의 주장과 직접적으로 연결된다. 여기서 페디건의 관심사는 다양한 진화 모델 속에서 동물과 인간 사회를 가르는 결정적 경계를 논할 때, 그 경계에서 수컷/남성과 암컷/여성이 나타나는 방식을 비교하는 것이다. 이러한 초점은 정확히 해러웨이가 젠더, 즉 여성 혹은 남성이 된다는 것이 의미하는 바에 결정적이라고 생각한 질문들을 제기하게 해준다. 인간, 젠더, 문화가 인간족, 섹스, 자연과 별개로 서술되는 방식을 고려할 때, 어떤 이야기를 만드는지에 따라 전자가 드러나는 방식에 대한 가능성은 물론 전자와 후자의 연결에 담긴 본성에 대한 가능성의 틀도 정해진다. 해러웨이에게 이와 같은 질문들은 다음을 포함한다.

[여기에] 뚜렷한 성차가 있는가? 이것은 대립적인가? 보완적? 적응적? 의미 없는? 우연한? 고정된? 생산과 재생산에 관련이 있거나 없나? 섹스와 젠더에 대한 이분법적 제한에서 벗어날 수 있을 만큼 지식-권력의 장에서 이성애 생식 명령이 완화될 수 있을까? 두 개 이상의 젠더를 가질 수 있는 진화 서사는 어떤 유형일까? (1989a: 325)

페디건은 다른 분야에서 인간 모델을 구상할 때도 비록 사변적인 방식이긴 하지만 영장류 연구 및 이론을 전유하고 있고 앞으로도 할 것이며, 여러 모델 중에서도 어떤 모델은 다른 모델보다 더 유망하다고 주장하면서, 자신만의 가능성 목록을 만들어간다. 그는 각각의 모델에서 여성들이 등장하는 방식의 차이를 검토하며, 자연에 대한 이야기와 자연과 문화의 연결성이 저자의 젠더에 따라 달라진다는 점을 지적한다.

에이드리엔 질먼

체질인류학자 에이드리엔 질먼Adrienne Zihlman의 초기 연구 및 저술에서 주된 초점은 초기 인간족의 진화이다. 버클리 대학에서 셔우드 워시번의 학생이었던 질먼은 초기 인간족의 이족 보행에 관한 논문으로 1967년에 박사학위를 받았다. 이 주제는 남자는 사냥꾼이라는 워시번의 더 큰 가설 안에 견고하게 자리하고 있었다. 질먼은 자신의 데이터를 근거로 초기 인류의 중요한 해부학적 능력은 "사냥이라는 삶의 방식의 일부로 아프리카 사바나에서 먼 거리를 걸을 수 있는" 능력이라고 주장했다(Haraway, 1989a: 332). 그는 미국 대학 캠퍼스에서 여성 운동이 만개하기 직전에 대학원 과정을 마치고 자신의 연구 경력을 시작했다.

질먼은 '여성은 채집자' 모델로 가장 잘 알려져 있다. 안타깝게도 자기 스승의 가설에 대한 여성적 측면의 지원이자 정교화라는 오독을 지속적으로 불러일으키는 모델명이다. 그러나 사실 질먼의 주장에 따르면, 채집자-여성은 (또) 하나의 이원론을 완결시키는 것이거나 사냥꾼-남성의 거울상을 만들어 '남성중심적'이고 지배적인 가설에 '균형을 맞추'고자 하는 '페미니즘적' 설명이 아니다. 인류 전체의 진화적 발전을 설명하거나 남성을 배제하는 것도 아니다(Haraway, 1989a: 345). 오히려 그와 해러웨이는 이것이 지배적인 모델을 포함한 경합하는 다른 모델들보다 더 강력한 증거에 기반하여 고유한 과학적 이야기를 제공한다고 주장한다. "[두] 가설의 […] 서사 논리는 […] 대칭적이지 않다. 그 이야기들은 서로 반대가 아니다. 그것들은 단순히 중심적 행위자나 몇 가지 증거의 차이가 아니라 기원과 원인 면에서 상이한 원칙을 담고 있다"(Ibid .: 349). 단, 안타깝지만 놀랍지는 않게도, 해러웨이는 그것이 여전히 초기 인간족 여성을 '여성'으로 보편화하는 관점을 제시하는 기원적이자 근본적인 이야기로 남아, 특정한 암컷/여성 간에 존재하며 인종, 계급, 지역, 섹슈얼리티, 욕망이라고 불리는 일군의 차이를 지운다고 말한다. 해러웨이는 질먼을 활용하여 명백히 과학적이면서 동시에 페미니즘적인 페미니즘 영장류과학이 발전해온 방식에 대한 주장을 정교화한다. 여기서 그는 질먼의 연구가 세기말의 시점에서 '여성 과학자'가 지닌 복잡한 성격을 잘 드러내도록 글을 쓰는 데 도움이 되었을 뿐 아니라, 인간이 된다는 것의 의미를 다루는 어떤 이야기가 진지하게 받아들여지기란 얼마나 어려운지를 명확히 보여주었다고 주장한다.

질먼은 샐리 린턴Sally Linton의 1970년 학술대회 논문〈여성은 채집자: 인류학에서의 남성적 편향Woman the Gatherer: Male

Bias in Anthropology>에 관해 들은 뒤로 채집자로서의 여성에 관심을 가지기 시작했다. 린턴은 사냥꾼 가설을 비판하며, 그것이 생략하는 바, 즉 타인의 공급에 의존하는 인간족 영아로 인해 여성의 채집 범위가 확장되는 양상에 대해서는 주의를 기울이지 않는 경향을 지적하고 사냥꾼 모델은 자신의 기원을 설명할 수 없다는 초기 비판을 재언급했다. 사회생물학자들 사이에서 그것이 보편화되기 훨씬 전부터 다윈이 강조한 여성의 성적 선택을 언급하면서, 린턴은 "여성에 대한 남성의 성적 통제는 우리의 동물적 과거에서 기원한 자연적 사실이 아니라 반드시 근대적 제도로 여겨져야 한다"고 주장했다(Haraway, 1989a: 334). 린턴이 보기에 초기 인간족 사이에서 사냥 및 그에 따른 성적 분화에 선행한 것은 "배우자와 유사하지만 기한이 가변적인 유대"와 "식량 채집 및 공유와 육아를 위해 남녀 모두와 '문화적 발명'으로 이루어진 모계 중심 집단"이었다(Ibid.: 334). 해러웨이는 린턴이 "문화적 발명", 즉 매우 초기적 형태의 "채집물을 보관할 용기와 아이를 안기 위한 모종의 끈이나 그물"에 초점을 맞춤으로써 남성중심적이고 신화적인 대상인 "도구"와 "무기"에 대한 초점을 전략적으로 피하는 방식을 취했다고 언급한다(Linton, Haraway, 1989a: 334에서 재인용). 흔히 언급되는 여성을 얻기 위한 남성의 경쟁을 무시하지 않으면서도, 린턴은 그 경쟁이 이미-발달된 지위 계통에 따라 이루어져서 "특별히 폭력적이거나 극단적인 것으로 묘사할 필요가 없"을 수도 있다고 주장한다(Linton, Haraway, 1989a: 335에서 재인용). 또한 그는 자신의 주장이 단순히 "여성들이 무엇을 하고 있었는지 물어보는 것"에 기반하고 있다고 말했다. 오늘날에는 너무나 당연한 질문이라고 느껴질지도 모른다. 하지만 해러웨이는 그런 질문은 오직 여성을 당연히 주목해야 할 주체 유형으로 만들 수 있도록 세계가 재정의되고 난 후에만 당연하게 보인다고 말한다. 린턴, 질먼, 그리고 여기서 해러웨이가 논하는 다른 여성들은 아직 그러한 세상에서 시민이나 과학자로 살고 있지 않았다.

린턴의 논문과 그것과 밀접히 관련된 질먼의 연구, 그리고 나아가 페미니즘적이고 반인종차별적인 과학의 발전이 지닌 중요성을 언급하면서, 해러웨이는 과학 내부인들의 정치의식과 비판의식을 통해 과학을 다른 방식으로 연구할 기회를 만들 수 있을지도 모르지만, 이러한 여성들의 논의 자체가 '정치'에 의해 만들어졌다고 보는 것은 옳지 않다고 주장한다. 이는 위와 같은 연구의 '과학적' 지위를 부정하는 (그리고 그런 연구를 과학의 반대항 중 하나인 '정치적인' 것으로 분류하는) 비판적 반응의 전형이다(안타깝게도 이 비판이 적절할 때도 있다). 여기서 해러웨이는 페미니즘을 이념적 반대로만 활용하면 자신이 장려하는 유형의 과학을 하기에 부족하다고 주장한다(1989a: 335). 종종 정체성에 기반하고 있는 페미니즘은 "과학의 물질적, 사회적, 기호적 실천을 대체"할 수 없다. 비평가들은 진정한 과학이 페미니즘 정치학과 이데올로기로 인해 고통받고 있으며, 따라서 그 작업을 진지하게 받아들일 이유가 거의 없다고 쉽게 주장한다. 그래서 해러웨이는 페미니즘 기술과학 비판의 전략에 대한 주장을 꾸준히 펼친다. 그만큼 페미니스트의 비판이 쉽게 혹은 정확히 받아들여지지 않는 경우도 많다는 것이다.

질먼은 침팬지를 인간족 진화의 유력한 모델로 삼은 자신의 분석을 발전시키기 위해 린턴의 주장 상당수를 활용했다. 복잡한 주장, 새로 등장하는 데이터 기술, 다른 사람들의 이전 연구에서 얻은 관찰을 폭넓게 동원하면서, 질먼의 서사는 초기 인간족의 출현에 대해 "유연성, 복잡성, 개인성을 바탕으로 양성 모두가 보다 숙련된 일반 식량 채집가가 되어간" 이야기를 들려준다 (Haraway, 1989a: 337). 여기서 육식은 규칙이라기보다는 간헐적 기회의 결과이며, 대개는 영양가 있는 다양한 식물을 채집해 먹는다. 뚜렷한 성별 분업이나, 암컷을 향한 파괴적일 정도로 공격적인 수컷의 성적 행동은 그의 서사에 포함되어 있지 않았다. 암컷이 짝짓기 상대를 고를 때는, 유동적인 과제와 변화하는 계획에 기여할 수 있는 수컷의 "사회적으로 능숙한" 태도를 기준으로 택했을 가능성이 더욱 높다. 여기에 '가족'의 토대가 되어줄 이미지의 얼개는 없다. 그리고 질먼은 성인 수컷에게는 모계 친족이 더 중요한 동반자일 가능성이 높으며, 어린아이들을 돌보고 감독하는 일에 그들을 더욱 밀접하게 끌어들였을 것이라고 주장했다. 그는 성적 이형성dimorphism과 차이를 하나의 단일한 특성보다는 흥미로운 모자이크로 보았다. "심지어 '오직' 뼈와 살만 고려하더라도, 성적 이형성은 하나의 특성이 아니다. 이것은 신체의 여러 부분에서 잠재적이고 독립적으로 다양화된 특성의 모자이크이다"(Haraway, 1989a: 341).

1970년대 서구 사회의 폭넓은 페미니즘 논의 및 담론과 맥을 같이하여, 비인간 영장류 모델 중에서 암컷의 성적 '선택'이라는 개념이 특히 반향을 일으켰다. 질먼이 제인 구달의 작업으로 유명해진 동아프리카의 곰베 연구 지역에서 촬영된 침팬지의 짝짓기 만남 영상을 시청한 것이 계기였다.[9] 질먼과 다른 페미니스트 여성 영장류과학자들은 암컷 원숭이 및 유인원의 행동을 '개인적 선택'과 '자기결정'의 측면에서 읽었다. 해러웨이는 "기저의 논쟁은 자연적, 사회적 몸의 정치학에서 무엇이 개인과 시민으로 여겨지는지에 관한 것"이었으며, 이러한 개념들이 거의 완전히 '소유적 개인주의'와 자유주의적 인본주의의 측면에서 틀 지어졌다는 점은 놀라운 일이 아니라고 말한다(Ibid.: 338). 그는 결국 이러한 존재가 어떻게 하면 서구 사회에서 온전한 인간이 될 수 있는지, 또한 바로 그 점에서 여성이 얼마나 오랫동안 남성과의 동등함을 추구해왔는지에 대한 패러다임적 형상이라고 언급한다. 이후에 질먼은 이러한 패러다임이 백인, 중산층, 서구, 제1세계, 이성애가 아닌 것은 전부 지웠다는 점을 명백히 밝혔고, 해러웨이도 질먼이 1980년대에 이러한 배제의 일부를 해체하고자 노력했던 바를 언급한다.

질먼의 연구에 대한 논의를 마치는 부분에서 해러웨이는 설령 페미니스트가 아닐지라도 여성 과학자라면 잘 알고 있을 질문 두 가지를 분명히 묻는다. "'여성은 채집자'는 어떻게 되었는가?" 그리고 "누가 듣고 있는가?" 질먼의 모델과 주장이 일부 청자, 특히 영장류 및 관련 분야의 남녀 페미니스트 과학자 사이에서는 매우 큰 호평과 인정을 받았지만, 워시번 본인을 포함한 이른바 '주류' 고인류학에서는 일축되고 무시되거나 심지어 거의 인식되지 않은 채로 흡수되어버릴 만큼 소홀한 대우를 받은 것도 사실이다. 해러웨이와 질먼 모두 이것이 과학연구의 수준이 낮아서가 아니라는 점을 주지하면서, 이런 유형의 반응을 어떻게 이해해야 할지 묻는다. 질먼은 "'여성은 채집자'의 운명이 '여성은 과학자'의 운명과 너무 밀접하게 묶여 있는 것은 아닌지", 더불어 이들 여성이 각자의 공동체에서 온전한 '시민권'을 가질 자격이 있다고 여겨지지 않는 것은 아닌지 궁금해한다(Haraway, 1989a: 345). 이블린 폭스 켈러(1985)를 인용하면서 해러웨이(Haraway, 1989a: 346)는 여성들이 과학연구에 적합한 후보, "합리적 활동의 전형, 즉 근대 서양인에게 인간됨의 전형"으로 여겨지기가 얼마나 어려운지를 환기하며 이러한 해석을 정교화했다. 인간의 출현에 대해 널리 승인된 이야기에는 시민, 이성, 젠더의 고유한 개념이 진정 깊이 얽혀 있다. 해러웨이는 질먼이 여성 과학자로서 관습적인 해석 및 사고의 실천으로는 쉽게 수용될 수 없는 섹스와 젠더에 관한 이야기를 하려고 했기 때문에 "너무 멀리 나아갔다"고 여겨진 듯하다고 쓴다. 결국 경계는 정말 중요한 일을 하며 좀처럼 넘어서기 어려운 것이다.

세라 블래퍼 허디

페미니즘으로서 영장류학의 마지막 예로 세라 블래퍼 허디Sarah Blaffer Hrdy의 연구를 들면서, 해러웨이는 자신이 "영장류학의 역사에 대한 최초의 페미니즘적 지적"이라고 부른 루스 허시버 거Ruth Herschberger의 《아담의 갈비뼈Adam's Rib》(1948)에서 발 췌한 명구로 논의를 시작한다(1989a: 256). 그 글은 조시라는 암 컷 침팬지의 입장에서 남성 과학자들이 비인간 암컷 영장류의 성적 본성 및 행동을 대상으로 지금까지 해왔던 경험적 관찰에 대해 다음과 같이 서술한다.

> 그는 말을 이었다. 게다가 왜 나를 성적으로 수용적이라고 보 나요? 그것은 온통 어떤 의견으로 뒤덮인 인간의 표현 중 하 나입니다. 꼭 표현해야 한다면 내가 성적 관심을 가지고 있다 고 하십시오. 왜냐하면 나는 […] 사자가 먹이를 기다리는 것과 비슷하게 수용적이기 때문입니다! (Herschberger and Haraway 1989a: 349에서 재인용)

영장류과학 안팎에서 벌어진 1970년대 페미니즘 논쟁의 특 정 입장과 상통하는 맥락 속에서, 이 글의 암컷 원숭이는 진화 게 임에 참여하며 자신의 유전적 투자를 극대화하기 위해 성적 만 남을 선택하는 초전략적 추론자로 등장한다. 이 논의를 두고 해 러웨이는 '진화하는 포트폴리오를 위한 영장류 암컷의 투자 전 략'이라는 '예리한' 부제를 붙이고, 허디에 대해 이렇게 말한다.

그는 대중적인 극적 국면[그의 박사논문은 수컷의 영아 살해에 대한 연구로 시작한다]인 원초적인 성적 비대칭과 대립, 그리

고 경쟁(특히 암컷들 사이에서 벌어지는)에 담긴 근본적 중요
성을 기반으로 자신의 과학적 서사와 영장류학 페미니즘 이론
을 구축했다. (1989a: 350)

여기서 암컷/여성은 자신의 자율성과 이성reason이 오르가
슴을 통해 최대한의 성적 쾌락에 도달하는 데 자리하고 있는 존
재이다. 암컷 원숭이의 오르가슴에 대한 허디의 연구는 먼저 남
성 오르가슴에 대한 아리스토텔레스 학파와 가부장적 서구 자
유주의 이야기는 물론, 당시에 활발했던 소위 클리토리스 오
르가슴과 질 오르가슴의 차이 및 의미에 대한 페미니즘 논쟁을
반영하고 있다. 그러면서 이 연구는, 이 물질-기호적 대상인 오
르가슴을 한편으로는 신체를 초월하는 엑스터시이자 다른 한편
으로는 육체적 속박으로 보는 모순적 환상 속에서, 온전히 인식
할 능력이 있는 암컷 개인의 전성기를 이 암컷 자신의 성적 쾌락
의 실현과 연결시킨다. 허디의 연구를 논의할 때 필요한 하나의
맥락으로서, 여성의 섹슈얼리티와 사회에서 여성에게 허용하는
자리에 대한 압축적이고 강력한 역사를 살핀 후, 해러웨이는 약
간의 회의를 담아 "이것은 어떤 종류의 페미니즘이 될 수 있을
까?"라고 묻는다(1989a: 356).
　　허디는 1975년에 하버드 대학에서 체질인류학 박사학위
를 받은 후, 박사논문을 재생산 행동에 대한 사회생물학 분석서
인 《인도 아부의 랑구르원숭이: 암컷과 수컷의 재생산 전략The
Langurs of Abu: Female and Male Strategies of Reproduction》으로 출

판했다. 아직 대학원생이던 시절에 그는 1971년의 학술대회에서 워시번의 학생 중 하나가 암컷 원숭이가 오르가슴을 느낀다는 증거를 제시한 연구 결과를 듣고 깊은 인상을 받았다. 인간의 성적 반응을 다룬 마스터스와 존슨의 연구와 구체적으로 연관된 연구로서, 실험실에서 암컷 히말라야 원숭이에게 인공적으로 유발한 오르가슴에 대한 선행 연구가 있었던 것이다. 허디는 박사논문도 암컷의 섹슈얼리티에 대해 썼지만, 그가 1981년에 출판한 《여성은 진화하지 않았다The Woman That Never Evolved》에서는 본격적으로 오르가슴이라는 형식에 담긴 "암컷의 성적 자기주장의 온전한 의미"를 논의의 중심으로 삼았다(Haraway, 1989a: 361).

허디는 해부학에서, 그리고 섹슈얼리티와 재생산에 대한 영장류과학 안팎의 지배적 이야기에서, 오직 여성을 성적으로 자극하는 기능밖에 없다고 규정되는 듯한 클리토리스를 문제로 설정했다. 진화론 및 진화 연구는 기능의 측면에서 클리토리스의 존재 의미를 규명한 바가 없었기 때문에, 허디는 이러한 논의의 부재가, 클리토리스라는 기관과 일련의 강렬한 자극을 느끼게 해주는 그것의 선명한 기능을 마치 맹장처럼 아무 의미가 없다고 치부해버린 연구자들의 생각을 반영하고 있는 것은 아닌지 반쯤 농담을 섞어 묻는다(Haraway, 1989a: 361). 해러웨이의 설명에 따르면 허디는 이 질문에 답하면서, 클리토리스가 있으면 다중 연속적 성적 결합이 가능해지기 때문에 여성은 충분히 전략적 거짓말을 할 수 있게 되며, 따라서 클리토리스는 "생식적이점"을 마련해주는 기능을 가진다고 전략적으로 주장한다. 허디는 다음과 같이 서술한다.

> 암컷의 번식 성공이 결정적으로 주변 수컷의 관용과 새끼를 기꺼이 돌봐주고자 하거나 적어도 가만히 내버려두는 수컷의 의지에 달려 있음을 인식하면, 능동적이고 문란한 섹슈얼리티의 선택적 중요성을 매우 쉽게 이해할 수 있다. 암컷 영장류는 수컷과 어울려 지내며 그들에게 영향을 미치고, 그에 따라 자신의 혈통을 이어갈 가능성에 대해 수컷이 얻을 수 있는 정보를 조작한다. 자신의 직계 자손에게 이익이 된다는 면에서, 색정증으로 비치는 자신의 성향에서 암컷도 이익을 얻는다. (1981: 174)

해러웨이가 지적하듯이, 이는 행복한 이성애 가정이나 본능적 모성에 대한 알레고리가 아니라(그 점에서 해러웨이는 거의 '만세!'를 외친다), 암컷들이 상대 성별과 겪는 근본적인 이해관계 대립에 대한 알레고리이다. 그 갈등 안에서 "성적 쾌락과 감춰진 배란"을 이용하여 일부 암컷, 즉 목적을 달성한 암컷은 수컷을 자신의 과제(암컷이 이미 너무나 잘 알고 있으며 별로 열광하지도 않는 실천)를 위한 자원으로 만들 수 있다. 이 암컷 개인은 해러웨이가 "하이퍼-자유주의"라고 부르는 세계에 등장하는데, 차이가 적대감과 경쟁을 의미하는 이곳에서는 "투자하는 성별"인 암컷이 수컷의 욕망과 관심을 "제한하는 자원"이 된다. 그리고 그는 다음과 같이 덧붙인다. "제한하는 자원이 되면 언제나 암컷이 자신의 권리를 가진 […] 행위자가 아니라 그저 경품이 되어버릴 위험이 있다"(Haraway, 1989a: 364). 이런 종류의 투자 이야기에서 "정신, 섹스, 경제는 고도로 문제적인 하나의 형상, 즉 하이퍼-리얼한 [그리고 그의 말에 따르면 포스트모던한] 선택 단위로 수렴한다"(Ibid.: 365).

과학소설로서 영장류학: 희망의 가능성들

허디의 작업을 통해 해러웨이는 세기말에 페미니즘과 영장류학 둘 다가 되어버린 대상, 즉 복잡하고 유망하며 모순적이고 뒤얽혀 있는 대상들을 논평할 수 있게 된다. 허디의 주장 중에는 해러웨이가 저항하는 요소도 있지만, 그럼에도 그는 암컷 원숭이가 종의 진화라는 이야기에서 중심 행위자로 등장하는 설명과 그들의 개인적 차이가 중요하다는 주장, 그리고 그들이 종의 성격을 규정하는 행동의 범위 전반에 관여한다는 증거를 평가절하하고 싶어 하지 않는다. 그러나 그는 또한 반인종차별적, 반식민주의적, 반전체론적, 반자유주의적 인본주의에 따른 페미니즘/과학/세속적 실천에 헌신해왔다. 그는 모든 종류의 보편에 대한 이야기에 회의적이며, 특히 그 이야기가 (보편이 으레 그러하듯) 식민주의 및 제국주의 역사의 일부이기도 한 수많은 차이를 삭제할 때는 더욱 그렇다. 그가 보기에 그런 이야기는 서사 안에서 차이를 다루는 방식으로 귀결되곤 하며, 일반적으로 진화생물학의 서사는 비동일성non-identity을 적대적인 것, 평화와 화합에 대한 위협으로 보는 경향이 있다(Haraway, 1989a: 369). 해러웨이에 따르면 허디의 사회생물학 이야기에서도 분명 이런 일이 벌어진다. 이 20세기 후반의 모델들 중에서도 소유적 개인주의 모델 그 자체인 "하이퍼-자유주의적" 암컷은 "결국 전쟁으로 귀결되는 생식의 생명-정치", 즉 해러웨이가 꿈꾸는 "다른 세계들"로 이어지지 않는 하나의 정치학과 일종의 과학/세계를 주도하는 역할로 등장한다(Ibid.: 367). 이는 해러웨이가 영장류학 이야기에서 쓰고 싶어 하는 결말이 아니다.

이를 통해 해러웨이는 자기 고유의 특성을 잘 드러내는 유형의 분석을 만들어낸다. 그는 영장류과학에서 자신이 보다 희망적이고 유망하다고 보는 무언가를 향한 이야기를 만들기 위해 이러한 유산 속에 "거주한다"(또한 Haraway, 2000b 참조). 그는 허디를 비롯한 세기말의 다른 많은 사회생물학적 영장류과학이 전경으로 삼아왔던 유형의 시각을 "배경으로 만들"고, 동등하게 사용가능했음에도 "볼륨"이 "꺼지"거나 "낮춰져" 있던 서사 및 실천의 측면을 앞으로 가져온다(Clarke and Montini, 1993 참조). 먼저 아이작 아시모프의 《제2파운데이션》, 그다음에는 옥타비아 버틀러의 《새벽》이라는 과학소설을 자원으로 활용하여, 해러웨이는 세기말 영장류과학의 상태를 읽어낸 뒤 그것이 자신의 주장대로 페미니즘에 충실해질 수 있다고 상상한다.

스탠퍼드 대학의 저명한 행동과학 고등연구센터에서 지원받은 2년간의 영장류 연구 프로젝트이며, 20년의 간격을 두고 진행된 1962~1963년 연구와 1983~1984년 연구, 그리고 두 연구의 결과로 나온 '분야를 정의할 수준'의 연구서들을 비교하면서, 해러웨이는 자신이 이제껏 고려해왔던, 사회생물학 모델들에서 (심지어는 페미니즘적인 모델에서도) 경쟁적이고 전략적인 개인 주의보다 더욱 희망적인 무언가가 출현하고 있다고 신중하게 제안한다. 두 번째 연구 및 연구서인 《영장류 사회》(Smuts et al., 1987)는 《영장류 행동Primate Behavior》(DeVore, 1965)이라는 제목 으로 출판된 첫 번째 연구에서 실제로 많은 것을 계승한다. 계승 한 내용에는 지적 부계 전통은 물론 '사회 집단'과 '공유하며 살 아가는 삶의 방식'에 관한 냉전 불안의 한가운데에서 갈등, 협력, 경쟁에 중요성을 부여하는 성향도 포함된다. 이는 위계적 세계 에서 평화와 질서를 보장해주는 근거로서 국제 과학 지식의 뒷 받침을 받기도 했다(Haraway, 1989a: 370~371). 그러나 해러웨이 는 두 번째 연구는 거의 절반이 여성인(첫 번째 책은 서른한 명의 참여자 중 네 명이 여성이었다) 차세대 과학자/저자에 의해 구성 되었으며, 지적으로 더욱 다양해져서 워시번 모델도 다양화되 고 더욱 온당하며 경험적으로 풍부한 연구로 계승되었다고 읽 는다. 그에게 가장 핵심적인 것은, 두 번째 연구와 그에 따른 출 판물에서 "차이, 변이, 부분, 단편, 그리고 전체"가 명확히 다른 방식으로 다뤄지고 있다는 점이다. 이러한 연구가 때로는 역사 와 별로 관계가 없어 보이지만, 그럼에도 항상 역사적 상황 속에 서 만들어지는 궤적의 결과로서 그렇게 달라지게 되었을 것이 다(Ibid.: 372).

'제2영장류 파운데이션'의 출판물은 초지일관으로 차이를 적대시하는 진화생물학 논리의 '문면'을 상당히 따르고 있지만, 해러웨이는 이 출판물에서 운동과 변화의 근원이 지닌 특수성, 변이, 이질성, 다중성에 면밀히 주의를 기울여야 한다는 주장을 충분히 읽어낸다. 그는 그런 세계에서도 놀라운 일이 벌어질 수 있으며 벌어지고 있다고 말한다. 버틀러의 완전변이 세대Xeno-genesis라는 환상적인 비전으로 확장되기도 한 1980년대 영장류 과학의 이러한 실타래를 이어오면서, 해러웨이는 "개인 및 집단 생활의 비적대적, 비유기적 형태" 안에서 가능한 차이의 이야기를 엮어나간다(Ibid.: 373). 바로 이 지점에서 해러웨이는 영장류에 대한 자신의 비전을 마무리한다. 이런 점에서 해러웨이의 시각은 허디 및 다른 사회생물학 연구 및 저술에서 강조되는, "후기자본주의, 신제국주의, 남성중심적 원자핵 환상을 기술관료적으로 현실화하는 하이퍼-현실 세계"와 너무 잘 어울려 보이거나 그 세계를 너무 많이 확장한 것처럼 보이는 이야기와는 사뭇 다르다(또한 Haraway, 2000b 참조).

3장
반려종이 모인 퀴어 가족
사이보그에서 개와 그 너머까지

사이보그는 해러웨이가 페미니즘 및 기술과학 비평의 관점에서 사고하고 집필하는 데 사용한 몇 가지 형상 중 분명 가장 유명한 것이다. 도전적이고 어려우며 흥분되는 1985년 에세이 〈사이보그 선언: 1980년대의 과학, 기술 그리고 사회주의 페미니즘〉에서 그는 유망한/끔찍한 기계-유기체 형상이라는 자신의 비전을 제시했고, 이를 통해 학계 페미니스트와 문화연구를 전공하는 학생들의 범위를 넘어 널리 이름을 알리게 되었을 뿐 아니라(예를 들어 Kunzru, 1997) 그들 사이에서 논쟁의 대상이 되었다(Bartsch et al., 2001 참조). 이 선언문이 발표된 당시 해러웨이의 대학원 학생이었던 조이 소풀리스Zoë Sofoulis(1988, 2002)는 최근에 그것이 학문적 사상에 미친 영향을 지진에 비유하면서, 한층 더 적절하게 "사이버 지진"이라고 불렀다.[1] 그러나 이제는 그 에세이가 처음 출판된 지 20여 년이 지났기에, 온건하게 표현하자면 우리가 발 딛고 있는 이 **지구**의 시대도 바뀌어버렸다.

　현재를 역사적으로 구체적이고 비판적으로 검토하는 데 헌신해온 자신의 태도에 맞게, 해러웨이는 가까운 과거와 더욱 긴밀히 연관되어 있는 자원이면서도, 전 지구적 기술과학과 문화라는 끊임없이 변화하며 다중적인 세계에서 도발적인 비판을 하는 데는 다소 덜 유용한 자원으로서 자신의 친구인 사이보그를 상황 속에 재배치하는 새로운 프로젝트를 시작했다. 푸코 저작의 제목을 따서 "개집의 탄생"(Haraway, 2004a: 300)이라는 제목을 붙인 이 프로젝트는 해러웨이 자신이 "반려종companion species이라는 훨씬 크고 퀴어한 가족 안의 어린 형제자매로서의 사이보그"라고 다시 바라본re-visioning 내용을 반영한다. 그는 냉전 군사주의, 사이버네틱스, 인간의 우주 탐험, 그리고 궁극적으로는 우주 지배에 대한 환상이 팽배하던 시대인 1960년대에 처음으로 등장한 사이보그라는 형상을 전유한 덕분에 그러한 시간과 장소에 특히 중요한 관련을 맺고 있던 페미니즘과 기술과학에 일련의 질문을 제기할 수 있었다고 주장한다. 그러나 전 지구적 원격기술의 속도로 인해 경제적, 정치적, 기술과학적으로 뒤얽혀 있는 일련의 실천들도 각종 이원론의 지속적 내파와 결합하여 변화해왔다. 1985년에 쓴 에세이에서도 해러웨이는 그러한 이원론에 저항했지만, 그간의 변화는 해러웨이의 "오래된 분신인 사이보그"를 새 천 년의 설득력 있는 문화 비평 및 정치적 작업에서 다소 낡고 덜 효과적인 자원으로 만들었다(Bartsch et al., 2001: 140~143 참조). 그는 자신이 과거에 만든 유명한 형상을 포기하는 것은 그 작업에서 얻은 통찰을 "기술현재technopresent"*에 빠뜨리는 일에 비하면 심각한 일이 아니라고 말한다. 사이보그는 여전히 그의 등장인물 중 한 명이고, 그의

"비유작업의 이동동물원"에 살고 있지만, 이제 그/그녀는 해러웨이가 집필한 글들과 함께 그리고 그 글들을 통해 존재하는 여러 은유 중 하나이다. 그 은유 중에 모든 시간/장소에 통용되는 것은 없다. 사실 이러한 보편주의는 해러웨이가 피하고자 하는 이론의 자만이다.

사이보그를 퀴어적 친족 네트워크의 여러 구성원 중 하나라는 상황 속에 재배치하는 해러웨이의 새로운 프로젝트 및 사상을 고려하여, 이 장은 보다 유명한 형상에서 출발하여, 체현된 개-인간의 "현실적 계기actual occasions"(Whitehead, 1948, 1969)에 관한 그의 연구 및 이야기가 삶과 '테크노생명정치'를 더욱 생산적으로 사고할 수 있는 새로운 자원 등을 통해 우리에게 제공하는 바는 무엇인지를 살펴보는 논의로 마칠 것이다.

---

* 기술현재는 과학적으로 구조화된 사이버네틱 사회에서 겪는 일반적인 시간의 경험이다. UC 버클리 대학의 2003년 애브널리Avenali 강연 '사이보그에서 반려종으로From Cyborgs to Companion Species'에서 반려종 개념과 생물학적 진화 과정에서 깊이 얽혀 들어가게 된 인간과 동물에 대해 논하며, 해러웨이는 이제 더 이상 그 무엇도 "자연적"이라고 부를 수 없는 당대의 세계는 "기술자연의 생명사회적 근대성"이라고 주장한다. 이 근대성이 자리한 시간이 기술현재이다. 기술현재는 지금 여기에서 신문에 보도되는 과학적 사건과 그와 더불어 나타나는 사회적, 경제적 사건들에 따라 경험하는 시간의 유형이다. 이 시간 개념은 마치 중력 우물처럼 역사를 수렴시켜, 모든 것이 지금 일어나고 있고, 이미 일어난 모든 것이 현재로 이어진다고 본다. Andrew Pilsch, *Transhumanism: Evolutionary Futurism and the Human Technologies of Utopia*, University of Minnesota Press, 2017 참조.

"지구에서 살아남으려면 사이보그가 되자!"
: 해러웨이의 첫 번째 페미니즘 선언

UC 산타크루즈 대학 의식사학과에 새로 임용된 해러웨이는
1982년에 미국에서 가장 오래된 좌파 간행물 중 하나인 《소셜
리스트 리뷰》의 편집자에게서 사회주의 페미니즘에 대한 최근
의 생각을 주제로 글을 써달라는 청탁을 받았다(Haraway, 2000a:
39). 그 시기에는 보수적인 공화당 대통령 로널드 레이건의 첫 번
째 임기가 한창이었고, 해러웨이가 "(주)신세계 질서"라고 불러
왔던 것을 위해 동원되는 지휘-통제-통신-정보("C^3I")의 새
로운 사이버네틱 정보 기술을 무수히 참조한 군사주의적 "스타
워즈" 담론이 미디어에 범람하고 있었다. 또한 한편으로는 미국
의 백인, 중산층, 학계의 페미니스트들이 문화, 국적, 인종, 민족,
계급의 경계에 따른 여성들의 차이에 대해 근시안적으로 생각
하고 있었다는 다소 비판적인 자기성찰을 내놓고 있었다. 즉 익
숙했던 기존의 자유주의나 급진적 비판 사상의 양식을 넘어 새
로운 비판 사상과 또 다른 헤게모니가 점점 더 필요해지는 상황
이 되고 있었던 것이다. 더구나 기존의 글은 대부분 과학과 기술
이 국가의 대내외 정책을 검토할 때 정치적으로 영향을 미치며,
나아가 전 지구적 자본의 작동과도 연관성을 맺는다는 점에 지
속적인 주의를 기울이지 않았다.

　해러웨이는 이전부터 사회주의 페미니즘과 기술에 대해 글
을 쓰고 발언해왔으며, 일련의 비판적 질문을 한데 묶기 위해 사

이보그의 형상을 거론하기 시작하고 있었다.[2] 사이버네틱 유기체의 줄임말인 사이보그는 1960년에 연구 과학자인 맨프레드 클라인스Manfred Clynes와 네이선 클라인Nathan Klein이 외계 탐사나 우주 비행에 필요한 증강된 유형의 인간을 상상하면서 만들어낸 용어이다. 그중에서도 특히 사이보그는 집적 정보 회로를 구성하기 위한 기계와 유기체의 상상적이고 실질적인 혼합을 지칭한다. 즉 이렇게 명명된 새로운 개체는 유기체와 기계의 경계를 흐리며, 정보 피드백 과정을 통해 어느 정도는 자기조절을 할 수 있는 능력을 가진다. 로클랜드 주립병원에서 일하던 클라인스와 클라인은 미국 공군항공의학학교의 후원으로 텍사스주 샌안토니오에서 개최된 '우주비행의 정신생리학적 측면Psychophysiological Aspects of Space Flight'에 관한 심포지엄에서 사이보그에 대한 논문을 발표했다(Haraway, 2004a: 299). 클라인스와 클라인의 연구실에서 고안되어 이 논문(Clynes and Kline, 1960)에 묘사된 최초의 사이보그는 연구자들이 쥐의 생리학적 측면을 통제하고 관찰하기 위해 화학물질을 주입할 수 있도록 삼투펌프가 이식된 실험용 흰쥐였다. 해러웨이는 이것이 다음을 생산했다고 말한다.

〔이것은〕존재론적으로 새롭고, 역사적으로 특정한 개체인 사이보그, 즉 강화된 지휘-통제-통신-정보 시스템(C^3I)〔을 생산했다〕. 여기서 기계는 유기체의 타자가 아니며, 유기체의 목적을 달성하기 위한 단순한 도구도 아니다. 오히려 기계와 유기

체는 양쪽 모두를 변형시키는 공생 속에서 결합된 각각의 통신 시스템이다. (2004a: 299)

해러웨이가 에세이를 썼을 때 사이보그는 대중문화, 특히 과학소설의 인물로 등장하고 있었다. 또한 그것은 체현된 기술 과학의 다양한 형태 및 장소로 거듭 등장했다.

근본적으로 타자적이거나 상이하고 심지어는 정반대라고 여겨지는 것들의 혼합인 사이보그의 괴물 같은 특성, 즉 한편으로는 살아 있고 유기적이고 탄소 기반이며, 다른 한편으로는 불활성적이고 기계이며 실리콘인 성질로 인해 많은 사람이 '인간의 쇠퇴'의 전조라며 그것을 두려워하고 반발했다. 그리고 제2차 세계대전 후 20세기 중반까지 다양한 정치적 진보주의자 사이에서 과학이 아닌 '기술'은 반인간적인 것, 특히 반여성/반자연적인 것으로 쓰이고 읽히는 일이 점차 늘어나고 있었다. 인문학과 사회/인간과학 분야의 학자들에게는, 마르틴 하이데거(1977)가 그린 기술에 대한 유명하고도 반인간적인 그림이 이러한 관점에 기여했다. 국제적 독점자본의 이익을 위해 주도되고 형성될 뿐 아니라 노동자의 지역적, 전 지구적 예속화를 심화하는 도구로 받아들여진 기술과 사이버네틱스가 여성과 여타 존재들이 더욱 살기 좋은 세계를 만들기 위한 새로운 생각의 자원이라고 생각하는 사람은 많지 않았다.

그러나 해러웨이는 바로 이 자질 때문에 사이보그의 형상이 아주 적절히 잘 어울리며 가능성으로 가득하다고 생각했다. 그것은 '오염'되고 근본도 없는 개체로 시작했지만, 그러면서도 매우 뚜렷하게 존재하고 있었다. 해러웨이가 종종 이야기하듯, 그것은 제국주의, 자본주의, 군사주의라는 "짐승의 뱃속"에서 태어나 그 속에 자리하고 있기 때문에, 사이보그는 비판을 검토하고 글로 쓸 때 무고하거나 순수한 위치를 제공한다고 보일 가능성이 없었다. 또한 그것을 주장이나 분석에 사용하려는 사람들이, 자신이 비판하고자 하는 문제 많고 복잡하며 모순적인 세계에서 그것 자체가 지닌 의미를 놓칠 가능성도 없었다.

그것은 제2차 세계대전 핵문화의 후손이며, 그 위치에서 에덴동산에 있는 자신을 상상하거나, 오이디푸스 이전의 행복으로 돌아갈 가능성은 없어요. 제가 '사이보그 위치'라 부르는 곳에서 당신은 상당수의 (지배적이고 친숙한) 신화와 서사를 더 이상 사용할 수 없지요. 당신은 문제로 가득한 세계를 시작점으로 삼아 자신의 의미를 마련해야만 해요. [⋯] 저는 사이보그 글쓰기가 그 자신의 권위를 생산하는 장치를, 심지어 그것을 생산하는 와중에도, 전경화하는 데 결연히 헌신하고 있다고 생각합니다. (Haraway, in Olson, 1995: 50)

그 에세이가 처음 발표된 지 10년이 지나 이뤄진 한 인터뷰의 이 발언을 통해, 해러웨이에게 사이보그라는 형상이 다른 유형의 물질-기호적 세계, 정체성 및 그와 관련된 정치학에 대한 다른 개념은 물론, 기존과는 다른 유형의 페미니즘 및 문화 비평을 상상하는 데 매우 중요한 자원이었음을 분명히 알 수 있다. 사이보그는 하나의 이미지, 비유적 형상, 현실이나 상상 속의 개체일 뿐 아니라, 해러웨이가 이 현대 기술과학 세계에서 살아 있는 존재들의 생존가능성을 한층 높일 수 있다고 믿었던 (혹은 그렇게 살았던) 위치 짓기이자 사고와 관찰의 한 가지 방법이다.

해러웨이의 사이보그 형상

해러웨이가 "제2의 서기 천 년"이라 지칭하는 시기 말미에 문화비평을 하기 위해 새로운 형상이 필요했던 이유, 그가 반려종이 사이보그보다 더 유용하다고 생각했던 이유를 헤아려보는 한 가지 방법은, 그가 이야기를 전할 때 역사적, 물질적 특수성에 얼마나 헌신했는지를 떠올리는 것이다. 요컨대 자신의 역사, 자신의 세계 없이 나타나는 것은 없다. 모든 것은 어떤 시간과 장소 안에서, 언제나 특정한 시간과 장소를 동반하고 또한 생성하는 온갖 구체적이고 난삽한 세부 사항을 주렁주렁 매단 채 나타난다. 그가 사용하는 사이보그도 특정한 역사를 가지고 있다. 그것은 특정한 일군의 '내파implosion'에서 등장한다. 내파란 주류 '근대' 담론에서는 상당 부분 부정되는 용어이지만, 해러웨이는 현재를 특징짓는다고 믿는 경계 붕괴의 특성을 드러내기 위해 이 말을 종종 사용한다. 해러웨이의 관점에서 사이보그가 등장하게 된 배경인 군사주의, 우주 경쟁, 환원주의, 통제 중심의 종말론적 비전은 사이보그와 분리될 수 없고 분리되어서도 안 된다. 당시에 그는 사이보그를 '인간 존재와 맺는 모든 종류의 인공적,

기계적 관계를 지칭함. 인간과 인공물 모두가 특정한 역사를 가지고 있음'이라는 의미로 사용하지 않았다. 그는 다음과 같이 주장했다. "사이보그는 군사화의 구체적인 역사 및 정신의학 및 소통 이론, 행동 연구 및 정신약리학 연구, 정보 이론 및 정보처리 이론과 연결된 특정한 연구 프로젝트들의 구체적인 역사와 밀접하게 관련되어 있습니다"(Haraway, 2000a: 128). 해러웨이의 형상들이 시간/공간의 문제를 다루는 방식을 통해 드러나는 이러한 구체성은 이 형상들에 강력한 특질을 부여한다. 이는 그 형상들이 우리가 시간을 초월하거나 보편을 표방하며 보고 말하는 데는 도움을 주지 않는다는 뜻이기도 한다. 그는 어떤 경우에도 초월이나 보편을 추구하는 것은 위험한 환상이라고 생각한다.

1980년대 중반에 해러웨이(1985: 65)는 새로운 방식으로 사회주의 페미니즘 분석을 실천하기 위해 신성모독과 아이러니를 활용하면서, 사이보그를 "20세기 후반의 여성 경험"을 더 잘 이해할 수 있는 중요한 방식 중 하나로 삼았다(신성모독은 "여전히 공동체의 필요성을 주장하면서도 내부의 도덕적 다수자로부터 사람들을 보호"하기 때문이며, 아이러니는 "보다 큰 전체 속으로 통합할 수 없는 모순에 관한 것"이자 "양립할 수 없는 것들이 모두 필연적이고 참되기 때문에 그대로 감당할 때 발생하는 긴장에 관한 것"이기 때문이다). 해러웨이는 여성만이 아니라 "우리는 모두 키메라로, 이론과 공정을 통해 합성된 기계와 유기체의 잡종, 곧 사이보그다. 사이보그는 우리의 존재론이며, 정치는 여기서 시작된다"라고 과감하게 선언한다(Ibid.: 66).

유기체와 기계의 관계에 대한 20세기 후반의 이해방식을 "경계 전쟁"이라 부르며, 그는 대신 이러한 경계들을 불안정하게 만들면서 발견되는 "쾌락"과 경계들을 구성하면서 수반되는 강화된 "책임"을 추천한다. 특히 해러웨이의 사이보그를 통해 우리는 젠더[3]가 없고, 그에 연결된 오이디푸스 가족 이야기의 끝없는 순환이 없는 세계를 희망할 수 있다. 그것은 기독교인이 아니고, 여성에게서 태어나지 않았으며, 에덴동산이 있다 해도 인식하지 않았을 것이고, 전지한 아버지가 조화롭게 마련한 이성애적 생식 결합을 통한 구원에 의존하지 않는다. 해러웨이는 페미니즘 과학소설이 이미 유망한 사이보그 서사를 몇 가지 제공하기 시작했다고 언급한다(Ibid.: 106, n.27).

비록 사이보그는 서구 세계를 규정한 헤게모니인 추상적 개인주의의 온전한 실현으로서 상상되었고, 이에 대해 그는 온전히 자유로운 "우주인"은 환상이라고 지적했지만(이 문제는 《영장류의 시각》 중 〈에덴의 유인원, 우주의 유인원〉이라는 에세이에서도 다루었다), 그럼에도 해러웨이는 사이보그에게 인본주의적인 기원 설화가 없다는 사실을 좋아한다(Ibid.: 67). 사이보그는 개인적 성장이나 역사의 이해를 위해 "남근적 어머니로 표상되는 본원적 일체, 충만함, 은총과 공포"로부터 반드시 분리되거나 개체화되어야 할 필요가 없다. 그는 마르크스주의와 정신분석 모두가, 온전한 (남성적) 자기실현을 위해 극복할 대상으로서 차이/여성/타자를 생산해야 하는 이런 기원 이야기의 여러 버전을 병합하고 있다고 지적한다. 그러나 사이보그는 자연/문화 이원론의 한쪽 면이 더 이상 반대쪽을 구상하거나 생성하는 데 이용될 수 없음을 보여준다. 그 대신 사이보그는 다음과 같은 역할을 한다.

> 사이보그는 부분성, 아이러니, 친밀성, 도착성에 투신한다. 사이보그는 대항적이고 유토피아적이며 순수성 따위는 전혀 없다. […] 사이보그는 경건하지 않다. 사이보그는 조화로운 세계를 기억하지도 못하고 바라지도 않는다. 사이보그는 전체론을 경계하지만, 연결을 필요로 한다. […] 사이보그의 큰 문제는 국가사회주의는 물론이고 군사주의와 가부장제적 자본주의의 사생아라는 점에 있다. 하지만 사생아는 너무하다 싶을 만큼 자신의 기원을 배신할 때가 많다. 결국 그들에게 아버지는 있으나 마나 별반 차이 없는 존재다. (Ibid.: 67~68)

이렇게 위험과 약속으로 가득하고, 내적으로 결코 일관되지 않으며, 항상 주의 깊고 위태로운 취급을 요구하는 유형의 문제 많은 개체는 분명 해러웨이의 사고 및 연구 스타일의 대표적인 상징일 것이다. 이러한 유형은 아마 사이보그에 대한 이 초기 에세이에 기록되어 있는 것이 가장 유명하겠지만, '더 깨끗'하고, 내부적으로 더 일관적이며 이데올로기적으로 안락한 범주들을 너무나 쉽게 허용하는 독선적인 순수성의 특성을 부인하는 강력한 비평 전략의 일부로서 그의 후속 글들에서도 꾸준히 나타난다.

내파를 만들어내기

해러웨이(1985: 68)가 사이보그 형상을 통해 제안하는 "정치-허구적(정치-과학적)" 분석 유형은 엄청나게 장수해온 세 가지 경계가 점진적으로 붕괴되면서 가능해지며, 붕괴되었기 때문에 설득력을 가진다. 첫째는 미국 과학문화에 존재하는 인간과 동물의 경계, 둘째는 유기체와 기계의 경계(여기서 가장 중요한 문제), 셋째는 물리적인 것과 비물리적인 것의 경계이다. 이러한 구분을 모호하게 만드는 것은 자신의 사이보그 신화 및 이야기의 역사적 특수성을 통해 해러웨이가 뜻하려는 바의 일부이기도 하다. 그는 구체적 개체인 사이보그라는 현실적 계기의 일부로서뿐 아니라, 새로운 의미를 만들기/상상하기 위해 기호학적 자원의 '느슨함'을 오히려 강화하는 증거로서 이것들, 특히 둘째에 주의를 환기시키고자 한다. 이러한 구분을 내파하지 않으면, 해러웨이나 독자들이 그가 제안하는 방식으로 사이보그를 상상하고 바라보기는 더 어려울 것이다.

여전히 학문적 연구뿐 아니라 대중적 작업의 범위에서 인간-동물의 경계가 과학적, 도덕적 주요 요소로 유지되고 있긴 하지만, 오늘날에는 그 경계의 다공성porosity을 이해하기가 비교적 쉬울 수도 있다. 이 경계에 대한 논의 중 일부는 동물과 비교해 인간이 얼마나 고유한지를 따지는 논쟁의 형태를 취하곤 한다. 즉 언어(혹은 도구 사용, 정신/정신성)야말로 '〔남성〕**인간**을 위한 **그분**의 계획'에 임하는 하느님의 창조물의 정점인 인간성을 표시하는 증거라며 동물과 비교하는 것이다. 그러나 해러웨이는 그러한 주장, 적어도 과학적이라고 제시된 주장들은, 이전에는 '오직 인간'만이 가지고 있다고 여겨졌던 능력과 수행 방식을 동물에게서도 찾아낸 연구 증거가 다양한 학문 분야에서 늘어났을 뿐만 아니라, 그러한 분리를 확립하고 단속해야 할 필요 자체가 흥미롭지 않다는 감각이 높아지면서 취약해졌다고 말한다. 인간-동물의 경계가 또한 더욱 찾기 어렵고 덜 중요해진다면, 사이보그도 보다 그럴듯하다고 생각될 수 있다. 해러웨이는 "수간은 현재의 혼인 교환 주기에서 새로운 지위를 지닌다"며, 가톨릭 신자였던 과거의 자신으로부터 멀어진 정도를 강조라도 하는 듯이 비꼬며 말한다(1985: 68).

무엇이 유기체를 구성하고 무엇이 기계를 구성하는지에 결부된 모호한 성격이 사이버네틱 유기체의 정의 자체에서 중심을 차지한다. 해러웨이는 사이버네틱 이전에는 기계가 분명히 인간의 통제하에 있는 것처럼 보였다고 말한다. 그들은 기껏해야 인간의 명령을 따르면서 그리고/또는 인간이 입력한 인간의 자질을 반영하는 것이 전부였다. 그러나 새 천 년이 오는 시점에서 기계는 다른 문제가 되어, 기존의 "자연과 인공, 정신과 육체, 자생적 발달과 외부로부터의 설계"(Ibid.: 69)라는 구분이 훨씬 불분명해졌다. 권위의 원천으로서의 자연이 불안정해지면서(자세한 내용은 그가 영장류 프로젝트에서 설명했다), 그에 대한 진정한 읽기 혹은 해석, 즉 인식론이라는 과제도 마찬가지로 불안정해졌다. 그러나 그렇다고 해서 기계가 곧 인간의 소멸 및 행위성의 가능성의 소멸이라고 보는 관점과 '기술결정론'으로 직행하여, 신념을 상실하거나 냉소주의에 빠지는 것으로 귀결되어야 할 필요는 없다. 오히려 그 반대로 해러웨이는 이러한 경계가 불안정해지면서 더 많은 살아 있는 존재에게 더 나은 미래를 열어주는 이야기가 등장하고 살아남을 가능성이 마련된다고 말한다. 마지막으로 물리적인 것과 비물리적인 것의 구분(사실은 유기체/기계 구분의 특정 버전)이 모호해지는 현상은 인간의 고통으로 나타나는 것은 물론, 특히 초소형 전자공학의 막대한 영향과 이 공학 및 그것의 생산이 초래하는 규모, 속도, 물질성의 변화에서 다음과 같이 분명히 드러난다. "현대 기계는 전형적으로 초소형 전자공학 장치여서 어디에나 있으며 보이지는 않는다. 우리 시대 가장 좋은 기계들은 태양빛으로 제작되었다. 이 기계들은 신호, 전자기파, 스펙트럼의 한 부분에 불과하므로 가볍고 깨끗하며[…]" 해러웨이는 이 새로운 기계는 작지만 "크루즈 미사일의 경우와 마찬가지로" 치명적이라고 지적한다. 그에 따르면 '물리적'이란 말은 재고되어야 한다. "인간은 어디서든 물질이며 불투명하기 때문에 유동적일 수가 없다. 사이보그는 에테르이며 정수quintessence다." 보이지도 않고 물질적으로든 정치적으로든 고정시키거나 규정할 수 없는 것이다(Ibid.: 70).

해러웨이는 1980년대 중반에 대부분의 미국 사회주의자와 페미니스트가 '첨단 기술'과 '과학'은 계급, 인종, 섹스/젠더에 따른 서구의 지배를 확고히 하는 이원론을 강화하는 것이기에, 강력히 저항해야 한다고 생각하는 경향이 있다고 추측했다. 그러나 그는 사이보그를 통해 기술과학을 의미의 논쟁이 벌어지는 공간이자, 억압적으로 보이는 것을 보다 전복적이고 심지어 진보적인 것으로 개조 및 방향 전환할 수 있는 가능성이 존재하는 지형이라고 보는, 한층 미묘하고 복잡한 각도의 비전을 제공한다. 사이보그라는 형상이 전 지구적 통제 및 지배, 그리고 억제나 방어로 가장한 선제공격과 제국주의에 깊이 연루되어 있으며, 남성이 정복을 완수하기 위해 여성 신체를 전유하는 행위를 심화한 것으로 읽힐 수 있다는 점을 충분히 알고 있으면서도, 해러웨이는 대안적 가능성을 제안한다.

사이보그 세계는 사람들이 동물 및 기계와 맺는 친족관계를 비롯해 영원히 부분적인 정체성과 모순적 입장을 두려워하지 않으면서 살아가는 데서 경험하는 사회적, 신체적 현실과 결부될 수 있다. 이 두 관점을 동시에 보는 것이 정치 투쟁이다. 각각이 다른 시점에서 상상할 수 없는 지배와 가능성을 드러내는 데 유리하기 때문이다. (Ibid.: 72)

다중성. 이단성. 괴물성. 선택을 통해 만들어지고 가정된 단기적 공통 수단뿐 아니라 공통 목적에 기반한, 있을 성싶지 않지만 장래가 유망한 결합. 이것이 바로 생각하고 우리와 함께 살아가는 형상으로 해러웨이가 상정한 사이보그의 특징이다.

반-정체성 정치

이 첫 번째 선언문이 만들어낸 사이버 지진에서 가장 큰 충격 중 하나는 제1세계에 대한 해러웨이의 비판, 특히 미국 백인 학계 페미니스트의 정체성 정치에 대한 비판이었다. 해러웨이가 '정체성'이라는 단일한 '경험'이 설명되고 이야기될 수 있다는 점에서 '여성'이 동질적인 범주라고 생각하는 관념에 내재된 문제를 명명하고 정교화한 최초의 혹은 유일한 주요 페미니스트는 아니지만, 그의 비판은 특히 날카로웠다. 게다가 비판과 그 표적(아마도 당시에 가장 두각을 드러냈던 급진적 페미니즘 이론가인 캐서린 매키넌의 주장) 모두 미국 학계 페미니스트의 특권적 공동체 안에서 나왔다(Haraway, 1985: 77~79 참조).

정체성에 대한 해러웨이 비판의 중심은 어떤 단일체가 구성되든 나타나게 되는 "명명을 통한 배제"이다. 여기에는 여성들 간의 차이와 인종, 계급, 섹슈얼리티, 민족을 비롯한 여러 삶의 조건을 지우면서 모든 여성을 '여성'으로 만들어낸다고 상정된 통일체도 포함된다. 서구, 특히 미국에서 20세기 후반에 벌어진 여성 운동과 페미니즘이 정치적으로 강력한 목소리를 추구하면서, 일부는 마치 모든 여성에 대해 보편적이고 본질적인 무언가를 규정하는 하나의 경험이 실제로 존재하기라도 하는 듯 '여성의 경험'에 의존하는 글을 써왔다. 이러한 입장은 모든 실제 여성이 그들의 섹스/젠더라는 범주만으로 경험과 견해 면에서 함께 묶여 있다고 암시 혹은 주장한다. 해러웨이는 이를 전 세계 여성들이 실제로 살고 있는 삶과 닮은 점이라곤 거의 없는 헤게모니적 실천이라고 불렀다. 그는 "'여성됨'에는 여성을 자연스레 묶는 것이 없다"고 썼다.

심지어 여성'됨'과 같은 상태가 없으며, 그 자체가 성과 관련된 과학 담론 및 사회적 관습을 통해 구성된 매우 복합적인 범주다. 젠더, 인종, 계급 의식은 가부장제, 식민주의, 자본주의라는 모순적인 사회 현실을 경험해온 우리의 비참한 역사가 강제로 떠안겨준 성과다. 그렇다면 내 화법에서는 누가 '우리'가 되는가? '우리'라는 강력한 정치 신화를 정초하는 정체성은 무엇이며 이 집단에 속하게 만드는 동기는 무엇일까? (Haraway, 1985: 72~73)

실제 여성들 간의 끊임없는 차이와 구분을 고려하며, 해러웨이는 여성이라는 개념이 "규정하기 어려울" 뿐 아니라 너무나 자주 "여성들 사이에 자행되는 각종 지배를 정당화하기 위한" 도구가 된다고 말했다. 이 논쟁을 접한 여러 백인 학계 페미니스트는 이를 신랄한 비난으로 해석했다. 그들은 이 문제에 대해 해러웨이보다 비판적이지 못한 생각을 피력했고 그리고/또는 공개적으로 페미니스트 간의 차이를 알릴 때 생기는 정치적 결과를 경계했다. 그러나 해러웨이가 지적한 그 헤게모니와 배제를 몸소 느껴왔던 많은 유색 여성 및 페미니스트와 제3세계 페미니스트는 이러한 문제 제기를 더없이 환영했다.

20여 년이 지난 지금 누군가의 눈에는 해러웨이의 비판이 (적어도 백인 특권층 학계 페미니스트 중에서는) 정체성 개념에 대한 탈식민주의 혹은 후기구조주의 페미니즘 입장을 제기한 초기적 사례로 보일 수도 있다. 해러웨이는 실제로 "정체성은 모순적이고 부분적이며 전략적인 것처럼 보인다"고 말한다. 그는 여성이라는 단일한 정체성의 강압적 환상에 대한 대안으로 여성들(혹은 타자들)의 삶을 아우르는 통일성 및 정체성을 찾으려는 시도보다는, "정체성 대신 결연과 연대를 통해" 나타날 수도 있는 제한적이고 공유된 목표와 희망의 가능성에 주목하는 방향을 더 선호한다고 언급하면서, 위의 용어들을 모두 활용하여 자신의 주장을 밝혔다(Ibid.: 73). 당시의 지적, 정치적 맥락을 고려할 때, 사이보그는 그러한 연결에 대해 또 다른 이야기를 상상하고 쓸 수 있는 완벽한 형상이었다. 말하자면 주제를 바꾸지 않으면서도, "다른 아이디어를 생각하기 위한 [도구로] 사용되던"(Strathern, 1992: 10 참조) 아이디어와 형상들을 통해서 사고가 다른 세계를 향해 나아갈 수 있도록 서술되었다.

당시 UC 산타크루스의 대학원 학생들의 연구에 도움을 받으며(자신의 연구에 기여한 조이 소풀리스, 첼라 샌도벌Chela San-doval, 케이티 킹 등 학생들의 공로를 인정한 해러웨이의 관대함이 널리 회자되었다), 그는 그러한 대안이 무엇일지 설명했다. "유색인 여성" 범주를 활용한 "대립 의식oppositional consciousness"에 대한 샌도벌의 글은 해러웨이에게 오직 '그것이 아닌' 혹은 '그들이 아닌' 존재, 오직 이미 명명된 정체성 혹은 정체성들의 대립항으로만 사고되는 사람들의 사례를 알려주었다. 그러나 샌도벌과 해러웨이는 이를 삭제당하는 피해자라는 보다 익숙한 관점으로 보기보다, 그렇게 차이를 통해 구축된 "포스트모더니즘 정체성"의 정치적 가능성을 강조한다.

예를 들어 치카나Chicana〔멕시코계 미국 여성〕혹은 흑인 미국 여성은 여성으로서 발화할 수 없었고 흑인 또는 멕시코계 사람의 자리에서도 발화할 수 없었다. 따라서 이 여성들은 부정적 정체성이 이루는 연쇄의 맨 밑바닥에 있었고, 중요한 혁명을 이룩했다고 주장했던 '여성과 흑인'이라는 특권을 지닌 억압받는 저자의 범주에서조차 배제되었다. '여성'이라는 범주는 모든 비-백인 여성을 부정했다. '흑인'이라는 범주는 흑인 여성뿐만 아니라 모든 비-흑인을 부정했다. 하지만 미국 유색인 여성이라는 역사적 정체성을 긍정했던 미국 여성 집단에는 '그녀'도, 단독성도 없는 차이의 바다만 있었다. 이 정체성은 자연스러운 동일시에 입각한 행위 능력을 긍정할 수 없는 대신, 의식적인 연대나 결연, 정치적 친족관계만을 행위 능력의 근거로 긍정할 수 있는 의식적으로 구축된 공간을 그려낸다. (Haraway, 1985: 73)

여기서 제시되고 있는 가능성, 즉 연결을 만들어 집단성을 이루고 그를 통해 지식을 만드는 동시에 중요한 정치적 행동에 참여할 가능성은 최근의 반려종 비유를 포함하여 해러웨이의 후속 연구 내내 반복되는 희망이자 제안이다. 이때 만들어지는 집단성은 항상 움직이고, 일시적이며 취약하지만 여전히 오해의 여지 없이 '우리'인 모습이다. 또한 그러한 정식화하에서 유동적이고 우발적으로 정체성이 구성되는 건 유색인 여성만이 아니었다. 학계의 백인 페미니스트들과 페미니즘 친화적인 남성들을 포함하여 식민주의 및 오리엔탈리즘의 중심에 훨씬 더 가까이 있어왔던 사람들도 점점 더 그렇게 되고 있었다.

사이보그라는 형상과 그것의 균열되고 유동적인 정체성 속에서 그리고 그것을 통해서 해러웨이는 자본주의, 가부장제, 식민주의, 이성애주의에 매우 명백히 해당하는 사례들뿐 아니라 형식 그 자체를 포함한 총체적 사고 체계 전체에 저항하는 글을 쓸 수 있었다. 그는 심지어 쉽게 명명할 수 있는 지배로 인해 고통받고 있는 당사자들이 그 체계를 받아들이고 있는 상황이라 해도 저항을 포기하지 않았다. 이러한 주장의 영향 중 상당 부분이 페미니스트 비평가 자신이 '안전하게'(말하자면 순수하게) 설 수 있는 순수한 영역 혹은 아무 암시도 없는 영역을 허용하지 않는 방식에서 나왔다. 그는 무엇보다도 당시 학계 페미니즘에서 드물지 않은 담론이었던 '자연적'이거나 '유기적'인 경험, 혹은 본질을 전제로 하는 총체성에 저항하여 글을 썼다. 《영장류의 시각》에서도 이런 식으로 '정체화'에 근거를 두는 방식은 여성이 신뢰할 수 있는 과학자가 된다는 것이 모순어법처럼 여겨지던 시대가 만들어낸 딜레마라고 다룬 바 있다.

페미니즘 분류 체계의 구축 및 작용을 비판해온 케이티 킹의 연구를 다시 한번 참고하면서, 해러웨이는 마르크스주의/사회주의 페미니즘과 급진적 페미니즘이 비슷하게 제안한 그 분류 체계가 "공식적인 여성 경험에서 이탈할 수 없게 만드는 인식론을 생산한다"고 주장했다(1985: 74). 그리고 "마르크스주의 페미니즘이나 래디컬 페미니즘의 관점 모두에서 부분적 설명을 포용하는 경향을 찾을 수는 없었다. 두 관점은 하나같이 총체로서 구성되었다. 서구적 설명 방식이 그만큼을 요구하기 때문이다. 그렇지 않고서야 '서구' 저자가 타자를 통합할 방법이 달리 또 있을까?"(Ibid.: 78) 만일 실제로 사이보그가 대안적인 존재론이나 존재에 대한 이해를 제공한다 해도, 그것은 또한 해러웨이가 "부분적 설명"을 언급하며 가리키는 극적으로 다른 존재론이나 인식의 방법으로 이어진다. 이 대안에 대한 해러웨이의 강력한 발언은 3년 후에 출판된 그의 에세이 <상황적 지식>*에서 처음 등장했고, 1997년 저서인 《겸손한_목격자》에서 훨씬 더 정교하게 다듬어졌다. 다음 장에서 이를 다룰 것이다.

사이보그, 포스트모던, 그리고 살-과-피의 세계에서의 희망찬 삶

해러웨이의 사이보그 선언을 주의 깊게 읽은 독자라면, 일부에서 아마도 의도적인 오독을 통해 해러웨이에 대해 말한 것처럼 그 글이 "기술-열풍과 벌이는 기술-애호적 사랑놀음"의 영향

---

* 상황적 지식은 '객관적', '보편적'인 과학 지식의 허구성을 밝히며 지식 생산의 구체성과 권력적 속성을 지적하는 개념이다. 모든 지식과 관점은 각자가 처한 상황과 그에 따른 이해관계를 반영하고 있으며 따라서 부분적이다. 그러나 이렇게 부분성을 지닌 상황적 지식은 또한 상호의존성과 변화가능성을 지니고 있기에, 서로 다른 지식에서 그치는 것이 아니라 끊임없이 서로 개입하고 변화하며 연관성을 만들어갈 수 있다. 정연보, <상대주의를 넘어서는 '상황적 지식들'의 재구성을 위하여: 파편화된 부분성에서 연대의 부분성으로>, 《한국여성철학》 19권, 2013 참조.

력 속에서 나온 "복에 겨운 사이보그 선동가"의 논문이라고 결론 내릴 수는 없을 것이다(Haraway, in Olson, 1995: 76). 실제로 에세이에 등장하는 대부분의 단어가 그가 "지배의 정보과학"이라 부르는 것의 일부인 "[새로운] 과학과 기술의 사회적 관계"와 리처드 고든Richard Gordon에게서 차용한 "'가정' 밖에서의 '가사 경제'", 그리고 레이철 그로스먼Rachel Grossman에게서 빌려온 "집적회로 속 여성"이, 광범위한 삶의 경험에 걸쳐, 특히 전 세계의 여성들에게, 일상적인 인간의 고통 및 절망의 악화에 얼마나 깊이 연루되어 있는지를 보여주는 다양하고 구체적인 사례를 드는 데 사용된다. 그는 커뮤니케이션 과학, 사이버네틱스 및 다양한 생물학에서 등장한 새로운 기술들이 "세계를 코드화의 문제로 번역하기, 즉 도구적 통제에 맞서는 저항을 모두 소멸시키면서 모든 이질성을 분해, 재조립, 투자, 교환에 종속시키는 공통 언어에 대한 추구"(Haraway, 1985: 83)라는 핵심 질문, 다시 말해 순수한 추상성에 대한 질문을 이해하기 위해 활용해왔던 방식을 길게 논한다.

그는 근대 산업사회 및 경제에서 "다형적인 정보 체제"의 변화와, "종래의 안락한 위계적 지배"에서 전 지구적이자 지역적인 현재와 미래의 물질적, 기호적, 사회관계적 세계를 규정하는 "무섭고 새로운 네트워크"로의 변화의 본질을 정의하는 일군의 이분법을 상세히 정리하여 한 쪽 길이의 표를 제공한다(Ibid.: 80). 그는 왜 이러한 변화를, 그것이 체현되고 있는 익숙한 계급, 인종, 젠더, 섹슈얼리티의 구조 안에서 벌어지는 동시적인 역사적 변화의 측면으로 봐야만 이해할 수 있는지에 관해 집요하고 명확하게 밝힌다. 그는 그러한 변화를 오래된 마르크스주의, 페미니즘, 정신분석학, 심지어 변증법의 논리에 따라 일관적이거나 항상 쉽게 예측할 수 있는 것으로 짐작해선 안 된다고 주장한다. 예를 들어 '백인 남성' 혹은 심지어 '남성'마저도, 지금껏 간단히 그랬던 것처럼 보호받는 범주가 더 이상 아니다. 본질적 특성이나 자질의 측면에서 대상이나 관계를 고려하는 방식은, 점차 투과가능해지는 경계를 넘나드는 흐름의 속도, 즉 설계의 매개변수, 시스템적 제약, 그리고 이 중 어떤 것을 변경하는 데 드는 상대적 비용의 문제를 계산하는 방식으로 바뀌게 된다 (Clough, 2000 참조).

인간이라는 존재는 다른 모든 구성 요소나 하위 체계와 마찬가지로 기본 작동 양식이 확률론적, 통계학적 체계를 갖춘 구조 속에 놓여야 한다. 대상, 공간, 신체는 그 자체로 신성하지 않다. 공통 언어를 매개로 신호를 처리할 수 있는 적절한 기준과 코드만 있다면, 모든 구성 요소가 인터페이스를 매개로 접합될 수 있는 것이다. (Haraway, 1985: 82)

해러웨이는 사이보그 세계에서 가장 위협적인 병리는, 제2차 세계대전 이후의 영장류과학 모델에서 그가 전경화했던 주제이기도 한, 커뮤니케이션 시스템 자체에 대한 스트레스, 시스템 붕괴의 위협이라고 말한다.

'개발도상국'에서 젠더와 인종에 따라 선택적 실업이 발생하는 전 세계적 패턴, 매우 분산된 지역에 걸쳐 벌어지는 노동 통제의 증가, 노동과 빈곤의 '여성화', 식량 생산 및 군사화 강화와 관련한 차별적 젠더 압력과 노동 이주 패턴, '공적 생활'의 소멸과 비디오게임에서 전형적으로 드러나는 C^3I에 대한 환상적이고 젠더화된 상상력의 증가, 남성 지배를 받아들이는 새로운 사회생물학적 기원 이야기의 호소, 모든 종류의 신체에 무언가를 기입하고 관찰하고 개입할 수 있는 능력을 가진 첨단 의학, 복지국가의 지속적 쇠퇴는 해러웨이가 이러한 "(주)신세계 질서"를 설명하기 위해 사용하는 구체적 사례 중 일부이다. 그는 가정, 시장, 직장, 국가, 학교, 병원, 교회의 네트워크 속에서 나타날 수도 있는 이러한 변화의 이미지를 여럿 제시하면서, "지배의 정보과학이 갖는 특징을 서술하는 유일한 방법은 가장 취약한 위치에 있는 사람들이 생존을 위한 네트워크를 이루는 데 종종 실패하여 불안정성과 문화적 빈곤이 크게 강화된다는 점을 지적하는 방법"이라고 규정할 수밖에 없다고 결론짓는다(Ibid.: 90). 그리고 그는 과학과 기술의 정치학에 대해 논할 때, 모든 사람이 그렇지만 특히 그들의 삶과 미래가 가장 극적인 영향을 받는 사람 대부분이 제대로 내용을 이해하지 못한다고 덧붙인다. 이는 근시안적으로라도 '기술'에 대한 긍정적인 관점이라 할 수 없다.

해러웨이는 독자들에게, 효과적인 저항 및 변화가 가능하다는 희망을 포기하지 않으면서도 새로운 사이보그 기술과학으로 인해 우리가 치러야 하는 위에서 서술한 대가 및 그와 유사한 여러 대가를 살펴보고, 우리가 그것과 맺는 연관성까지 봐야 한다고 요구한다. "우리는 모두 […] 사이보그"라고 그는 우리에게 말해왔다. 일부 독자에게는 '이 역사' 및 이와 유사한 어려운 이야기들을 받아들임으로써만, 그리고 받아들이는 과정에서만 한층 효과적인 사회주의 페미니즘 정치와 진보 정치가 형성될 수 있다는 그의 확신이 너무 어렵게 느껴질 수도 있다. 그러나 이것이 정확히 그가 가능하다고 제안한 바다. 해러웨이의 글은 절대 희망을 잃지 않지만, 그러면서도 항상 현실(분명 또 하나의 '오염된 범주')과 견고하게 연결되어 있다. 사이보그를 이야기할 때나 개-인간을 이야기할 때나 그는 상당히 진지하고 언제나 희망차며, 종종 유머러스하고 매우 '구체적'인 이야기를 만들고자 한다.

마르크스주의, 정신분석학, 페미니즘 등 비판적, 급진적 분석에 통상적으로 쓰이는 틀은 자본주의, 이성애 가족 및 가부장제(특히 자본과 얽혀 있는)가 작동해온 방식을 살펴볼 수 있는 매우 중요한 시각을 제공해왔지만, 해러웨이는 이 모두가 자신이 총체성이라고 부른 사고 및 관찰 방식에 대한 헌신을 요구한다고 주장하며 이 분석에 기여한다. 이때 총체성이란 그것이 사람들에게 제시하는 세계 안에 존재하는 모순과 부분성, 그리고 실로 그 자신이 제국주의이자 헤게모니가 된 사고 체계는 생산적으로 다루지 않는 사고 및 분석의 총체적 체계이다. 이러한 기존 틀에 담긴 구성 요소의 의의를 인정하고 그것에 의지하면서도, 그는 부분성을 포용하는 것은 물론 지역적이고 우발적이며 항상 취약하지만 '강력하게 객관적'이고 '진실한' 삶의 방식 및 보는 방식을 포용하며, 실제로 '페미니즘 과학'을 인식할 수 있는 페미니즘적 방법을 찾고자 했다. "우리는, 아이러니하게도, 동물 및 기계와의 융합을 통해 서구 로고스의 체현인 〔남성〕**인간**이 되지 않는 방법을 배울 수 있을지도 모른다"(Haraway, 1985: 92). 자연과 문화, 자아와 타자, 신체와 정신, 남성과 여성, 실제와 외양, 만드는 사람과 만들어지는 대상, 능동과 수동, 옳고 그름, 진실과 환상, 신과 인간의 구분(Ibid.: 96)을 포함하여, 서구적 자아 개념이 구축되어온 관습적 구분의 붕괴를 재앙의 조짐으로 보기보다, 해러웨이는 그 붕괴들이, 특히 그 동시성 속에서, 사이보그 현실을 긍정적이고 새롭게 볼 기회를 제공한다고 이해한다.

그는 글쓰기 방식들이야말로 그러한 정치적으로 희망적인 가능성과 파편적 정체성을 드러내는 매우 결정적인 장소라고 지적하면서 자신의 유명한 에세이를 마친다(Olson and Hirsch, 1995 참조). 그는 오드리 로드와 체리 모라가와 같은 '유색인 여성'이 쓴 글과 새뮤얼 딜레이니, 본다 매킨타이어, 옥타비아 버틀러, 조애나 러스 등이 쓴 몇 편의 페미니즘 과학소설 등에서 입증된 사이보그 글쓰기를 제안한다. 그는 글쓰기 및 문해력에 초점을 맞추면서, 오염된 범주를 신중하게 사용할 때 생겨나는 정치적 잠재력에 대한 주장을 한층 분명히 드러낸다. 일부 페미니스트는 이 문제에 대해 여전히 논쟁 중이지만 말이다. 글쓰기는 언제나 권력 및 지배 구조와 연관을 맺고 있었기에, 무언가를 명명하는 서구의 능력의 중심에 있었다. 따라서 글쓰기는 다음을 의미한다.

글쓰기의 의미가 걸린 씨름은 현대 정치 투쟁의 주요 형식 중 하나다. 글쓰기 놀이의 해방은 더없이 진지한 문제다. 미국 유색인 여성의 시와 이야기들은 글쓰기, 곧 의미화의 권력을 쟁취하는 문제와 반복적으로 관련되지만 이때의 권력은 남근적이거나 순수해서는 안 된다. 사이보그 글쓰기는 에덴으로부터의 추방, 곧 언어 이전, 글쓰기 이전, (남성)**인간**의 등장 이전, 옛날 옛적의 총체성을 상상하지 말아야 한다. 사이보그 글쓰기는 본원적 순수함이라는 기반 없이, 그들을 타자로 낙인찍은 세계에 낙인을 찍는 도구를 움켜쥠으로써 획득하는 생존의 힘과 결부된다. (Ibid.: 93~94)[4]

여기서 해러웨이가 주장하는 사이보그 페미니즘 글쓰기의 유형은 "서구 문화의 핵심적 기원 신화들"을 다시-쓰기 및 다시-주조하기이다. 그러한 글쓰기는 '세계를 진짜 있는 그대로' 포착하는 순수하고 자연적이며 보편적인 언어를 꿈꾸는 일이 아니며, 차이를 완벽하게 번역하여 그것을 통해서 그리고 그 안에서 '우리'가 다시 '전체'가 되기를 기대하는 일도 아니다. 그것은 피해자 정체성이 제공하는 "이데올로기적 자원"을 전부 동원하여 어떤 자아를 피해자로 서술하기 위한 도구가 아니다 (Ibid.: 96). 그리고 이 글쓰기는 단순히 중심부에 있는 특권적 학계와 상류층의 여성 및 남성에게 한정된 문학적 해체가 아니다. 해러웨이는 '글쓰기'의 의미를 기입으로서, '지면 위에서'뿐 아니라 육체 안에서도 의미를 만드는 일로서, 체현으로서, 광범위

하고 포괄적으로 활용한다.[5]

　그러한 사이보그 글쓰기와 삶은 기술과학이라는 애매함과 기술과학 속에 넘쳐나는 애매함에서 가능성을 보고 붙잡는다. 해러웨이는 더 좋든 나쁘든 이곳이 실제로 행동이 있는 곳이라고 말한다. 만일 페미니스트와 문화 비평가가 기술과학의 개선을 위해 영향을 미치고자 한다면, 설령 그 기술과학이 '(주)신세계 질서'라 해도 최소한 어느 부분에서는 기술과학만의 방식으로 관여해야 한다. 대중 정치에서 흔히 통용되는 구원 이야기를 규정하는 부활 및 재생산의 은유에 기대기보다, 여기서 해러웨이는 도롱뇽이 사지가 잘렸을 때 보이는 반응으로 결국 괴물같이 쌍둥이를 만들어내며 잠재적으로 새로운 형태를 출현시키는 현상을 인용하며, 재생산 및 부활을 사이보그적으로 의심하고 재생의 은유를 옹호하는 입장을 취한다. 그는 "우리는 모두 깊은 상처를 입었다. 우리는 부활이 아닌 재생을 요구하며, 우리를 재구성하는 가능성에는 젠더 없는 괴물 같은 세계를 바라는 유토피아적 꿈이 포함된다"고 말한다(Ibid.: 100).[6] 대상을 총체화하는 이론은 "현실 전반"을 놓치기 때문에 멀리하고, 페미니즘 비평은 "과학기술의 사회관계"를 악마화하고 기각하기보다는 그것에 관여하고 그것을 형성하는 일을 담당해야 한다고 주장하는 해러웨이는 "타자와 부분적으로 연결되고 우리를 이루는 부분 모두와 소통하면서" 우리의 일상생활과 자아를 만들기 위한 새롭고 효과적인 기술을 찾는다(Ibid.: 101).

이것은 공통 언어를 향한 꿈이 아니라, 불신앙을 통한 강력한 이종언어를 향한 꿈이다. 이것은 신우파의 초구세주 회로에 두려움을 심는, 페미니스트 방언의 상상력이다. 이것은 기계, 정체성, 범주, 관계, 우주 설화를 구축하는 동시에 파괴하는 언어이다. 나선의 춤에 갇혀 있다는 점에서는 마찬가지이지만, 나는 여신보다는 사이보그가 되겠다.

소중한 타자성에 진지하게 관여하기: 반려종

앞서 언급한 대로 해러웨이가 사이보그 에세이를 집필한 시기와 반려종에 대한 초기 저술을 집필한 시기 사이에는 거의 20년의 시차가 있다. 그럼에도 오늘날 이 에세이들을 서로 비추어 읽어보면, 해러웨이가 사고의 초점을 맞춰왔던 여러 문제가 놀라울 정도로 연속성을 띠고 있다는 사실을 발견할 수 있다. 실제로 이전 연구를 통해 최근의 연구를 읽으면, 처음 읽을 때는 놓쳤던 문제들을 발견할 수 있다. 그리고 반려종에 대한 그의 최근 연구를 통해 사이보그를 읽으면, 유명하던 이전 형상과 거기서 그가 어떤 방식으로 제기하려 했으나 당시에는 오독되었던(해러웨이의 말에 따르면 결코 드물지 않았다) 문제들을 더 잘 이해할 수 있다. 두 형상은 비슷한 질문을 던지며 상당수의 동일한 이원론에 문제를 제기하는 한편, 차이를 드러내며 지구에서 살아가면서 경험하는 다양한 변화는 물론 현재 및 미래의 삶과 지식 프로젝트라는 어려운 퍼즐에 대해 해러웨이와 더불어 생각할 수 있게 도와준다.

사이보그 에세이에서부터 1997년의 《겸손한_목격자》를 거쳐 반려종으로서 개-와-사람에 대한 최근 저술까지, 인류가 합병하고 길들이거나 자원화하거나 소멸시키지 않는 방식으로 차이를 마주할 수 있다는 주제 의식과 희망은 여전히 중심적 견해로서 되풀이된다. 이 주제는 또한 여러 페미니즘 이론 및 실천, 탈식민주의 연구, 그리고 반인종차별 연구 및 퀴어 연구의 중심이기도 하다. 사이보그 에세이에서 해러웨이는 우리의 삶과 지식 프로젝트에서 '우리의 친족'이 누구인지를 물으며, 우리가 지금까지보다 훨씬 신중하게 이 질문에 대한 답을 모색해야 한다고 촉구했다. 《겸손한_목격자》에서 그는 이 질문을 반복하며, 그의/우리의, 즉 인간의 친족에는 기계와 유기체-기계 체계뿐 아니라, 신화나 과학소설에 등장하는 실제적 형상과 환상적 형상도 모두 포함된다고 강력하게 주장한다. 이 책에서 그가 주로 다루는 첫째 대상은 듀퐁사가 특허를 등록한 앙코마우스™라는 이름의 형질전환 유기체이다(Haraway, 1997: 특히 78~85, 119~121). 해러웨이는 이 쥐를 "기술-과학 탈계몽주의 형상"이라 불렀다 (2000c: 2). 그리고 둘째는 젠더 혼란에 관한 조애나 러스의 희망적 과학소설 제목이기도 한 "여성인간the FemaleMan"(Ibid.: 특히 69~71, 119~121)(여기서 여성과 인간이라는 두 단어 사이에 띄어쓰기를 없앤 사람은 해러웨이이다)이며, 셋째는 18세기 후반 중부 유럽의 반기독교적 이야기에 등장하는 형상으로, 우리가 과학 내 인종차별의 역사에 저항하는 동시에 이성애적 재생산을 통해 전승되고 공유되며 '피'를 중시하는 경향에 저항할 수 있게 해주는 뱀파이어다(Ibid.: 특히 213~217).

1990년대 후반까지 사이보그는 이런저런 형상과 함께 그의 저술에 등장해왔으며, 사이보그 자신도 보다 포괄적인 문구인 물질-기호적 개체로 확장되었다. 이 개념을 통해 해러웨이는 독자들이 규모의 면에서 다양한 변화를 거치며 유동적인 방식으로 생각하도록 이끈다. 천 년 단위가 끝나가는 시/공간의 특수성을 표시하는 그러한 개체 혹은 그물망의 주문呪文 같은 목록을 제시하면서, 해러웨이는 자신이 "기술과학 신체의 줄기세포"라 명명한 것의 특징을 다음과 같이 정리한다(Ibid.: 12). "씨앗, 조각, 유전자, 데이터베이스, 폭탄, 태아, 뇌, 생태계", "주체와 대상, 자연과 인공이 내파되어 나온 후손"이 전부 포함된다. 차이에 관한 비판적 사고에 유용한 형상인 사이보그와 그것이 앎과 경험 속에 구체화되는 방식에 해러웨이가 주의를 집중하게 된 계기였던 문제들은 세기말에 이르자 전 지구적 복잡성의 문제가 되었다. 다국적 자본은 전 세계적이고 유연하며 축적된 자본이 되었다. 20년 전에 상상되고 기록된 내파의 속도와 범위는 매우 순조롭게 진행되어 엄청나게 확장되었다. 그리고 전 지구가 거의 말 그대로 집적회로가 되어가는 동안 혐오와 고통, 전쟁과 지배는 줄어들 기미가 없었다. 여전히 '월드 와이드 웹'은 전 지구적 자본 및 관련 정치 형태하에서 결코 사라지지 않는 소유적 개인주의 안에서 널리 힘을 얻고 있었다. 푸코의 생명권력은 테크노생명권력으로 다시 쓰일 수 있게 되었으며, 그의 비유적 시각의 틀을 이룬 개발적 시간은 이제 "응축, 융합, 내파"의 측면에서 더욱 정확히 사고되었다(Ibid.: 12). 더 생산적인 비평과 연구를 위해 거주하고 다시 써야 할 다른 역사들도 있었지만, 생존가능한 '우리'를 구성할 수 있는 것은 누구/무엇일지에 대한 질문은 해러웨이에게 가장 가까이에 꾸준히 남아 있었으며, 또한 '우리' 모두에게 그렇게 남아 있는 것으로 보였다.

해러웨이의 연구는 자신이 평생 함께 지내온 개와 고양이를 포함하여 다양한 동물과 함께한 친밀하고 세심한 경험에서 출발한다(가령 Haraway, 1992a: 72~76 참조). 또한 이 연구들은 해러웨이가 해왔던 영장류학에 대한 연구뿐 아니라, 탐험대를 이끌며 야생동물을 카메라와 총으로 잡았던 사람들과, 그 동물을 연구실과 현장에서 연구했던 사람들이 동물에 대해 글을 쓰고 발언하는 것을 해러웨이가 경청했던 방식과도 관련된다. 여기서 해러웨이는 보다 '글로컬'한 용어로(그는 이를 회절diffraction이라 불렀다) 생각을 동요시키기 위해서는 사이보그 연구에서 차이를 논하며 사용한 용어 외에 또 다른 비유나 탈선이 필요하다고 확신했고, 보다 강도 높게 사람과 개의 관계 속에서 살아가며 그에 대한 글을 쓰기 시작했다.

다시 현재의 연구에서부터 거슬러 읽다 보면, 1992년 에세이 <이세계의 대화, 지구적 주제, 지역적 용어Otherworldly Conversations; Terran Topics; Local Terms>에서 그가 10여 년 후 시작한 현재 연구 작업의 기틀이 될 문제를 미리 제시하고 있음을 알 수 있다. 그 에세이에서 해러웨이는 인류학자 로버트 영이 발표한 1970년대 논문집(1985)을 높이 평하는 동시에 비판한다. 해러웨이는 기술과학, "자연에서 남성의 자리", 그리고 과학과 사회의 얽힘에 대한 글을 쓸 때 영의 연구에서 많은 통찰을 얻었다고 인정한다. 그러나 다윈의 지적 유산을 읽어나가면서, 그가 (그리고 마르크스가) "〔남성〕인간"과 "인간의 실천"을 "모든 것의 척도"로서 논의를 이끄는 주요 형상으로 삼는 것에는 저항한다 (Haraway, 1992a: 83). 해러웨이가 보기에 이런 관점은 자신의 이전 연구의 중심 주제이기도 했던, 인간과 더불어 살고 있는 온갖 종류의 너무 많은 '타자'를 한꺼번에 무시한다. 이토록 심각하게 유럽-북미 혹은 서구중심적인 논리에 저항하여 글을 읽으면서, 해러웨이는 바버라 노스케Barbara Noske의 1989년 저서 《인간과 다른 동물들: 인류학의 경계를 넘어Humans and Other Animals: Beyond the Boundaries of Anthropology》를 참고한다. 노스케가 너무 손쉽게 과학을 비판하는 듯한 부분에는 거리를 두면서도, 해러웨이는 영과 노스케가 각각 서술하고 있는 세계에서 특히 그들이 인간과 자연과 다른 유기체 간의 관계를 다루려고 하거나 실제로 다루는/다루지 않는 부분을 대조한다. 해러웨이에 따르면 노스케는 "서구 역사 및 문화가 동물에 특정 유형의 대상이라는 지위를 강요했다는 그의 논의가 불러일으킨 스캔들에 휘말려 소진되고 말았다"(1992a: 84~85). 영은 자연이나 동물을 인간 행동의 맥락 이상으로 보지 않았다. 마르크스주의에서 '노동자'의 지위, 페미니즘 비평의 대상으로서의 여성, 그리고 과학적 글을 비롯한 여러 글에 나타나는 인종적 대상화에 대한 노스케의 논의를 언급한 후, 해러웨이는 동물의 입장에선 인간의 담론 안에서 대상으로 규정될 필요가 없다고 말한다(Ibid.: 86). "이 접근에서 동물이 얻을 수 있는 최선의 것은 기껏해야 영원히 인간보다 열등한 존재로 재현될 '권리'이다. 법을 비롯한 인간의 담론 안에서 동물들은 영원히 오리엔탈리즘의 대상이 될 권리만을 얻을 뿐이다." 해러웨이는 "우리가 다른 동물들과 긴밀히 연관된 삶의 형태를 만들어내고, 대화를 시작하고자 하기에" 그 이상의 무언가를 찾고 있다(Ibid.: 87). 그리고 노스케는 다음과 같이 몇 가지 방향을 제시하는데, 이후에 해러웨이는 이 내용을 정교화한다. "동물은 열등한 인간이 아니다. 그들은 다른 세계이며, 그들의 이세계성異世界性이 폄하되거나 우리 크기에 맞게 재단되어선 안 된다. 반대로 그 모습 그대로 존중되어야 한다"(Noske, Haraway, 1992a: 87에서 재인용).

해러웨이는 노스케의 주장 중 몇 가지를 좋아한다. 노스케는 동물과 인간의 관계를 전부/오직 인간이 '동물을 길들여 가축으로 만든' 관계로 보지 않고, 동물과 인간이 역동적인 관계 안에서 역사적으로 연결되었다고 본다. 노스케는 동물들이 "인간 기술을 통해 완전히 설계된 사례가 되는 동물-산업 복합체"라는 생산적인 개념을 제안한다(Ibid.: 88; 또한 Haraway, 2004f, 2005 참조). 노스케가 지적하지는 않았지만, 이는 유전공학에 대한 질문을 연다. 또한 이를 통해 인간의 착취적 실천과 그에 따른 "상호-주체-성inter-subject-ivity"의 문제에 대해 질문할 수도 있다. 해러웨이는 이렇게 묻는다(Ibid.: 89). "우리는 어떻게 윤리적 관계 맺기의 핵심에 급진적 타자성을 지정하는가? 그것은 인간의 문제 그 이상이다. […] 그것은 지구상의 삶에 대한 이야기에 본질적이다"(또한 Haraway, 1992c 참조). 노스케의 연구는 비-인간 동물의 사회성을 성급하게 메커니즘의 결과로 혹은 메커니즘 자체로 서술하지 않고 한층 진지하게 다룬다. 그는 심지어 '동물의 의사소통'에서 인간은 무엇을 배울 수 있는지에 대해서도 기꺼이 묻는다. 마지막으로 노스케는 동물에 대해 통상적으로 제기되는 본질주의적인 주장을 피하면서, 페미니즘의 문제로서 다음과 같은 '동물의 질문'을 구체적으로 제기한다. "노스케의 저서와 페미니즘에 대한 그의 접근에서 긴장을 유지시키는 것은 연속성과 이질적 관계성의 역설이다"(Haraway, 1992a: 90). 노스케가 강조하고 해러웨이가 특히 희망적으로 보는 실천은 바로 대화이다.

해러웨이가 반려종 관계성에 관심을 둔 이유는, 적어도 부분적으로는 가족이 아니더라도 '친족'으로서 생존과 나아가 번영을 만들어낼 가능성이 더 높은 방식으로, 차이를 다루고 차이와 함께 살아가는 것에 대한 새로운 통찰과 이해를 얻기 위해서였다. 1997년의 《겸손한_목격자》에서 페미니즘과 기술과학을 심문했던 것과 마찬가지로, 이 새로운 프로젝트는 "과학과 기술의 특정한 중요 영역에서 페미니즘, 반인종차별주의, 민주주의, 지식, 정의에 대한 진지한 도덕적, 정치적 탐구에 난잡하게 참여하는 동안 상상력을 잃어버린 마음가짐이 되지 않기 위한 운동법이자 자조 매뉴얼"이라 할 수 있다(Haraway, 1997: 15). 그리고 해러웨이는 예전의 이야기에서와 마찬가지로 이 새로운 이야기에 열정적인 관심을 쏟는다.

　우리는 개와 사람에 대한 해러웨이의 프로젝트를 일종의 민족지학으로 이야기할 수 있다. 다만 그것은 보다 친숙하고 인식 가능한 학문적 형태 속에서 그 범주를 혼란시키기 위해 서술되어온 민족지학이다. 기술과학을 연구하려면 "연구되는 인간과 비인간뿐 아니라 분석가들도 도덕적, 정치적, 기술적 그리고 인식론적으로 모두 위험에 처해 있는, 세계의 물질-기호적 실천" 속에 반드시 몰입하고, 그 "상황 속에 놓여야" 한다고 주장하는 해러웨이(Ibid.: 190)는 개와 사람 사이의 복잡한 관계와 이 관계를 진지하게 여기는 다양한 공동체를 깊이 연구했을 뿐만 아니라, 자기 자신도 한두 마리 "개를 키우고" 있었으며, 오스트레일리아 셰퍼드인 미즈 카옌 페퍼, 오스트레일리아 셰퍼드와 차우차우의 잡종견인 롤런드와 함께 운동선수가 되어 개-세계의 스포츠인 어질리티를 훈련하고 경기에 참가했다. 자신의 글에도 썼듯이, 그는 "더없이 행복해하며 완전히, 그리고 말 그대로 개에게로 갔습니다"(Rothschild Lecture, Harvard University, 2002. 4. 23; 또한 Haraway, 2003a: 4~5 참조).

　개와 인간의 관계에 대한 해러웨이의 민족지학은 다른 사회적 세계에 사는 '원주민들'에 대한 '객관적인 시각'을 발전시키는 문제가 아니며, '연구자'가 연구 대상의 정체성을 찾아주거나 '그들에게 목소리를 주는 것'의 문제도 아니다. 동물권에 대한 또 다른 주장을 하는 연구나, 무엇이든 확실히 파악할 가능성을 해체하고자 하는 성찰적 실천도 아니다. 오히려 그것은 자신이 연구하는 것에 직면하여 자신의 자아와 지식을 위험에 빠뜨리는 문제이다. "사람들은 기존의 안정성, 신념, 혹은 여러 종류의 존재 방식에 도전하는 심각한 비정체성에 직면하여 위험에 처한다. [⋯] 민족지학적 태도는 주의 깊고 책임 있는 자세를 유지하는 방법이자, 실천적이고 이론적인 관심의 양식이다"(Haraway, 1997: 191).

새로 시작한 이 연구를 진행하며, 해러웨이는 참여하는 동시에 연구하는 개 경기를 함께하고 있는 동료와 주고받은 개인적 이메일로 시작하는 다양한 짧은 글 여러 편을 결합한 글쓰기 형식을 실험한다. 그는 이처럼 다양한 '기록'을 더 관습적인 형식의 역사적 기록 및 학문적 글과 섞는다. 이 글에서 그가 '스포츠 기자 딸의 기록'이라고 부르는 부분은, 그가 덴버의 한 신문사에서 스포츠 기자로 일했던 자신의 아버지가 사실에 입각하여 진실한 이야기를 산문에 생생하게 담았던 기억을 끌어온 부분이다. 그는 이것을 개-인간의 어질리티 스포츠에 대한 자신의 현재 이야기 "모음"에 연결시킨다(Haraway, 2004c 참조). 이 연구의 또 다른 줄기는 개 유전자(Haraway, 2003b 참조)에 보다 초점을 맞추고 또 하나는 윤리적 문제의 측면에서 보다 구체적으로 조직된다(Haraway, 2003c 참조).

첫 번째 선언과 마찬가지로 〈반려종 선언〉은, 세 번째 서기 천 년을 맞이하며 환원할 수 없는 차이들 사이에 유망한 관계를 상상하는 동시에 체현하는 방법은 무엇인지를 다루는 이야기,

그리고 친족을 혈연과 오이디푸스적 가족의 측면보다는 자신이 "소중한 타자성"이라 부르는 것들 사이에서 의식적으로 인지되면서도 부분적으로 만들어지는 친밀감의 측면에서 생각하고 행동하는 것에 대한 이야기라 할 수 있다. 또한 두 선언은 차이의 관계라는 바로 그 맥락 속에서 어떻게 지식/삶의 프로젝트와 역사가 다시 검토되고 다시 쓰일 수 있는지의 문제를 다룬다. 그리고 여기에는 물론 과학을 이전과 다르게, 즉 보다 부분적이고 공유되며 민주적이고 우연적인 진실을 향해 나아가며, 어떤 것도 자연과 문화, 자연적인 것과 인공적인 것의 분리에 기반하지 않는 방식으로 사고하고 실천하는 방법이 포함된다. 해러웨이에게 인종, 계급, 섹스/젠더, 섹슈얼리티, 기계, 유기체, 기술, 종, 반려자, 타자 및 그 외 다른 것들은 아는 법과 함께 어울리는 법에 대한 실시간 프로젝트 안에서 그리고 그 프로젝트를 통해 만들어지며, 이는 종종 불가능하지는 않더라도 도전적인 상황에 놓인다. 이러한 프로젝트에는 비껴 나가는 유형의 감각이 반드시 필요한데, 이 중에서도 해러웨이는 자신의 개가 생물학적 풍미가 첨가된 단어인 "메타플라즘〔어형변이〕metaplasm"으로 쓰는 글에서 들려오는 소리를 가장 좋아한다고 말한다. 메타플라즘은 "예를 들면 글자, 음절, 음소 따위가 추가, 생략, 도치, 전도되어 말에 변화가 일어나는 현상"을 의미한다(Haraway, 2003a: 20). 《겸손한_목격자》에서 제시했던 회절의 수사에 더하여, 이 새로운 프로젝트에서 메타플라즘은 "개와 인간이 서로 반려종이 되는 역사에서 육체를 개조하고 생명의 암호를 개형한다는 의미로 쓴다"는 것을 의미한다.

〈사이보그 선언〉과 〈반려종 선언〉에서 해러웨이는, 친족 모두의 생존, 나아가 최근 발언에서처럼 "번영"이 목표라면, 함께 존재하는 방식과 함께 인지하는 방식은 분리될 수 없다고 주장한다.[7] 그는 개-와-사람을 진지하게 받아들임으로써 우리가 소중한 타자성 안에서 그리고 그것을 통해서 살아가기 위한 새로운 '윤리와 정치'를 만들어낼 수 있기를 바란다. 이 장의 나머지 부분에서, 나는 이 중 첫째 질문인 반려종이라는 프로젝트가 어떻게 좁혀지지 않을 차이를 가로질러 윤리적 관계 맺기를 위한 이질적이지만 희망적인 방식을 찾아갈 수 있는지를 논하고자 한다. 그리고 다음 장에서는 자신이 자연문화라 부르는 것 안에서 알아가기/살아가기의 문제를 탐구하는 해러웨이의 통찰도 다룰 것이다.

개-와-사람

그의 '반려종'이라는 범주가 사이보그와 개를 모두 포함하고 있음에도 불구하고, 해러웨이는 특징적으로 자신의 생각을 '밑에서부터 위로' 쌓아간다. 즉 그는 개집의 탄생과 반려종에 대한 자신의 이야기가 그 자체로 중요한 문제로서 개에게 초점을 맞추고 있다고 주장한다.

> 여기서 개들은 역사적 복잡성을 통해 중요해진다. 개들은 무슨 주제를 뒷받침하는 근거가 아니다. 개들은 기술과학 속에 물

리-기호적 육체로 현전한다. 개들은 이론의 대리물도 아니고 사유의 대상이 되려고 있는 것도 아니다. 개들은 함께 살기 위해 있다. 인간 진화의 공범자인 개들은 태초부터 에덴에 있었고 코요테만큼 영악하다. (Haraway, 2004a: 298)

개속Canis familiaris 외에도 일련의 종이 해러웨이가 내세우고 싶은 문제를 생각할 수 있는 '구체적' 사례로서 제안될 수 있지만, 개는 반려종이 무엇을 의미해야 하는지에 대한 해러웨이의 감각에 특히 매력적인 특징을 제공한다. 그리고 다시 한번, 그는 개를 '가지고' 있는 동시에 개와 함께 살고 있으며, 개도 그와 함께 살고 있다. 이는 해러웨이가 일상적으로나 학문적으로나 반드시 몇 번이고 반복해서 답해야 하는, 온갖 형식의 일상적이고 실용적이며 '육체적'이고 윤리-도덕적인 문제를 제기한다.

이렇게 개가 마련해주는 깊이 얽혀 있지만 평범하지는 않은 기회 중 하나는 개의 모든 역사가 호모사피엔스의 역사와 끈끈하게 얽혀 있는 것으로 이야기되어야 한다는 점이다. 이 이야기는 공-진화co-evolution에 대한 것으로, 이전의 사이보그 선언은 할 수 없었던 방식으로 펼쳐진다. 게다가 이것은 강력한 의미에서의 공-진화, 즉 최소한 부분적으로는 공동-구성co-constitution으로서의 공-진화이다. 확실한 증거 몇 가지에 기반해 말하면 개와 인간은 '함께 만들어지고 변화해왔다'. 더구나 특히 개에게 이 관계는 매우 필수적인 관계가 되었다. 사람들은 개 없이도 어떻게든 살아남았겠지만, 개는 인간 친족 없이는 버티기 어려웠을 것이다(그게 더 좋은 일이든 나쁜 일이든).

차이 안에서 그리고 차이를 통해 이뤄지는 주체와 대상의 공동-구성에 대한 이러한 주장은 특히 섹스/젠더 및 인종에 대한 해러웨이의 논의에 중심이 되어왔지만, 이는 그의 연구 전반에 공명하고 있으며 반려종 프로젝트의 핵심이기도 하다. 이 주장은 개체를 그것의 물질적 교차보다 우선적인 위치에 두는 서구 인문학 및 과학의 지배적 개념들에 직접적인 반대를 표한다. 그것은 학계의 다양한 '포스트'비판과 문화전쟁으로부터 더욱 강화된 형태는 아니지만 꽤나 잘 살아남아온 자유주의적, 소유적 개인주의에 도전한다. 이는 특정 사회과학에서 사용되는 상호-작용이라는 친숙한 개념을 단순히 재활용하는 것이 아니라, 물리학자이자 페미니즘 과학자인 캐런 버라드(1995a, b; 1999)가 실제로 가까이에 존재하는 물질-기호적 개체들의 연결성과 결합성 속에서 나타나는 현상에 주목하면서 만든 용어인 "내부적-상호작용intra-action"을 가져온 것이다. "반려종은 홀로 되는 것이 아니다. 하나의 반려종을 만들려면 적어도 두 개의 종이 있어야 한다. 반려종은 통사론 속에, 육신 속에 있다"(Haraway, 2004a: 300).

미리 구성된 주체와 대상은 없으며, 단일한 근원이나 단일한 행위자, 최종적 목적도 없다. 주디스 버틀러(1992)의 용어에 따르면 오직 "우연적 토대"가 있을 뿐이다. 의미를 체현하는 육체가 그 결과이다. 행위 주체들의 우화집, 관계 맺기의 종류들, 그

리고 무수히 많은 시간은 가장 바로크적인 우주론자의 상상마저 능가한다. (Haraway, 2003a: 6)

그리고 사람과 짝을 이루고 있는 상대인 개는 명백히 다른 범주의 존재이며, 과학적 전문성의 언어, 즉 "개체군, 유전자 흐름의 속도, 변이, 선택, 생물학적 종"(Haraway, 2004a: 302)으로 구획된 별개의 종 혹은 생물학적인 유형이다. 그들은 노스케의 용어를 빌리면 "서로 다른 세계"이다. 이렇게 종적 차원에서 인간과 차이가 있기 때문에 '인간 가족the Family of Man'* 전시나 '보편적 인간성' 개념과 같이 차이를 균질화하는 과거의 담론은 어떤 새로운 버전으로도 유지될 수 없게 된다. 해러웨이는 훈육 및 훈련의 실천 속에, 그리고 그를 둘러싸고 개-세계 사람들이 만들어왔던 논쟁 속에 나타나는 개-사람 관계를 논하며 이 지점에 대해 강력하게 발언한다. 어질리티 경기 트레이너이자 참가자인 수전 개럿Susan Garrett의 저서 《러프 러브Ruff Love》에 담긴 글과 비키 헌Vicki Hearne(1986, 1994, www.dogtrainingarts.com)의 글을 인용하며, 해러웨이(2003a: 49)는 이러한 개-사람 관계에서

---

* 1955년 미국 뉴욕 현대미술관에서 에드워드 스타이켄Edward Steichen의 기획으로 개막된 사진 전시회. 제2차 세계대전과 한국 전쟁으로 피폐해진 인간성의 회복을 목적으로 '인류는 한 가족'이라는 슬로건을 내세워, 전 세계 사진가들에게 인간의 탄생, 성장, 교육, 사랑, 노동, 슬픔, 죽음 등 생로병사와 희로애락이 담긴 사진을 요청했고, 273명의 작품 503점을 전시했다.

출발하는 동시에 그 관계를 넘어서고, '여기서는 개가 중요하다' 는 자신의 주장을 유지하면서도 개-사람의 접촉으로부터 배운 내용이 유동적일 수 있음을 강조하기 위해서 다음과 같이 말한다. "중요한 것은 환원불가능한 차이를 넘어 이루어지는 '소통' 이다."

그리고 인간에게 이는 '관심 기울이기'라 부를 수 있는 것, 또 관계 속에 누구와 무엇이 나타나는지를 기민하게 알아차리는 것으로 귀결되곤 한다. 사람-동물 관계에서 인간중심주의를 비판하긴 하지만(개는 "털복숭이 아이"가 아니다)(또한 Haraway, 1997: 284, n.23 참조), 해러웨이(2003a: 50)는 그러한 투사를 통해 "인간이 자신과 함께 일하는 동물들 안에 누군가가 있다at home 는 사실을 잊지 않을" 수 있게 된다는 헌의 관찰을 높게 평가한다. 해러웨이는 계속 말한다.

대체 누가 있는가who is at home는 영원한 질문으로 남을 것이다. 핵심은 타자나 자신에 대해 알 수 없지만 관계 안에서 누구와 무엇이 출현하고 있는지를 질문하는 것이다. 종과 관계없이 진정한 사랑을 하는 모든 이들에게 해당하는 내용이다.

제대로 알 수 없지만 사랑하는 것에 주의를 기울이고 그것과 함께 살아가고자 하는 이 헌신 덕분에 우리는 관계 맺기에서 윤리의 정수를 볼 수 있게 된다고 해러웨이는 말한다. "우리는 하나가 아니며, 함께 살아감으로써 존재한다"(Verran, 2001 참조).

그는 개와 인간이 훈련하고 어질리티 경기에 참가하는 이곳에서 나타날 수 있는 진지한 공동 성취의 유형은 헌신, 일하기, 갈망하기, 존경, 사랑이라고 주장한다. 만일 이러한 관계 안에서, 그리고 이러한 관계와 더불어 사는 법을 배울 수 있다면, 아직 완전히 상상하지 못한 다른 세계와도 비슷한 유형의 연결을 더욱 잘 만들 수 있을 것이다. 더욱이 해러웨이는 여기서 자신이 번성이라 표현하는 풍성한 즐거움과 기쁨을 누릴 수 있었다.

대중적인 일부 개-세계 담론과 반대로, 개의 경우 (그리고 분명 무수한 다른 종에서도) '순종' 개념은 해러웨이가 말하듯 '제도적 픽션'이다. 같은 개 품종 내에서의 유전적 차이가 서로 다른 품종 간의 차이보다 큰 경우도 많으며, 심지어 개와 늑대 간의 차이보다 클 때도 있다. 개를 통해 해러웨이는 반려종이 '육신적 존재fleshly being'에 관한 범주라는 점을 강조한다. 육신적 존재는 의미에서 분리될 수 없을 뿐 아니라, 하나의 정체성으로 축소될 수 없다.[8] 육신적 존재는 의미 안에서, 의미를 통해서 인식가능해진다. 개-와-사람에 대한 범주 및 이야기는 그것이 연결될 수 있는 학문적, 기술과학적 세계 속 대부분의 사고방식이 추구하는 깔끔하고 반듯하며 건조한 타당성을 뛰어넘는다. 그리고 해러웨이(2004a: 302)는 개-와-사람을 반려종으로 바라보면 "똥과 금, 정화正貨 안에서 마르크스와 프로이트의 결합"을 볼 수 있다고 말한다. 상품, 욕망, 사랑, 그리고 '순종' 주체 및 대상 만들기 모두가 이러한 이야기 속에서 드러난다. 그는 "요컨대, 개 세계에서 보는 '반려종'은 공동-구성, 유한성, 불순함, 복잡성의 네

부분으로 구성되어 있다"고 주장한다(Haraway, 2004a: 302).

늘대와 개의 역사에 대한 분자생물학 분야의 논의 및 데이터를 바탕으로, 해러웨이는 모든 개의 혈통이 늘대 조상에게 있으며, 개의 역사는 약 10만 년 전에 시작되었다고 주장한다. 이에 따르면 인간과 개는 대체로 역사가 겹치며, 처음부터 그들의 물질적, 기호적 관계가 밀접하고 복잡했다는 점을 분명히 보여줄 증거도 확인할 수 있다. 이러한 개-와-사람 관계는 서로 기회주의적이기도 하다. 비록 해러웨이는 '동등한', '권리', '무조건적 사랑'의 담론이 이 관계를 설명하는 데 생산적으로 사용될 수 있다고 믿지 않지만 말이다(Haraway, 2003a: 33, 53 참조). 그러나 그는 이 이야기에 개들이 기여한 바는 대부분 누락된 반면 호모사피엔스의 기여는 과장되면서, 행위성이 오직 후자에만 부여되었다고 주장한다. 그리하여 인간을 중심에 두고 개는 그저 〔남성〕 **인간**의 프로젝트에 복무하는 대상이나 자원으로만 배치하는 익숙한 이야기가 다시 한번 펼쳐진다. 해러웨이는 '개가 했다', 즉 스스로를 발명해냈다거나, 통상적인 '길들이기' 이야기를 통해 '사람이 했다'가 아니라, 복잡하고 지저분하며 길고 때로는 폭력적인 역사 속에서 개-와-사람이 서로를 만들어왔다고 제안하면서, 공-진화와 공동-구성에 대한 다른 이야기를 하고자 한다(2004a: 308). 간단히 말하면 그들은 반려종이다.

동물고고학자 수전 크록퍼드Susan Crockford의 연구를 상세히 설명하며, 해러웨이는 개-와-사람의 역사에서, 이주하는 인간 집단이 늘대들에게 쓰레기 더미와 인간 배설물의 형태로 손쉬운 영양 공급원을 제공했으며, 수 세대에 걸쳐 진화하는 동안 그들은 점차 인간과의 친밀함을 견딜 수 있게 되었다고 말한다. 해러웨이는 이 늑대들을 "개-지망생"이라고 부른다. 인간을 수용할 수 있는 이 늑대들의 능력은, 공포/회피 반응에 영향을 미치는 티록신 분자를 제어하는 유전자의 변화를 통해 나타났다. 세대를 거듭하며 이러한 수용 능력이 차츰 발달하자, **'인간**의 가장 좋은 친구'라 할 만한 동물이 생산되었다. 그러다 이들 중 가장 조용한 존재가(강아지라면 더욱 그렇다) 인간의 거주지와 한층 가까운 곳에 거처를 마련했을 가능성이 있다. 해러웨이에 따르면 사람들은 온갖 종류의 "양치기, 사냥, 애 보기, 사람들 위안하기 등 다양한 일"에 이 개-지망생-늑대들을 활용하는 법을 분명히 찾아낼 수 있었을 것이라 한다(2004a: 305). 러시아 여우에 대한 크록퍼드의 연구에서 유비를 가져오면서, 그는 "개가 되어가던 늑대들은 스스로 길들여지기를 택했을 수도 있다. 사람들은 좋은 것을 보면 행동에 옮긴다"고 말한다(Ibid.: 305).

해러웨이는 자기 주장의 개방성을 인정하면서도, 현재 이용 가능한 증거를 바탕으로 이러한 데이터를 통해 '개과 동물과 사람과 동물'의 관계의 역사에서 두 종 모두가 이뤄낸 다양한 기여를 선두에 내세우는 한 가지 해석을 제시할 수 있다고 믿는다. 여기서 행위성은 분산되어 있고, 움직이며, 복잡하다. 그는 "길들임, 상호신뢰, 훈련가능성 [⋯] 그리고 무엇보다 [⋯] 재생산" 문제를 둘러싼 이러한 만남에서, 구석기시대 농업이 극적인 상호 발전의 계기가 되었을 수 있다고 주장한다(Ibid.: 306). 그는 재생산의 성공률을 높이기 위해 개에게는 인간이 필요하지만 늑대에겐 그렇지 않다는 점에서, 재생산이 이 상황의 진정한 핵심일 수도 있다고 지적한다. 이 관계를 등장시키는 열쇠가 분자유전학을 통해서는 결코 보이지 않을지 몰라도, "미묘한 유전적, 발달적 생물 행동의 변화를 통해, 개가 사람들이 자신의 새끼에게 음식을 공급하게 만든 것이 공동거주 드라마의 핵심일 수도 있다. 개의 관점에서는 '사냥꾼-남자'가 아니라 인간 베이비시터가 주인공이다"라고 해러웨이는 제안한다(Ibid.: 306).

그가 생각한 개-와-사람의 이야기는 이러한 반려 관계가 어떻게 만들어지고 변화하는가에 대한 것이다.

> 그들은 서로를 변화시키는 것 이상을 한다. 그들은 서로를 적어도 부분적으로는 공동-구성한다. 이것이 이 실뜨기 놀이의 본질이다. 그리고 반려종의 존재론은 이상한 동반자, 즉 기계, 분자, 과학자, 사냥꾼-채집자, 쓰레기장, 강아지, 여우 농장주, 모든 품종과 젠더와 종의 난잡한 암캐를 위한 공간을 만든다. (Ibid.: 307)

여기서 다시 해러웨이 특유의 분석 전략이 제시된다. 그 전략은 자신의 이야기에서 모습을 드러내는 다양한 물질-기호적 개체의 연결망 안에서 그리고 그 연결망을 통해서, 관련된 세부 사항의 역사, 연결, 미묘함, 지저분한 예측불가능성을 보여주기와 따라가기/글쓰기이다. 이 최근 연구에서 그는 "세계와 삶의 방식을 실천하고/사고하는 다중적 종과 다중적 전문성의 방식"
의 필요성을 강조하고 사례를 제시한다. 그것에 가까워질수록
사이보그 세계를 표현하는 C^3I 틀에 주목해야 할 필요성이 줄어
든다고 그는 말한다. 그리고 "반려종은 개인과 다양성이라는 자
유주의적 관용구에 일종의 우회 수술을 제공한다. [⋯] 그것은
괴물의 배를 가르고, 생명공학과 (주)신세계 질서로 곧장 들어
간다"(Ibid.: 308).

　그의 이전 연구를 고려하면서, 그에게 물어볼 수 있는/이미
물어보았을 질문을 예상하고 반복해보자. 왜 개인가? 왜 지금인
가? 해러웨이는 이렇게 묻는다. "수없이 많은 생태학적, 정치적
위기가 날이 갈수록 더욱더 긴박해지는 이 세상에서 어떻게" 개
를 돌볼 수 있을까? 물론 그는 사양하지 않고 다음과 같이 대답
한다.

　다른 이와 나누는 애정, 헌신, 솜씨에 대한 열망은 제로섬 게임
　이 아니다. 비키 헌이 말한 의미에서의 훈련 같은 애정 행위는,
　연쇄를 이루며 창발한 다른 세계들을 배려하는 애정 어린 행위
　를 낳는다. 이것이 내 반려종 선언의 핵심이다. 나는 어질리티
　를 그 자체로 특정한 선이자 더 세속적일 수 있는 방편의 하나
　로 경험한다. 즉 좀 더 살 만한 세계를 만드는, 모든 규모에 속한
　소중한 타자성이 요구하는 바에 더 민감해지는 것이다. (Har-
　away, 2003a: 61)

4장

신체, 지식, 정치, 윤리, 진실

페미니즘 기술과학의 모색

《한 장의 잎사귀처럼How Like A Leaf》에 담겨 있는 여러 편의 인터뷰에서, 도나 해러웨이와 사이어자 니콜 구디브는 과학을 수행하는 더 좋은 방법과 과학 수행 방식을 연구하는 더 좋은 방법은 무엇인가를 모색하는 해러웨이의 사상에 대해 이야기를 나눈다(Haraway, 2000a). 자신의 연구를 알고 있는 과학자가 얼마나 될지에 큰 기대는 없지만, 거기서 해러웨이는 과학자는 물론 과학을 연구하는 학자, 학생, 문화 비평가를 대상으로 발언한다(그 예로 5장 212~218쪽을 보라). 후자의 사람들에게 그는 실뜨기 놀이cat's cradle(Haraway, 1994)를 추천한다. 이는 활동 중인 과학자와 기술자가 들려주는 보다 영향력 있고, 호전성-투쟁-갈등 중심의 자유주의적-개인적 이야기(더불어 오래되고 거시구조적이며 그 외에도 여러 가지로 구체화된 사회문화적 설명)가 놓치는 과학 실천을 바라보기 위한 대안적 은유이다. 실뜨기 놀이는 "패턴과 매듭"의 놀이이며, 이는 "상당히 놀라운 결과들"로 이어지기도 한다고 그는 말한다. 한 사람과 한 쌍의 손으로 매우 다른 여러 가지 패턴을 만들어낼 수도 있지만, 이것은 다른 사람, 다른 손으로 전달될 수 있으며, 여러 참여자가 한데 모여 혼자서는 할 수 없는 패턴 모음을 만들 수도 있다. "실뜨기 놀이는 누가 '이기는' 게임이 아니며"(이것이 해러웨이가 매우 매력적으로 생각한 특성이다), "보다 흥미로운 목표를 가지고 있고 결말도 열려 있다". 이 놀이를 할 때는 오직 특정 패턴이 어떻게 만들어지는가와 "체화된 분석 기술"만이 관건이다. 또한 그는 이 놀이는 "전 세계적으로" 행해지고 있으며, "지역적인 동시에 전 지구적이고, 분산되어 있는 동시에 함께 묶여 있다"고 덧붙인다(Haraway, 1994: 70). 그는 이 놀이를 기술과학을 공부하는 학생들에게 추천하지만, 만일 과학자들 자신이 연구를 수행하는 한 가지 방식으로서 실뜨기의 가능성을 기꺼이 수용한다면 반대하지 않을 것이다.

해러웨이는 기술과학을 공부하는 학생들이 지식, 권력, 주체성에 관해 연구하고 글을 쓸 때 그와 관련된 페미니즘, 반인종주의, 다문화 연구의 관점을 지금까지보다 더 진지하게 받아들이도록 독려한다. 그는 특히 브뤼노 라투르의 유명한 저작 《젊은 과학의 전선》(1987)에서 드러나는(다른 맥락에서는 라투르의 연구와 통찰을 추천하기도 한다), 과학 실천의 시각을 형성하고 있는 호전성, 투쟁 및 전쟁 은유에 응답하고 반박하며 과학을 바라보고 연구하는 한 가지 방식으로 실뜨기 놀이 은유를 제안하고 있다고 언급한다.[1] 그가 실뜨기 은유를 하나의 대안으로 제시했다고 해서, 과학을 수행하거나 연구할 때 호전적 은유가 결코 적절하지 않다거나, 만들어지는-과정의-과학이 항상 공유된 혹은 공통의 목표를 향한 조화롭고 협력적인 작업이 되어야 한다는 뜻은 아니다. 그는 협업적 실천으로서 실뜨기 놀이에 필요한 세심한 관계성은 "전체 이야기"가 아니라고 주장한다. 기술과학 내의 일부 실천에 대해, 어떤 사람은 "대립적이고 적대적인 입장을 취하고 싶을 것입니다. [⋯] [그리고] 때로는 우리에게 경쟁과 싸움 심지어 군사적 은유가 필요할 수도 있지요"(Haraway, 2000a: 156). 여기서 그의 요점은, '가족'에 대한 이야기의 오이디푸스처럼 반사적인 반응에 지나지 않는 논의가, 과학 및 지식 프로젝트가 결합되고 연구되는/연구될 수 있는 방식을 바라보는 (유일한) 모델로 지나치게 강조되어왔다는 것이다.

인터뷰에서 구디브는 해러웨이에게 그의 "페미니즘 기술과학 모델"이 어떤 모습일지 묻는다. "모델"이라는 단어가 암시하는 경직성 그리고/또는 자신이 닫혀 있는 무언가를 제시하고 있다는 생각을 피하려고 노력하면서, 그는 구디브가 직전에 거론한 몇 가지 자질 후보를 다시 언급하며 이렇게 대답한다.

그래서 그 모델에는 기술과학적 자유와 기술과학적 민주주의가 포함됩니다. 즉 민주주의는 세계들을 합치고 갈라놓는 데 개입하는 사람들의 힘 기르기에 관한 것이며, 기술과학의 과정들이 어떤 세계보다 다른 세계를 더 많이 다루고 있음을 이해하는 일을 포함합니다. 또한 그 모델은 민주주의가 사람들에게 실질적으로 개입해야 하고 자신들이 개입되어 있음을 인식해야 한다고 요구하고 있음을 이해하는 동시에, 자신들이 서로에게 책임이 있고 서로를 집단적으로 책임져야 하는 힘을 가지고 있음을 이해하는 일과도 연관되어 있습니다. 그리고 페미니즘적 기술과학연구는 젠더의 영속적이고 고통스러운 모순들을 헤치며 계속 힘겹게 나아갑니다. (Ibid.: 157)

분명히 이것은 대부분의 기술과학 세계 및 다른 많은 세계가 현재 작동하는 방식에 대한 설명이 아니다. 그러나 이것은 해러웨이의 희망과 열정의 일부이며, 또한 그의 '포스트'적 사고에 항상 존재해온 자칭 서구 계몽주의 전통의 유산이기도 하다. "저는 민주주의와 자유의 유산과 그 모든 오염된 계몽주의의 유산을 부인하지 않습니다. 저는 일종의 뒤틀린 방식으로 그것들을 봐요. 저는 그것들을 개정하고자 합니다"(Ibid.: 157~158). 이는 메타플라즘의 방식이다. 해러웨이의 사전에서 유토피아주의자는 나쁜 말이 아니다. 그리고 그는 '인종'이라 표시된 것을 고민하고 살아가면서 벨 훅스(1990)가 매우 강력하게 묘사하고 권장한 갈망에 대한 자신의 시각을 주저 없이 내세운다. 사실 해러웨이가 페미니즘적 기술과학에 대해 꿈을 가질 때, 가능한 세계에 대한 그런 갈망은 필수 요건이다(1997: 191~192).

그의 희망은 여기뿐 아니라 다른 여러 곳까지 퍼져나간다. 부분적으로 이는 그가 수많은 기술과학 세계가 실제로 어떤 모습인지에 대해 상세하게 이해하고 있는 비평가이기 때문이다. 또한 그는 '그 세계는 부, 권력, 행위성, 주권, 삶과 죽음의 기회에 있어 엄청난 불균형에 의존하고 있다'는 점도 잘 알고 있다. 이러한 현실에 직면하는 동시에, 과학이 수행되는 방식 및 과학과 자연, 문화, 사실, 진실, 통제, 숙달의 관계에 대한 자신의 일상적이고 전문적인 이해를 바탕으로 하면서, 해러웨이는 비판뿐 아니라 더 나은 것을 추구하기 위한 시각도 제공해왔다. 과학 내에서 오랫동안 훈련받아 그것의 '흉'뿐만 아니라 '아름다움'도 잘 알고 있기에(그는 '과학전쟁'에서 비평가[가령 Gross and Levitt, 1994]들이 이 점을 완전히 간과했다고 느낀다[Haraway, 1997: 301~302, n.12]), 그는 기술과학과 그 안에서 그리고 그것을 가지고 연구하는 사람들이 앞서 구디브와의 대화에서 제시한 설명에 최대한 가까이 다가갈 수 있도록 매우 열정적으로 도우며 헌신하고 있다. 과학을 바라보고 수행하는 방법에 대한 해러웨이의 제안을 읽을 때는 이 점을 반드시 명심해야 한다. 그는 이러한 가능성을 실현하는 것이 "현재 우리가 가지고 있는 유형의 제도를 진정으로 넘어선다는 의미"라는 점을 알고 있다(Haraway, 2000a: 157). 그러나 해러웨이에게 이러한 도전의 복잡성과 범위는 결코 냉소주의나 절망을 위한 장, 혹은 우리가 물려받아 현재 살고 있는 세계에 무기력하게 참여하기 위한 장이 아니다. 해러웨이는 기술과학 분야의 학자 및 학생과 그 외 문화 비평가들에게 지식, 정치, 윤리, 진실과 더불어 우리 자신과 여타의 신체 및 개체까지 항상 포함하고 있는 비판적 학문의 한 가지 실천을 제안한다. 이렇게 생경한 조합 속에서 등장하는 가능성과 그에 대한 해러웨이의 신중한 희망을 통해, 우리도 그와 더불어 희망을 가질 수 있을 뿐 아니라 그 희망 속에서, 그 희망을 향해서 행동할 수 있다.

이 장에서 나는 '정식' 과학 분야의 사람들뿐 아니라 과학연구와 사회과학 혹은 인문과학 분야에 종사하는 사람들에게 자원이 될 수 있는 페미니즘적 기술과학에 대한 해러웨이의 희망을 구체적으로 전경에 내세운다. 이를 위해 먼저 과학에서 객관성의 기반으로 제시되어온 '겸손한 목격자'를 재검토해야 한다는 해러웨이의 요구에 대해 논의하고, 부분적 관점에서 얻어지는 상황적 지식을 통해서만 강건하고 객관적인 진실이 나타날 수 있다는 그의 주장을 검토한다. 그리고 기술과학에서 주체와 대상을 사고하는 방식에 대해 그가 이뤄낸 고유한 공헌을 논의하며 장을 마무리한다.

과학에 등장하는 남성적 겸손한 목격자를 재구성하기

그가 특정 역사와 실천을 '유산으로 물려받아' 재검토하는 방식을 선호한다고 말할 때, 이는 그 유산에서 여전히 가치를 인정하는 부분이 많다는 뜻이다. 또한 해러웨이의 표현대로 단지 '오염'되었다는 이유만으로 유산을 포기하기엔 그의 사고방식과 삶의 방식에 중요한 의미를 가지는 부분이 너무 많다는 의미이기도 하다. 이를 통해 그는 관습, 규율, 언어(특히 명사)가 제안하는 것보다, 이러한 역사와 실천을 항상 훨씬 더 활기차고 내적으로 다양하며 모순적인 것으로 본다. 앞서 언급했듯이 이는 그가 다양한 정통파나 온갖 순수성의 위험, 심지어 자신이 재구성한 비유

와 범주의 순수성에조차 빠지지 않게 구해주는 해러웨이 특유
의 전략이다. 그에게 순수성은 욕이나 다름없으며, 그 단어에는
그가 예전에 덴버의 '착한 가톨릭 소녀'였던 인생의 특정 측면을
상기시키는 개인적 내력도 담겨 있을 것이다.

사이보그는 분명히 해러웨이가 포용한 오염 중 하나이다.
모더니즘에 대한 다양한 학문적 비평을 접해보지 않은 사람에
겐 혼란스러울 수도 있겠지만, 위에서 언급한 민주주의와 자유
에 대한 그의 헌신도 이에 해당하는 예라 할 수 있다. 그는 다양
한 페미니즘 및 '포스트' 담론 속에서 비난받아온(그럴 만한 이유
가 없는 것은 아니다), 시각 및 현존과 관련된 다양한 은유에 대해
서도 같은 입장을 보인다. 사이보그의 경우에 일부 독자가 이 전
략의 가치를 인정하기 어려워했던 것과 마찬가지로, 기술과학
에 대한 비평에서도 해러웨이는 일각에서 너무 오염된 나머지
전염될지 모른다는 두려움에 건드려선 안 된다고 생각해왔던
개념의 범위를 오히려 유지해야 한다고 주장한다.[2] 가령 객관성
이 진리와 맺는 관계는 말할 것도 없고, 객관성과 그것이 목격자
라는 과학자의 체현된 현존과 맺는 관계는 너무 중요해서 더 나
은 과학을 상상하려 할 때도 포기할 수 없다(Harding, 1992 참조).
해러웨이의 연구에서는 바로 이 겸손한 목격자modest witness에
관한 논의와, 페미니즘적 기술과학에서 이 위치/실천을 재구성
하기 위해 제공하는 처방에서 그 주장을 가장 명확히 볼 수 있다.

《겸손한_목격자》초반에 해러웨이는 로버트 보일의 실험
실과 17세기 중반 런던 왕립학회의 논의 및 문서에 등장한 근대

실험과학을 비판한다(1997: 23~45). 그는 푸코(1977)의 계보학 분석 정신에 입각하여, 기술과학을 정의하는 현재적 실천의 역사를 살펴보며 이를 재편하고자 한다. 실제로 그가 던지는 질문은 '우리는 어떻게 여기에 이르게 되었는가, 어떻게 이러한 실천이 이러한 방식으로 이해되고 이야기되게 되었는가?'이다.

　　여러 과학연구 학자들의 최근 연구를 가져오면서, 해러웨이는 원래는 선택된 특정 유형의 사람들에게만 허용되는 일종의 겸손한 목격을 바탕으로 실험적인 삶의 방식이 구축된 방식을 보여준다. 그들은 특정한 계급과 정신적 특성을 지닌 고상한 백인 영국 신사로, 객관적 사실을 입증하고 이를 통해 객관적 사실이 무엇인지를 정할 수 있는 사람들이다. 그는 이러한 실천이 근대성의 특성인 새로운 버전의 남성과 여성, 즉 새롭게 젠더화된 주체성을 생산했으며, 이러한 역설적 유형의 강력하고 남성적인 겸손함과 그에 상응하는 버전의 객관성은 가장 강력하게 수호되는 장벽 중 하나로서 자신이 상상하는 유형의 변화를 가로막는다고 지적한다. 해러웨이는 더 나은 기술과학과 더 나은 세계를 만들어내는 데 도움이 될 수 있는 '변이된 겸손한 목격자'에 대해 글을 쓴다.

　　이를 주장하기 위해 해러웨이는 스티븐 샤핀Steven Shapin과 사이먼 섀퍼Simon Schaffer의 《리바이어던과 공기펌프: 홉스, 보일 그리고 실험 생활Leviathan and the Air-Pump: Hobbes, Boyle, and the Experimental Life》(1985)을 인용한다. 과학의 수행 자체를 비판적 검증의 주제로 삼는(가령 Cussins, 2000; Pickering, 1995: 1~34

를 보라) 과학연구 분야의 연구 전통에 속해 있는 《리바이어던과 공기펌프》와 이후에 출간된 《진실의 사회사A Social History of Truth》(1994)는, 실험 방법론이라고 알려진 것을 발견하는 데 기여한 1650년대 로버트 보일의 획기적인 실험을 재검토한다. 이들 작업의 장점은 과학혁명의 출현을 당시의 사회적이고 문화적인, 다시 말해 역사적인 실천의 구체적인 사항들 안에 위치시키며, 그런 사항들과 직접적으로 연결한다는 데 있다. 따라서 우리는 보일의 실험실과 초기-근대 과학자를 부르는 말이었던 '실험철학자'의 초창기 작업에서 어떤 일이 있었는지 볼 수 있을 뿐 아니라, 거기에 관여하던 사람들과 근대 초 앵글로 혈통 유럽 사회의 현실 간의 몇 가지 연결 고리도 볼 수 있다. 이 작업을 만들어낸 사람들에게 가장 중요한 문제 중 하나는, 객관적인 과학 지식이라고 인정할 수 있는 것과 없는 것을 정의하고 통제하는 데 도움이 되는 경계 혹은 기준을 구축하는 일이었다.

이 장면의 중심에는 그 과학자, 즉 이 이야기에서는 로버트 보일과 그의 동료들이라는 존재가 있으며, 체현되고 현존하고 있는 존재인 이들은 실험실이라는 특별한 장소와 그곳을 구성하는 규칙을 통해 벌어지는 사건을 보고 듣고 기록할 수 있었다. 그 사건들은 대상을 물질화한 것, 따라서 자연계의 재현이라고 여겨졌다. 이렇게 무엇을 보고 들을 수 있는 자격이 부여된 목격자들의 증언 속에서 그리고 증언을 통해서 객관적 사실이라는 사태가 발견되고 확정될 수 있었다. 기술과학이 진리를 생산할 때는, 자연의 현존(이때 자연은 하나의 현존으로서, 자신과 상응하

는 또 하나의 사람 혹은 그의 기계적 대리모를 반드시 필요로 한다)
을 목격하기 위해 '그 자리에 있는' 누군가 혹은 무언가, 즉 어떤
육체가 중심을 차지하고 있었고, 여전히 그렇다.

샤핀과 섀퍼는 17세기 중반 런던에서 발생한 실험 생활의
방식이 보일이 결정적으로 기여한 세 가지 기술로 구성되었다
고 주장한다. 1) 공기펌프라는 '기계' 자체인 '물질적 기술', 2)
특히 분명하고 꾸밈없는 문체로 실험실에서 벌어진 일을 거기
에 참석하지 않은 사람들에게 전달할 수 있는 말하기와 쓰기의
'문학적 기술', 3) 이러한 실험철학자들이 서로와의 관계에서 반
드시 사용해야 하는 상호작용적 실천으로 구성되며, 그 실천으
로부터 또한 그 실천에 의해 그들 자신과 '타자'의 주체성을 만
들어내고 보장할 수 있는 '사회적 기술'이 그것이다(Shapin and
Schaffer, 1985: 25 참조). 해러웨이는 이러한 기술들은 그저 생각들
이었을 뿐 아니라, "지식으로 인정될 수 있는 것의 생산 장치"를
함께 구성했다는 점을 강조한다(1997: 24). 그는 각각의 기술은
물질적인 동시에 기호적이라고 말할 것이다.

이러한 기술들의 결정적이고 상당히 의도적인 성취 중 하나
는 과학의 내부와 외부가 만들어진 것이다. 이 구분은 이전 장들
에서도 이미 여러 번 언급한 바 있다. 내부는 세심한 경험적 관
찰, 꼼꼼한 기록, 고도의 진지함, 자연에 담긴 진실의 진가를 알
아볼 수 있는 사람들에게 그것을 보여줄 수 있는 논리적 주장으
로 구성된다. 그리고 외부는 문화, 사회, 정치, 윤리, 종교, 이데올
로기, 부정확성, 차이, 개인적 욕망, 상식, 진정한 지식을 훼손/오

염시킨다고 여겨졌던 (그리고 여전히 널리 그렇게 여겨지고 있는) 모든 힘으로 구성된다. 보일과 동료들, 그리고 결정적이지만 대체로 보이지 않는 실험 노동자들이 감독한 실험실이라는 특별한 환경 속에서는, 문화에 오염되지 않은 자연이 인식될 수 있었고, 따라서 이 자연은 지식뿐 아니라 새로운 삶의 방식, 새로운 유형의 존재(과학자 그 자신)와 새로운 사회 질서에도 견고한 기반을 제공할 수 있었다. 이 이야기는 적어도 객관성이 탄생하고 그것이 실험과학의 성취로서 '주관성'으로부터 분리된 일을 다루고 있다. 해러웨이는 다음과 같이 비판적으로 언급한다.

그러한 우연한 사실, 그러한 '상황적 지식'은 말 그대로 사회적 질서를 객관적으로 구축할 수 있는 엄청난 능력을 갖도록 구성되었다. 초월적 권위나 어떤 종류의 추상적 확실성에도 호소하지 않고, 이러한 전문적 지식을 삶의 방식에 대한 정당한 지식으로 여기며 순수한 의견으로부터 분리하는 제스처를 통해 우리는 근대성이라 부르는 것을 구축한다. 이는 기술적인 것과 정치적인 것의 분리를 구축하는 제스처이다. (1997: 24)

다시 말해 지역적인, 즉 상황적인 것과 분명히 '인공적인' 것은 이 세 가지 기술 안에서 그리고 그 기술을 통해서 인식될 수 있었으며, 인간과 행위성의 전염성 있는 욕망과 가치를 넘어 보편적인 것으로 변형될 수 있었다. 샤핀과 섀퍼를 인용하며 해러웨이는 다음과 같이 쓴다.

실험철학자는 이렇게 말할 수 있었다. '이것을 말하는 건 내가 아니다. 기계가 말하는 것이다.' […] '동의를 강제하는 것은 인간이 아니라 자연이 되어야 한다.' 주체와 대상의 세계는 어김없이 그 자리에 있었으며, 과학자는 대상 쪽에 있었다. (1997: 25)

따라서 새롭게 등장하는 존재이며, 해러웨이가 여전히 과학 실천의 핵심이라고 주장하는 과학자에게 요구되는 특유의 겸손함이 만들어졌다. 물론 해러웨이가 자신의 연구를 통해 만들어내고자 하는 겸손함과는 상당히 다르지만 말이다.

오랫동안 익숙하게 이어져온 이 겸손함의 실천 속에서, 과학자들은 실험실에서 벌어지고 있는 일에서 물러서서 스스로를 지우고 실험 과정의 참여자로서는 사실상 투명해짐으로써, 자신을 거쳐 자연의 대상이 있는 그대로, 즉 겉으로 보기에 문화나 인간에 의해 오염되지 않고 '말할 수 있게' 하는 법을 배운다. 이 환상의 질서에 따라 만들어진 이러한 목소리와 그에 따른 기입을 통해서 있는 그대로의 '세계'가 생산된다. 해러웨이는 현대 고에너지 물리학에 대한 샤론 트래위크(1988: 162)의 연구를 참조하여, 이 세계를 아무런 "문화 없는 문화", 마치 "인간의 시간과 공간의 외부에" 있는 듯하지만 그것을 듣고 읽고 "번역"할 수 있는 선택된 소수는 여전히 접근가능한 "하나의 세계"라고 부른다.

물론 적절한 정신과 기질, 훈련을 통해 이러한 유형의 지식이 나타날 수 있는 특정하고 특별한 세계를 만들 수 있으며, 그곳에서 순수한 자연이 말을 하고 스스로를 알릴 수 있다면, 근대성 안에서 그것을 듣고 믿는 것을 누가 거부할 수 있겠는가? 따라서 **신과 신이 만든 자연**의 은총을 받아, 이러한 실험철학자들은 상당히 비범한 유형의 겸손함을 실제로 설립했다. 그 자체가 전형적으로 신체의 전시와 현존에 대한 적절성을 판단하는 일에 연결되어왔으며, 그것이 여성보다는 남성에게 더 타당성을 가지는 개념이기에, 보일 버전의 겸손함은 근대성에서 막대한 설득력을 가지게 되었다. 해러웨이가 말하듯, 실험실은 재현의 정치에 의해 움직이는 "설득의 극장"이 되었다(1997: 25). "대상의 투명한 대변인처럼 행동하면서, 과학자는 가장 강력한 동맹을 가지게 되었다"(Latour, 1983, 1987, 1999 참조).[3] 해러웨이는 여기서 "과학자"는 "자연, 즉 영구적, 구성적으로 말이 없는 객관적 세계의 완벽한 재현자"로 나타난다고 쓴다(1992b: 312). 지식은 그러한 재현적 실천의 결과이다. 이 실천은 과학자를 거리를 유지한 채 분리되어 있는 존재로 제시하며, 이러한 인간 남성이 기피하는, 인간의 변덕스러운 특성 및 정신/육체/친밀성에 결부되어 있는 순전한 의견은 당연히 용인될 수 없었다. 이러한 남성적 겸손함을 통해 초기 과학자 지망생들은 특정 유형의 북반구, 앵글로-유럽계, '근대' 세계를 형성하도록 도왔다. 다른 사람들은 그 세계에 동등하게 참여할 수 없었다. 대신에 그 타자들은 과학 '외부'의 일부이며, 따라서 과학 검증의 후보이자 지식의 대상이 된다. 해러웨이는 배제적 움직임이 어떻게 실질적으로 항상 구성적인 것이 되는지, 그리고 '내부'가 어떻게 이것에 의존하는지를 강조한다.

적절한 겸손한 목격자에 대한 보일의 이미지가 지닌 배제성은 정확히 토머스 홉스가 자신의 글에서 반대하던 바이자, 해러웨이가 바꾸고 싶어 하는 부분이다. 이 새로운 유형의 객관적 지식의 신뢰성에 대한 한 가지 주장은 공적 책무성이었다. 즉 정치적 음모, 혈통, 종교적 신비주의, 개인적 선호와 반대로, 그것은 모든 사람이 볼 수 있는 당대의 공적이고 시민적인 관점에서 관찰되고 수호될 수 있어야 한다는 것이었다. 하지만 거기에는 사실상 그러한 신뢰성을 확보하기 위한 조건이 있었다. 과학적 증거의 차원에서 무엇이 '공적인 것' 혹은 '사적인 것'으로 여겨지는가(이는 페미니즘 분석에서 매우 강력하게 의심하는 또 하나의 이원론이다)는 과거에도 그랬고 지금도 여전히 복잡한 사안이다. 앞서 언급했듯 모든 사람이 보일의 실험을 관찰할 자격이 있다고 여겨지지는 않았으며, 사실의 문제, 즉 **자연**의 (온전한) 현존 그 자체에 대한 증인 역할을 담당할 자격이 있는 사람은 훨씬 더 적었다. 실험실은 정제된 '공적' 장소였으며 현재도 대부분 그런데, 이것이 바로 홉스가 비판하는 지점이기도 했다. 그것이 생산한 신뢰성은 보다 진정으로 공적인 대중들의 집단이 아니라, "성직자와 변호사 같은 특별한 공동체"(Haraway, 1997: 27)가 확립했다는 것이다.[4] 샤핀과 섀퍼는 이를 "접근이 제한된 공적 공간"이라고 쓴다(1985: 336).

샤핀과 섀퍼가 이렇게 독특한 공적 공간[5]에서 남녀, 빈부, 백인과 유색인종, 영국인과 비영국인 사이의 차별적 분배를 많이 다루지 않은 반면, 해러웨이의 페미니즘적이고 반인종주의적인 시각은 바로 이러한 배제에 특히 주목하는 민감성을 가지고 이 근대 과학의 역사를 읽어낸다. 그리고 모든 것에서 연결 지점 및 연관성을 볼 수 있는 자신의 생물학적/생체론적 관점에서 도움을 받아, 해러웨이는 이러한 차이뿐 아니라 다른 차이들을 볼 때도 그의 표현에 따르면 이미 만들어지거나 주어진 것으로 인식하는 것을 훨씬 넘어서는 분석을 제안하고 추천한다. 즉 세계가 작동하는 방식을 이해하려 할 때 그런 차이들을 그저 '입력값'으로 취급하며 사실로 받아들이는 방식을 넘어서는 것이다. 미리 형성된 범주를 사용하는 이 논리는 사실상 다음과 같이 말한다. '자, 좋든 싫든 여성은 이/저 사회에 의존하고 있기/있었기 때문에, 객관적 사실에 대해 겸손한 목격자의 역할을 담당할 수 있는/있었던 자유롭고 자율적인 존재로 고려되지 않는다/고려되지 않을 것이다. 이것은 과학의 잘못이 아니다. 원래 세상이 그런 것일 뿐이다.' 그러나 자신이 '과정철학process philosophy'이라 부른 것에, 가장 핵심적으로는 앨프리드 노스 화이트헤드와 찰스 퍼스 철학에 헌신해온 해러웨이는 젠더, 인종, 계급, 국적은 물론 영장류 연구에서 논의했던 것처럼 인간까지 모든 것을, 지역적 장면과 설정의 복잡한 세부 사항 속에서 그리고 그것을 통해서, 관계적이고 따라서 유동적이며 새롭게 생성되는 것으로 고려할 수 있었다.

　샤핀과 섀퍼의 분석 중 상당 부분을 충분히 받아들이면서도, 해러웨이는 이들이 젠더, 인종, 국적을 그저 그렇게 미리 형성된 개체로 본다고 말한다. 해러웨이의 표현에 따르면 그들은 사실상 그 요소들이 자신이 설명하는 역사적 환경에서 '중대한 관건'이라고 보지 않는다. 다시 말해 그들은 그것들을 보일의 실험실과 왕립학회의 담론 속에서 형성되고 변화하는 것으로 보지 않는다. 그러나 해러웨이에게 섹스/젠더와 인종, 계급, '영국적 특성'을 포함한 그 외 다른 차이에 대한 고려는 17세기 중반의 영국적인 삶과 담론 안에서 유동적인 대상이었으며, 단순히 맥락으로서 '추가되는' 혹은 '고려되는' 사항이 아니었다. 간단히 말해 그것들은 과학 '외부'의 '사물'이 아니었다. 오히려 그것들은 과학의 출현 및 실천 그 자체의 중심이었으며, 기술과학이 수행되고 심지어 연구되는 방식을 300여 년이 지난 후까지 여전히 표시하고 있다. 그는 젠더와 인종을 비롯한 여러 결정적인 차이의 범주들이 "새로운 설득의 극장 안에서 안무가 만들어진 실천[과 현실] 속에 포괄적으로 구성"되어 있었는지, 있다면 그 범위는 어디까지였는지 질문한다(Haraway, 1997: 29; 또한 Cussins, 1996 참조).

근대 과학을 수립한 기술들이, 과학이라 이해되고 있는 것의 일부이자 오늘날까지도 여전히 작동하고 있는 젠더(특히 남성성)에 대한 근대적 개념들과 체현들을 만들어내는 데 도움이 되었을까? 당시에 엘리자베스 포터Elizabeth Potter가 보일이 남긴 유산과 실험 방법론에 대해 바로 이 질문을 던지며 진행 중이던 연구를 인용하면서, 해러웨이는 과학혁명은 사실상 새로운 유형의 겸손한 남성성을 새롭게 만들어내는 데 일조했으며,

그 안에서 이전의 중세 버전의 영웅주의와 남성적 육체의 힘이 남성적 정신의 합리적 영웅주의, 즉 로버트 보일 자신(순결할 정도로 정숙하고 세련되고 윤리적이며 교양 있는 남성)을 모델로 한 유형으로 점차 대체되었다고 주장한다(1997: 26~32; 2004a: 226~232). 린다 우드브리지Linda Woodbridge(1984)에 의지한 포터의 분석은 보일과 이 남성적 겸손함을, 초기 근대 영국에 현존하고 있었고 오늘날 '젠더 벤딩'으로 불리는 것을 중심으로 형성된 17세기 초의 불안이라는 맥락 속에 위치시킨다.

그런 뒤 적절한 여성은 다양한 공적 장소에 등장하지 못하도록 배제되었다(여성적 겸손함). 아마도 가장 잘 알려진 곳은 영국의 연극 무대일 것이다. 희곡 작품을 공연하는 극장에서는 여성의 역할도 남자가 담당했다. 포터가 지적하듯, 이것은 기존의 '자연스러운' 두 개의 젠더 범주에 손쉽게 혼란을 야기하는 세 번째 혹은 네 번째 범주로서 '혼합된' 젠더의 출현을 분석할 때 고려해야 할 사항이 되었다. 포터는 보일과 그의 겸손한 목격자 동료들이 영향을 미친 이 유형의 남성성의 도움을 받아, 남성들이 근대 사회에서 신뢰할 수 있고 강력한 존재(하지만 결코 여성적이지 않은 존재)가 되는 새로운 방식의 본질적 특성이 형성되었다고 주장한다. 그리고 젠더의 역사가 늘 그래왔듯, 남성들이 그렇게 보이기 위해 여성들은 '무대 밖'이나 과학 외부로 나와 있어야만 했고, 그리하여 이렇게 새로운 남성성의 수행과 새로운 유형의 진정한 지식에 있어 '타자'가 되어야 했다. 여성이 **자연**의 현존과 그 진리에 대해 신뢰성 있는 목격자가 될 수 있었다면, 그 증언이 근대적인 새로운 영국 남성을 명확히 만들어내는 데 도움이 되지 않았을 테니 말이다. 해러웨이가 설명한 대로 "여성들은 최첨단 과학 이야기에서 자신의 출입 허가 등급을 아주 초창기에 상실했다"(1997: 29). 초기 근대 문학을 연구하는 마고 헨드릭스Margo Hendricks(1992, 1994, 1996)를 인용하면서, 해러웨이는 적절한 영국인다움이란 무엇인지를 공적으로 표시하거나 인식할 때, 언제나 젠더와 깊이 얽혀 있는 인종이 어떻게 관건이 되었는지에 대해 유사한 주장을 이어간다(또한 Potter, 2001, 1장을 보라).

과학의 영국 신사인 보일의 겸손한 목격자는 "세계에 대해 보고하되 자신에 대해 보고하지 않는" 존재라는 신뢰를 얻었으며, "꾸밈이 없는 '남성적 스타일'은 영국의 국가적 스타일이자, 떠오르는 영국이라는 국가에서 점차 강해진 헤게모니의 표시가 되었다"(Haraway, 1997: 30). 해러웨이는 과학사학자인 데이비드 노블David Noble(1992: 132)이, 전부 남성이었던 당시의 왕립학회에서 교회와 전제군주 양쪽의 승인을 얻은 '과학적 금욕주의'에 기반하여 결국 성직자와 다름없는 문화가 장려되었다고 주장한 연구를 언급한다. 해러웨이는 "이렇게 남성적 영역에서 실천되는 젠더화된 유형의 몰아沒我는 강화된 인식론적-영적 능력의 유형과 정확히 일치했다"고 쓴다(Haraway, 1997: 31). 그리하여 로버트 보일과 그의 가장 겸손한 동료들에게 "실험실은 예배의 장소, 과학자는 목사, 실험은 종교 의식이 되었다"(Potter, Haraway, 1997: 31에서 재인용). 노블(1992: xiv)이 이 역사에 대해 서술한 것처럼, "과학의 남성적 정체성은 단순히 성차별적 역사의 인공물이 아니다. 그것이 진화해온 과정의 대부분에 걸쳐 과학 문화는 그저 여성을 배제한 것이 아니라, 여성에 대한 저항과 그들의 부재를 통해 규정되어왔다".

노블이 규정한 이러한 특성은 젠더가 근대 과학의 출현에 실제로 관건이었으며, 그렇게 과학과 새로운 유형의 남성적 겸손함을 출현시킨 기술들의 영향이 오늘날에도 여전히 강력하다는 해러웨이의 생각을 미리 보여주고 있다. 그리고 보일의 실험과 왕립학회에서 젠더가 만들어졌듯이, 인종과 계급도 그곳에서 만들어졌다. 해러웨이는 3세기 동안 이어져온 이 유산이 여전히 작동하고 있다고 주장한다.

> 유색화, 성별화되어 있고 노동을 하는 사람들이, 그 세계에 대해 자신만의 '편향성'이나 '특수한 이해관계'를 가지지 않고 객관적이고 겸손한 목격자로 여겨질 수 있는 투명한 존재에 가까워지려면, 여전히 많은 일을 해야 한다. '겸손'하고 자신을 드러내지 않는 시각의 원천이 아니라 시각의 대상이 된다는 것은 행위성을 비워낸다는 것이다. (Haraway, 1997: 32)

권력자들에게 자율성을 마련해주는 이 자기-비가시성과 투명함은, 그들의 연구를 공식적으로 전시하고 문서화할 때 실제로 보이지 않게 '가려진' 일군의 범주의 사람들에게 육체적, 실천적으로 의존하고 있었으며, 이는 오늘날 정확히 페미니즘,

탈식민주의, 다문화주의, 퀴어 비판 이론의 타깃이 되고 있다고 해러웨이는 말한다. 아무도 거스르지 않는 이 유산은, 해러웨이가 전경에 드러낸 기술들을 통해, 실제로는 매우 제한된 버전의 객관성을 자연 속에 보편적이고 이미 주어진 것으로 통용되도록 만든다. 지금까지 해러웨이의 연구는 이 이야기를 해체할 뿐 아니라, "상황적 지식에 헌신하는, 보다 적절하고 자기-비판적인 기술과학"을 상상하는 것이었다. 그에게 "신뢰할 수 있는 목격이라는 중요한 실천은 여전히 관건이다"(Ibid.: 33).

상황적 지식, 부분적 관점, 강력한 객관성

1980년대 중반 해러웨이의 저술에서는 이렇게 "보다 적절하고 자기-비판적인" 버전의 기술과학의 핵심이기도 한, 상황적 지식이 강력한 객관성을 생산하는 부분적 관점을 가능케 한다는 주장이 매우 강조된다. 그에 대한 진술은 1988년 《페미니스트 스터디즈Feminist Studies》에 처음으로 수록되고 후에 《유인원, 사이보그 그리고 여자》(1991a)의 한 장을 구성한 에세이 〈상황적 지식: 페미니즘에서 과학의 문제와 부분적 관점의 특권〉에 가장 먼저 등장한다. 사이보그 선언만큼 널리 인용되지는 않지만, 이 에세이는 기술과학에 대한 해러웨이의 비판과 기술과학에 대한 페미니즘 버전의 계승자를 구축하는 방법을 분명히 더 직접적으로 제안하고 있다. 이는 6년 후에 출간된 《겸손한_목격자》와 가장 최근의 반려종에 대한 연구에서도 되풀이되고 생산적으로 정교화되고 있기에, 초기 에세이에 담긴 주장을 살펴보면 그가 페미니즘 과학연구에 기여한 바를 훌륭히 개관할 수 있다. 좀 더 유명한 사이보그 에세이에서와 마찬가지로, 해러웨이는 자신이 더 생산적이거나 덜 생산적이라고 생각하는 주장의 흐름이 무엇인지 지적하면서 과학연구에 대한 페미니즘 비평에 변화를 요구한다. 그리고 사이보그 에세이와 마찬가지로, 그는 미국 학계 페미니즘 내에서 공적 차이의 의미를 계속 협상하고 있던 당시의 다양한 페미니스트 동료의 연구를 통해 신중하면서도 여전히 비판적인 과정을 기록한다.[6]

부분적 관점과 상황적 지식에 대한 해러웨이의 주장은 이 글을 비롯한 그의 연구를 통해 전통적인 과학 버전의 객관성에 대한 비판으로 이어졌다. 이 객관성은 페미니스트든 아니든 (아마 과학계 내에서 '우리는 여기서 저항해야만 해!'라고 반응하는 반대편의 '과학자'들까지도) 광범위한 과학 분야의 문화 비평가로부터 여전히 거의 자동적인 조롱을 끌어낼 수 있는 용어이다. 페미니즘을 넘어, 객관성이라는 개념은 진리에 대한 대중적, 학문적 이해의 양 측면으로부터 널리 문제 제기를 받았다. 위에서 검토한 과학의 겸손한 목격자에 대한 지배적 이야기와 마찬가지로, 실험 방법론의 가장 중요한 성취 중 하나는 그것이 무수한 인간적, 사회적, 문화적 왜곡으로부터 자유로운 객관적 지식을 만들어내고 유지했다는 점이다. 따라서 '객관적'으로 간주되는 지식은 동시에 '특수한 이해관계', '편향', '오류'를 넘어서는 것, 즉 데이터를 측정하거나 기구를 조작할 때 적어도 원칙적으로는 신중하게 발견 및 통제될 수 있으며, 엄격한 훈련, 감독, '진보'에 의해 조만간 어느 정도 제거될 수 있는 오류를 제외하면 사람의 영향을 넘어설 수 있는 것으로 표시된다. 이는 과학적 인식론의 환상이자 욕망으로, [남성]인간이 통제할 수 있고 당연히 이용할 수 있는, 하지만 '발견'하는 과정에서 오염되지는 않는 자연에 대한 진실하고 확실한 지식이다.

1980년대 후반의 정치적, 사회적 맥락에서 글을 쓰면서, 해러웨이는 객관성에 대한 페미니즘 비평이, 그 역시 가치를 인정하고 지금까지 받아들여왔지만 이제는 피하고자 하는 두 가지 유혹 사이에 갇혀 있다고 보았다. 즉 한편으로는 지식을 급진적으로 해체하려는 일종의 사회구성주의, 즉 말하자면 '과도한' 포스트모더니즘의 과제와, 다른 한편으로는 일부 페미니스트와 후기구조주의자가 비판하던 바로 그 총체적 관점을 오히려 갈망하는 듯한 인본주의적 마르크스주의와 명맥을 같이하며 페미니즘적 객관성 혹은 경험주의를 구축하려는 과제 사이에 갇혀있었던 것이다. 이 두 주장은 모두 강력했지만, 이를 추구하는 비평가들은 그가 보기에 각자의 방식으로 사실상 '막다른 길'에 다다를 수밖에 없었다.

2장에서 언급했듯, 모든 지식 주장이 사회적, 역사적으로 우발적임을 급진적으로 강조하는 여러 갈래의 사회구성주의적 주장은, 동요하고 있는 인식론의 체계를 대할 때 지적으로 '유리한' 위치를 거의 무한히 차지할 수 있다. 그러나 해러웨이는 과학적 권위를 해체할 때 오는 처음의 이 스릴은, 상대주의와 그것의 전형적인 귀결인 끝없는 자기반영성으로 인해 흐지부지된다고 주장한다. 그는 온갖 종류의 통일체 및 지배를 불안정하게 만드는 '기표의 놀이'가 지닌 함의를 잘 알았지만, 그러한 비판은 현실과의 연결 및 관련성을 놓치기 쉽다는 것도 인식하고 있었다. 그것은 분명 '기호적'이었지만 그가 보기에 충분히 '물질적'이지는 않은 적이 많았다. 그렇게 급진적인 우연성을 그 자체로 중요한 목적으로 수용하면 모든 지식 주장이 똑같이 상대적인 것, 즉 동일한 것이 되기 때문에, 이 길을 따르는 비평가는 과학도 그저 또하나의 사회적 세계일 뿐으로 그것의 진리가 다른 세계의 진리보다 더 중요하지 않으며 따라서 특별한 관심을 기울일 필요도 없다고 결론 내리기 쉽다(Schneider, 2002 참조). 여성 및 다른 외부인은 (적어도) 겸손한 목격자가 될 자격이 없다고 표시해왔던 배타적 관행을 감안할 때, 일부 페미니스트와 여타 비평가들이 결국 과학은 '별로 중요하지 않다'는 결론을 내리는 것이 놀라운 일은 아닐지도 모른다. 하지만 해러웨이가 언급하듯이 더 좋은 과학을 수행하여 더 좋은 세계를 만들고자 하는 희망은, 과학도 "그저 또 하나의 '복수적' 진리 중 하나일 뿐"이라고 결론지은 사람들에게 거의 호소력을 발휘하지 못했다. 게다가 그러한 입장은 지역적으로 그리고 전 지구적으로 비평가들이 작동시켜왔고 계속해서 작동시키고 있는 진리의 정치학을 심각하게 부정하는 것처럼 보였다(가령 Grint and Woolgar, 1995를 보라).

또 다른 길, 즉 페미니즘 비평이 과학적 객관성에 대해 논하면서 마르크스주의에 영향을 받은 입장론[7]에 근거하여 페미니즘 객관성과 경험주의라는 개념의 방향을 택한 것에도 충분히 납득할 만한 유혹적인 부분이 있었다. 그러나 해러웨이는 이 길을 무비판적으로 따르다가는, 비평가들이 일시적으로는 안락하지만 궁극적으로는 다들 너무 익숙하고 취약하며 생산적이지 않은 곳, 즉 앞서 지적했듯 **하나의 ('여성의') 진리**로 총체화하는 시각에 머무르게 된다고 주장했다. '포스트모더니즘적 해체'로부터 객관성이라는 개념과 더불어 경험적 탐구의 관행을 지키려고 하면서, 페미니즘 과학의 기반을 '여성의 경험'(다시 말하지만, 마치 그런 하나의 경험이 존재한다는 듯이)에서 얻은 진리에 두고자 하는 바람은 매력적이면서도 합리적인 프로젝트로 보일 수 있다. 자본주의라는 기계 속에서 그들이 점하는 특정한 물질적, 사회문화적 위치로 인해, 그리고 그곳에서 그들이 집단적으로 수행하는 평범한 임금노동을 통해, 노동자들은 그러한 사회의 작동 방식에 대한 **진리**와 그것을 변화시킬 방법을 알아볼 수 있다는 마르크스의 주장이 예견했듯이, 일부 페미니스트 비평가는 여성의 무급노동에 대한 마르크스주의의 근시안적 입장을 버리고 페미니즘적 입장론으로 그 주장의 새로운 버전을 구축했다. 이 주장은 섹스/젠더 질서 속에서 남성에게 종속되어 있는 여성의 지위라는 존재론에 기반한 인식론이다. 자본주의 사회와 그것의 착취적 실천에 대한 '대문자 T'의 **진리**를 볼 수 있는 계급의식으로 나아가는 임금노동의 이야기와는 다르게, 가부장적인 사회적, 문화적 배치라는 보이지 않는 기반 위에서 여성이 점한 위치는, 그러한 배치를 통해 자신의 삶을 영위하고 지원받고 있는 남성은 볼 수 없는 (그리고 보지 않으려 하는) 방식으로 대문자 T의 **진리**를 볼 수 있는 한 가지 시각을 마련해준다.

해러웨이가 이후 저작에서 보다 자세히 지적하듯, 당연히 여기서 문제는 이러한 시각이 페미니즘 비평가들이 비판하려고 하는 바로 그 유형의 주장에 대한 하나의 거울상이라는 사실이다. 이는 인식론과 존재론을 매우 친숙한 관계 속에서 유지하면서, 지배의 특정한 형식을 자본주의에서 성차별로 옮겼을 뿐이다. 결국 등장인물은 바뀌었다 해도, 어떤 기반 위에서 어떤 사람의 특권적 견해가 경험적 **사실**과 객관적 **진리**를 보장하느냐는 문제는 그대로 남는다. 그렇게 제공되는 보편적 관점은 결국 총체화를 시도하게 된다.

생산적 은유에 애정을 가지고 그런 은유를 사용하는 태도를 보며 이제는 짐작할 수 있듯이, 해러웨이는 이렇게 유혹적인 두 가지 비평 전략 모두를 피하고 "은유들을 전환"하여, 양쪽 경로 모두에서 가장 유용하고 강력한 부분을 끌어내 다른 무언가를 만들어내려 했다(1991a: 188). 샌드라 하딩(1992)이 하나의 후계과학successor science을 구축하면서 구성주의적 주장이 전면에 내세우는 자연과 문화의 "희미한 경계"를 결코 잊지 않으면서도 진지하고도 자랑스럽게 과학이라는 이름을 유지할 수 있도록 한 작업을 지지하는 한편, 해러웨이는 다른 무언가를 상상한다.

따라서 나는 모든 지식 주장과 인식 주체의 급진적인 역사적 우연성에 대한 설명, 의미를 형성하는 우리 자신의 '기호적 테

크놀로지들'을 인식하기 위한 비판적 실천, 그리고 '실제' 세계
를 충실히 설명하는 일에 대한 합당한 관심, 즉 유한한 자유, 적
절한 물질적 풍요, 고통의 겸손한 의미, 그리고 제한적 행복이
라는 전 지구적 기획에 대해 친숙하고 또 부분적으로 공유될
수 있는 관심을 어떻게 하면 동시에 가질 수 있는지가 나의 문
제이자 '우리의' 문제라고 생각한다. (1991a: 187)

즉 그는 부분적으로 공유된 관점으로부터 집단적으로 구축
된 상황적 지식을 상상했다. 이러한 지식은 그것을 구축해왔고
여전히 구축하고 있던 존재들(인간이나 생명이 있는 존재뿐 아
니라 다양한 타자를 포함하는)에 의해, 계속 협상하고 검토해야
하는 문제로서 (인용부호 없는) 진리라 불릴 수 있고 진리라 여
겨질 수 있는 것이었다.

지식, 관점, 객관성, 진리 등 지배적인 과학 관행에 너무 친숙
한 각각의 오염된 범주를 다시 검토하는 해러웨이의 연구 방법
은 과학의 정의 자체와 그것의 실천에 대한 소유권, 그리고 지식
과 그것이 출현한 곳이며 항상 연결되어 있는 곳이기도 한 실제
세계와 지식이 맺는 연관성에 대한 소유권을 두고 꾸준히 논쟁
을 제기한다. 모든 대상과 목표는 포기하기엔 너무 중요하며, 이
때 비평가들은 또한 자신이 비판하고 때로는 심지어 싫어하기
까지 하는 그것과 계속 연결되어 있어야만 한다. 자기반성 하나
만으로 생산할 수 있는 급진적 상대주의를 거부하고 자신이 계
몽주의로부터 물려받은 다양한 유산을 전경에 내세우면서,《겸

177

손한_목격자》에서 그는 이 후계과학의 목표를 다음과 같이 언급한다. "핵심은 세계를 변화시키고, 어떤 삶의 방식이 아닌 다른 삶의 방식을 위해 우리의 운명을 거는 일이다. 그러기 위해 우리는 행동해야만 하며, 초월적이거나 깨끗하기보다는 유한하고 더러워야 한다"(Haraway, 1997: 36; 또한 Haraway, 1994: 63 참조). 그렇다면 당신은 이렇게 묻고 싶을 것이다. 그런데 어떻게 이러한 요소들을 결합하여 여전히 과학이라 부를 수 있는 더 나은 인식 방식과 삶의 방식을 형성할 것인가?

첫째로 그는 이 페미니즘 기술과학은 반드시 시각이라는 "맹렬한 비난을 받는 감각 체계"와 책임 있는 관계를 유지해야 한다고 말한다. 그것은 지식 프로젝트에 너무 근본적인 부분이기에 포기할 수 없다. 지배와 환원의 실천 속에서 시각에 담겨 있다고 이미 잘 알려져 있는 모든 함의가 전제되고 강조되는 상태에서, 해러웨이는 '시선'의 전능함, 즉 언제나 어디선가에서, 그리고 누구 혹은 무언가로부터 나와야만 하는 시각, 보기, 쳐다보기의 전능함을 '생경하게 만들queer'어야 한다는, 언뜻 보기엔 단순하지만 심오한 주장을 펼친다. 간단히 말하면 이는 시선이 항상 체현되어 있고 물질적이며, 항상 지역적이라는 의미이다. 시각은 물질성, 즉 볼 수 있는 능력을 가진 신체로부터 비롯되어야 한다. 이는 몇몇 오래된 이야기와 반대될 뿐 아니라 가상성에 기반하고 있는 상당히 새로운 버전의 이야기와도 대조되는 입장이다(또한 Hayles, 1999 참조). 그것은 모든 곳에서 한꺼번에 올 수 없으며, 총체적일 수 없고 완전할 수 없다. 총체성을 추구하는 기존의 친숙한 입장은 우리가 속해 있는 장이나 전시되어 있는 장면의 외부에 있는 장소에서 모든 것을 볼 수 있는, 그리하여 해러웨이가 '신의 재주'라고 부르곤 하는, 보편적이며 초월적인 시각이다.

> 이는 모든 표시된 신체를 신화적으로 기입하는 시선이자, 표시되지 않은 범주가 볼 수 있지만 보이지 않을 권력, 재현을 회피하면서 재현할 권력을 주장하게 만드는 시선이다. 이 시선은 과학적, 기술적, 후기산업적, 군사적, 인종차별적 및 남성 지배적 사회에서, 다시 말해 1980년대 후반의 미국이라는 바로 이 괴물의 뱃속에서, 객관성이라는 단어가 페미니스트에게 남기는 여러 불쾌한 의미 중 하나로서, 남성과 백인이라는 표시되지 않은 위치를 의미한다. (Haraway, 1991a: 188)

이 '겸손한 목격자'와 그것이 유일한 지배적 담론 혹은 공식이라는 형태로 생산하는 '객관적' 지식을, 해러웨이는 '빛의 원천', 즉 시각 자체를 연구되는 장면 혹은 네트워크에 포함시켜야 한다고 요구하는 페미니즘적 객관성으로 대체하고자 한다. "페미니즘적 객관성은 꽤 단순하게도 상황적 지식을 의미한다"(Ibid.: 188, 강조는 추가). 이는 말 그대로, 보다 중요하게는 관계적으로, 언제나 특정한 시간과 장소에 위치한 특정한 신체에서 비롯하는 인식하기, 보기, 목격하기, 증명하기, 말하기를 뜻한다. 결코 순결하지 않으며 문제 될 것 없는 대상으로 취급되지도 않는 개념으로서 재검토되고 '리모델링된' 이 객관성 개념은 또한 반드시 부분적으로만 정확하다. 그것은 언제나 상황적이고, 국한된 위치에 있으며, 그렇기에 타당하기 때문이다. 무엇/누가 보이는가는 누구/무엇이 어디에서 어떻게 보는가와 분리될 수 없으며, 대상과 주체는 오직 밀접하게 연결되어서만 존재하고 작동할 수 있다. 한쪽은 다른 쪽에 '의존'하고 있으며, 각각의 '한쪽'은 또한 다수이다(또한 Haraway, 1992b: 324 참조).

해러웨이는 개를 산책시키던 경험 덕분에 시각을 다른 방식으로 상상할 수 있게 되었다고 생각한다. 그러면서 다른 기술의 도움을 받지 않은 유기적 눈을 포함하여 눈을 통해 혹은 눈을 이용해 볼 수 있는 기술을 고려하면, 수동적이거나 순전히 수용적인 시각의 개념은 부적절해진다고 말한다.

모든 눈은 […] 번역을 수행하며 특정한 보기 방식, 즉 삶의 방식을 구축하는 능동적 지각 체계이다. 신체와 기계에 대한 과학적 설명에서 매개를 거치지 않는 사진이나 수동적인 카메라 옵스큐라는 없다. 오직 제각기 놀라울 정도로 구체적이고 능동적이며 부분적으로 세계를 조직하는 방식을 지닌, 고도로 구체적인 시각적 가능성들이 있을 뿐이다. (Haraway, 1991a: 190)[8]

역설적이게도 객관성에 대한 고전적 이해에서 출발해야, 시각이 언제나 지역적, 능동적, 구체적이라면 오직 그러한 보기의 개념을 통해서만 세계에 대한 더욱 진실한 지식이 나타날 수 있다는 이러한 주장이 더욱 분명해진다. 그러한 매개와 특수성에 담긴 함의를 부인하면, 널리 알려져 있듯, 연구 대상을 더 많이 보기보다는 더 적게 보는 방식으로 단순화하게 된다. 이러한 복잡성에 대한 환원과 통합은 지식의 정확성에 다가가기는커녕 멀어진다. 그 이유는 세계들 자체도 이와 비슷하게 다중적, 부분적, 지역적, 모순적, 다층적이고 난잡하며 끝없이 진행 중이고 그것들이 "부분적으로 공유되고 집단적으로 거주할 수 있는 바로 지금 '우리의' 진리"로서의 이야기들 속에 함께 엮일 때 "하나의 세계"로서 더욱 잘 보이기 때문이다. 이 지식은 지역적이고 상황적이며 부분적이기 때문에, 그것이 만들어내고 유지하는 대상에 대해 분명히 더욱 진실로 가득 찬 지식이 될 뿐 아니라, 더욱 책임감 있고 엄격히 겸손한 태도를 취하게 될 것이며, 반드시 그래야만 할 것이다.

따라서 목격하는 사람들은 자신이 보고 입증하는 것에 대해 보다 직접적이고 접근가능한 방식으로 책임을 져야 한다. 해러웨이가 다른 곳에서 언급하듯, 이 사람들은 '진리를 말한다', '내가 본 바를 전한다'는 막중한 약속을 이행하면서 '증인을 낳는다'고 말할 수 있다. 이러한 목격자들은, 보편적이고 초월적인 것으로서, **자연**이 〔남성〕인간에게 전해준 말로서 발견된 것을 보증할 권한을 받은 어떤 방법론이나 관행 속으로 몸을 숨길 수 없다. 해러웨이는 특정한 신체들에 기반하고 있으면서도 공적으로 책임을 질 수 있는 부분성이, 재검토된 페미니즘적 기술과학이 제공하는 희망의 원천 중 하나라고 본다(Ibid.: 190). 그 희망의 원천은 "무한한 이동성과 호환성의 알레고리"가 아니라 오히려 "정교한 특수성과 차이"를 담은 이야기, 그리고 "심지어 상대가 우리가 소유한 기계[혹은 개]라 할지라도, 사람들이 상대방의 관점으로 충실하게 보는 법을 배우기 위해 기울여야 하는 애정 어린 관심[강조는 추가]"을 담은 이야기다. 이렇게 해러웨이는 다른 '체계'를 포함한 다른 존재가 보고 듣고 아는 방식에 대한 신중하고 애정 어린 관심을 지속적인 주제로 삼아, 과학 및 지식 프로젝트를 수행하는 더 나은 방식에 대한 비전을 모색해왔다. 이는 그가 사용하는 실뜨기 놀이의 은유에서 분명히 드러날 뿐 아니라, 반려종에 대한 연구의 핵심이기도 하다.

이렇게 다른 존재의 보기/알기 방식에 예리한 관심을 키우라는 처방은, 가부장제, 성차별, 인종차별뿐 아니라 다양한 유형의 헤게모니에 의해 목소리와 시각이 오랫동안 주변화되어온 사람들에게는 너무 익숙하게 들릴 수도 있다. 여성에게는 다른 사람의 필요와 보기 방식에 '주의를 기울이는' 일을 가장 중시하고 우선시하며, 그리하여 모든 종류의 역사에서 자신을 적어도 보이지 않게 지워버리는 일이 정확히 필수 요건이지 않았던가? 그러나 설령 강요되어온 경우이거나 심지어 그 상대가 자신의 '주인'이라 하더라도, 타자성에 대한 면밀한 관심은 페미니즘 입장의 인식론이 펼치는 (때로는 과장되었다 하더라도) 주장을 뒷받침하는 자원이기도 하다. 아래에서 보면 위계적 세계, 즉 특정 유형의 차이가 존재하는 세계가 어떻게 구성되고 작동하며 누구의 이해관계를 따르는지에 대해 분명히 (더욱) 정확한 견해를 생산할 수 있다(Star, 1991 참조). 또한 상위의 사람 그리고/또는 위치로서의 그 특정한 타자가 자신/들과 주변화된 존재인 서발턴/들이 공존하고 있는 이 세계를 어떻게 이해하는지에 대해서도 정확히 파악할 수 있다. 정상에서 혹은 위에서 보는 시각은 일반적으로 그 시각을 지탱하는 바로 그 체계 자체에 너무 많이 관여되어 있기 때문에 자신을 비판적으로, 가령 아주 세밀한 곳까지 선명하게 보기 어렵다(또한 Haraway 1997: 280, n.1 참조).

자신이 만든 발군의 비유 중 하나에서, 해러웨이는 마르크스로부터 물려받은 이러한 페미니즘의 지혜를 구제해 더 나은 기술과학은 무엇이어야 하는지에 대한 자신의 감각의 기둥 중하나로 삼는다. 이는 그가 실험적 삶의 방식에 대해 비판하면서 암시한 "변이된 겸손한 목격자"라는 형상에서 드러난다(Haraway, 1997: 23~45). 로버트 보일의 과학과 17세기 런던 왕립학회에 대한 다른 사람들의 연구를 통해, 그들이 소위 객관적 지식에 대한 겸손한 목격자로서 겸손함을 수행한 한편 다른 사람들의 보기 방식에 비해 오만하고 지배적인 권력을 차지했다는 점을 분명하게 밝히면서, 그는 목격과 겸손함은 과학 및 지식 프로젝트에서 너무나 중요하여 절대로 빼놓을 수 없는 실천이라고 주장한다. 따라서 보일의 연구 전통이 남긴 유산이 해왔던 일에 비해 민주주의, 자유, 다양성, 부분성, 위치, 책임을 한층 중시하는 후계과학에서 목격과 겸손함이 의미하는 바를 밝혀내는 것이 중요하다고 해러웨이는 말한다.

인터뷰 중 구디브가 해러웨이에게 기술과학을 재검토하면

서도 겸손함을 남겨두려 하는 이유를 묻자 그는 이렇게 답한다. "지금 논쟁이 벌어지고 있는 지점이 바로 현재에는 무엇을 겸손함이라 여길 것인가이기 때문에 저는 '겸손함'이라는 비유작업을 남겨두었습니다." 해러웨이는 여성들이 너무나 잘 알고 있는 유형의 어떤 사람을 거의 말 그대로 사라지게 만드는 것보다는 "당신의 신뢰도를 높여주는" 겸손함을 요구한다. 그는 이를 기술과학의 페미니즘적('여성적'이 아니다) 겸손함이라 부르면서 "실제의 '물질-기호적' 세계에 변화를 만들어내겠다는 목표를 가지고 인종, 계급, 젠더, 성별이 본격적으로 교차하는 질문"을 반드시 던져야 한다고 강조한다. 그는 이 겸손함은 "권력에 거부 반응을 보이는 것이 아니!"며, "탁월한 유형의 자신감"에서 나올 수 있다고 말한다(Haraway, 2000a: 159). 이런 방식의 겸손함은 무능함을 의미하거나 피해자의 자세로 귀결되는 것이 아니다.

진정한 겸손함은 당신이 특정한 재주를 갖고 있다고 말할 수 있는 것입니다. 다시 말해 강력한 지식 주장을 할 수 있는 것이에요. 한심한 상대주의가 아니라 목격과 증언에 복종하는 것이지요. 제가 요구하는 유형의 겸손한 목격자는 상황적임을 고집하는 사람, 즉 자신의 위치가 그 자체로 과거의 유산일 뿐 아니라 복잡한 구성물인 곳임을 인정하는 사람입니다. 겸손한 목격자는 '실험실들'의 주체 위치, 혹은 신뢰할 수 있고 예의 바른 과학자의 주체 위치에 거주하려 하지 않거나 거주할 수 없는 사람들의 프로젝트와 운명을 같이하는 비유예요. (Ibid.: 160)

상황적, 부분적 관점을 통해 얻어지는 강력한 객관성은, 보일의 실험실 및 그 후속 버전을 훨씬 다양하게 '고유의 관심사를 가진interested' 사람 및 개체의 집합에, 즉 과거는 물론 지금까지도 '과학을 수행'하는 데 관련되어 있다고 여겨진 적 없는 무수한 대상에게 개방하고자 하는 기술과학 프로젝트 속에서 사태를 목격할 때 드러나는 이러한 변이된 감각의 겸손함으로부터 구축된다. 그리고 이 변이된, 결코 결백하지 않은, 언제나 취약하며 끝까지 관여하는 종류의 목격은 지금 '과학자'라 불리는 사람들뿐 아니라 아직은 거기에 없는 유입자들까지 모두 포함할 것이다. 이러한 목격은 소위 '문외한' 전문가들이 형성하는 끊임없이 확장하고 움직이는 집합이기도 하고 미국의 페미니즘 및 퀴어 역사가 슬쩍 보여주는 무언가이기도 하며, 최근 해러웨이가 반려종 연구에서 다루는 가장 중요한 주제이기도 하다. 무엇보다 그러한 변화는 과학, 윤리, 정치를 강제적으로 분리하여 과학의 전통적 관행을 아주 '깨끗'하고 협소하게 유지하려던 입장을 더 이상 지속할 수 없게 만들 것이다. 해러웨이가 언급하듯 이러한 종류의 강력한 객관성은 "항상 해석적이며, 무언가에 관여하고 있고 우발적이며 오류가 있는" 설명이다. 이것은 "항상 국지적 성취입니다. 언제나 그것은 사람들이 그 설명을 강력하게 공유하기 위해 사태를 충분히 수집하여 조합하는 일이지요. 지역적이라는 특성은 작거나 다른 곳으로 옮겨갈 수 없다는 뜻이 아니에요"(Haraway, 2000a: 160~161). 이것이 실뜨기 놀이이다.

다중적 주체와 능동적 대상이 새로운 유형의 지식을 만든다

해러웨이가 페미니즘적 후계 기술과학에 대해 쓴 글들의 주제는 과학이란 무엇인지, 어떻게 수행해야 하는지, 무엇을 목표로 해야 하는지와 관련된 전통적 이해에서 극적으로 벗어난 지식의 주체와 대상, 혹은 주체대상subjectobject에 대한 관념들이었다. 이 중 처음 두 가지에 대한 그의 관점은 과학연구의 다른 주요 학자들, 특히 브뤼노 라투르 및 앤드루 피커링Andrew Pickering(1995; 또한 Selinger, 2003 참조)의 관점과 상통한다. 과학 및 지식 프로젝트에서 주체와 대상의 본질에 대한 해러웨이의 저술과 더불어 이 학자들의 저술을 함께 읽는 것도 도움이 많이 되겠지만, 해러웨이의 페미니즘과 사회주의는, 그리고 심지어 그의 가톨릭 성찬주의마저도, 그가 초점을 맞추는 세계/들에 대해 이야기하고, 그것/들이 어떤 식으로 구성되는지, 그것/들을 더 나은 방향으로 변화시키고 그것/들 안에서 살아가려면 어떻게 해야 하는지에 대해 이야기할 때, 비판적이며 윤리적/정치적인 예리함을 더한다. 이는 라투르나 피커링의 연구에서는 찾기 힘든 문제의식이다. 이러한 '예리함'은 그의 연구에 널리 퍼져 있는 유머는 물론, 희망과 열정에도 꼭 필요하다. 희망과 열정은 해러웨이가 격노까지는 아니더라도 분노를 느낄 때 손쉽게 과잉 낙관주의로 빠지지 않게 해주면서도, 자신의 삶(그리고 훨씬 더 넓게 보면 볼 수 있는 다양한 삶들)이 더 나아지기를 바라는 열망을 키워준다. 해러웨이는 '쉽고' '한심'하기까지 한 상대주의들에 반감을 가지고 있지만, 자연문화 세계의 복잡성을 단순한 캐리커처로 축약해서 그려내는 너무 단순한 이데올로기적 정통주의에도 비슷한 경멸을 표한다. 그는 자연문화의 복잡성과 물질-기호적 특성에 대해 생물학자로서 진지하게 연구하는 동시에 그에 관한 화이트헤드를 비롯한 다른 학자들의 연구를 존중하면서, 이를 핵심 자원으로 삼아 자신이 주체와 대상을 바라보는 방식을 모색한다. 한번 그렇게 주체와 대상을 보면 다시는 예전으로 돌아갈 수 없다.

해러웨이는 상황적 지식과 페미니즘적 객관성에 대한 자신의 에세이를 통해, 20세기 후반 미국의 학계 페미니즘과 과학연구 분야에서 강렬한 반향을 일으키고 있던 정체성 및 정체성 정치에 대한 비판을 제시했다. 표면상으로는 지식에서 주체의 자리, 즉 지식을 아는 자인 과학자에 대해 논의하면서도, 동시에 그는 서구 계몽주의와 식민주의 사상으로부터 유산을 물려받은 중심화되고 합리적인 주체, 즉 제1세계 백인 남성 주체에 대한 후기구조주의적 페미니즘 비판에서 촉발된 한층 광범위한 논쟁에도 참가하고 있었다. 세계와 지식, 관점은 모두 부분적이고 특정하며 지역적이고 때로는 모순적이고 움직인다고 주장해왔기에, 총체화를 추구하는 어떤 견해를 다른 견해(그것이 어떤 견해든)로 바꾸는 실천은, 결국 그가 바라는 유형의 '진보'가 아니다. 대신에 그는 라투르(1987, 1999)가 제기해온 일련의 주장과 유사한 방식으로 '자기-정체성'과 지식 '주체'라는 개념 자체를 떨어뜨려놓기 시작했다. 해러웨이는 지식 주체가 다중적이고 움직이며 항상 지역적이라고 지적할 뿐 아니라, 지식 대상에 대한 전통적인 이해는 여러 개체를 만들어내는데, 그 개체들이 하나같이 너무 수동적이고 불활성적인 것으로 이야기되어, 개체들과 함께 등장하는 여러 세계의 실제에 대한 진실이라고 생각하기 어려울 정도라고 주장한다. 자연의 대상을 연구하기 위해 문화를 활용하는/자원으로 삼는 주체에 대한 전통적 이해에서 출발하여, 해러웨이는 실제 세계를 구성하는 자연문화와 역동적으로 얽혀 있는 주체대상에 대한 진정한 이야기를 들려주려 한다. 다시 한번 우리는 그가 일반적으로는 분리되어 있거나 대개 모순적이라고 생각하는 아이디어와 해석 방식 및 연구 방식을 유지하거나 한데 결합하려고 노력하는 모습을 보게 된다(이로 인해 익숙한 배치를 예상하는/요구하는 독자들이 불편함을 느끼기도 한다).

자신이 비웃듯이 '인문과학의 소년들'이라 부른 후기구조주의 학자들이 제시한 '주체의 죽음'이라는 주장에 반대하는 글을 쓰는 한편, 외면받던 사람들에게 '목소리를 줘야 한다'며 자유주의 비평가들이 손쉽게 주장하던 개념을 복잡하게 만들면서, 해러웨이는 종속된 사람들의 위치에서 바라보는 일은 의도가 아무리 좋다 해도 학계의 비평가들이 쉽게 배우거나 설명할 수 있는 일이 아니라고 경고한다.

누군가가 그들을 보고 그들의 위치에서 비판적으로 바라보려한다 해도, 그가 하나의 세포나 분자, 혹은 여성, 식민지인, 노동자 등이 '될' 수는 없다. '되기'는 훨씬 더 문제적이며 우연적이다. 또한 그 이동에 대해 스스로 책임지지 않는다면, 어떤 가능한 관점에도 자리할 수 없다. 시각은 언제나 바라볼 수 있는 권력의 문제이며, 어쩌면 우리의 시각화 관행에 내포된 폭력의 문제일 수도 있다. 내 눈은 누구의 피로 빚어졌는가? (Haraway, 1991a: 192)

나아가 그는 그토록 칭송받는 '경험의 목소리'와 본인의 글을 포함한 '자기-보고'도 마찬가지로 문제적이라고 주장한다. 해러웨이가 긍정적으로 참조하는 프로이트와 후기구조주의를 통해, 우리는 지금까지 비판 학문이 폭로하려 해왔던 헤게모니의 핵심에는 온전한 자기-현존의 환상이 있음을 분명히 알게 되었다(Clough 1997 참조). 이때 온전한 자기-현존이란, 우리가 누구인지, 우리가 어떤 의미를 갖는지, 우리가 무엇을 바라는지 명료하게 볼/알 수 있게 되어, 마치 자아가 우리 안에 내재해 있고 우리의 합리적 생각에 직접 접근할 수 있으며 모순 없는 통일체인 것처럼 여기게 되는 것을 말한다.

해러웨이는 주체성의 죽음보다는, 더 나은 시선과 더 나은 세계에 대한 희망 찬 가능성으로서 주체성의 분열과 다중성을 본다.

주체성의 지형학은 다차원적이며, 따라서 시각도 다차원적이다. 인식하는 자아the knowing self는 자신의 모든 모습 속에서

부분적이고, 결코 완결되거나 전체이거나 단순히 거기에 있거나 본원적이지 않다. 그것은 언제나 불완전하게 구성되어 있고 한데 꿰매져 있으며, 그렇기에 다른 것과 결합할 수 있고, 또 다른 것이 되어야 한다고 주장하지 않고도 자신을 다른 것과 함께 묶어서 볼 수 있다. 여기에 객관성의 약속이 있다. 즉 과학적 인식자a scientific knower는 정체성이 아니라 객관성의 주체 위치, 즉 부분적 연결로 이루어진 주체 위치를 추구한다. […] 시각에는 반드시 시각의 도구가 필요하다. 광학은 위치 짓기posi-tioning의 정치학이다. (1991a: 193)

그러나 여기서 위치 짓기는 실제든 관념을 구체화한 것이든 그저 단일 신체에 대한 것이 아니라는 점이 중요하다. 해러웨이가 주체성은 다중적이라고 쓸 때, 이는 주체에 대한 시각을 또한 연결되고 관련된 여러 신체 및 개체의 국지적 네트워크로 이해하고자 한다는 뜻이다. 그는 "영장류의 시각은 페미니즘의 정치적-인식론적 설명"에만 특히 유용한 "은유 혹은 기술"이 아니라고 말한다.

이러한 시각, 즉 '우리' 호모사피엔스로 체현된 시각은, 단순히 미리 형성되어 있던 대상이 스스로를 의식에 보여주는 문제로 손쉽게 이해된다. 하지만 이제는 위에서 제시한 '광학'이라는 해러웨이의 용어를 활용하여 시각을 영장류의 눈으로 무엇을 보는 문제보다는 그가 "우리의 생물학적 눈과 뇌에 결부된 보철 기술을 포함한 시각적 생산 장치"라 부르는 것의 측면에서 생각해보면 매우 유용하다(Ibid.: 195). 여기서 사이보그 세계에 대한 그의 통찰이 일으킨 반향은, 오늘날 그가 지식 프로젝트와 세계를 물질-기호적 개체들의 네트워크로 보는 견해, 즉 그중 무엇도 '독립적' 혹은 '자족적'이라 불릴 수 없다는 것(또한 Haraway, 1992b 참조), 그중 무엇도 '독무대를 이룰 수 는 없다'는 것의 중요성을 강력히 강조하는 견해에서도 엿보인다.

해러웨이는 남성에 비해 '대상'이라는 단어를 비하적이고 비인간화하는 의미로 받아들이기 쉬운 페미니스트 및 여성 독자에게 글을 쓴다. 그러한 반응을 보이는 이유를 충분히 인정하면서도, 해러웨이는 그러한 독해/반응은 다음의 산물이라고 생각한다.

> 아리스토텔레스의 영향은 물론, '백인 자본주의 가부장제'(이탈 많은 것에 어떤 이름을 붙여야 좋을까?)의 변화무쌍한 역사에 깊은 영향을 받고 있는 분석 전통이다. 이 '백인 자본주의 가부장제'는 모든 것을 자원으로 만들어 전유해버리며 그 안에서 지식 대상은 결국 그 자체가 인식자의 미발달 권력, 즉 행위의 미발달 권력에 대한 문제가 된다. (1991a: 197)

이러한 관점의 체제하에서, 지식 대상도 행위자가 될 수 있고 인간 과학자/인식자가 완전히 조율해두지 않은 '일들을 할' 수 있다는 생각은 과학적 사실보다는 과학소설처럼 보인다. '자연'이라고 틀 지어진 과학적 지식의 대상은 오직 연구해야 할,

발굴하고 이해해야 할, '문화'에 의해 설명되어야 할 '원재료'로서만 가시화된다.

이와 관련하여, 그는 당시에 페미니즘 이론에서 잘 알려져 있던 섹스와 젠더의 구분에 대한 자신의 편-찮음dis-ease을 예로 들며 다음과 같이 설명한다. "섹스는 그것을 '우리'가 통제할 수 있는 젠더로 재현하기 위해 '자원화'된다"(Ibid.: 198). 〈상황적 지식〉 에세이는 체현된 몸의 중요성을 강조하면서, 페미니즘은 물론 더 넓게는 사회적, 문화적 분석 및 비판에서 그것을 삭제하는 움직임에 저항하는 그의 초기 진술이다(또한 Hayles, 1999 참조). 해러웨이는 화이트헤드가 '구체적인 것'이라 부른 개념에 대해 훨씬 더 복잡하고 능동적이며 독립적인 관점을 주장한다. 그는 이론을 이렇게 이해하는 방식은 사람들이 연구자-과학자라는 지식 주체에게 '말대꾸'를 할 뿐 아니라 그들 자신이 지식 주체 및 행위자이기도 한 사회과학 및 인문과학에서 논의를 리뷰할 때 오랫동안 사용되어왔다고 언급한다. 그런 연구를 하고 있는 전문가 인식자는 위험을 무릅쓰고 이러한 행위성을 무시한다(위험을 무릅쓴다고 해서 그러한 무시가 드물다고 말하려는 것은 물론 아니다). 그러나 해러웨이는 이러한 이해의 자세가 모든 지식 연구에서 똑같이 채택되어야 한다고 주장한다.

행위자actor는 여러 가지 멋진 형태로 나타난다. 그렇기에 '실제' 세계에 대한 설명은 '발견'의 논리가 아니라 '대화'라는 권력이 실린 사회적 관계에 의존한다. 세계는 스스로 말하지도 않거니와, 어떤 한 명의 지배적 코드 생산자를 위해 사라지지도 않는다. 세계의 코드는 오직 해독되기만을 기다리며 가만히 있지 않는다. 세계는 인간화되기 위한 원재료가 아니다. […] 지식 프로젝트에서 마주하는 세계는 능동적인 개체이다. (1991a: 198)

만일 그러한 활동이 눈에 보이게 된다면, 거기에 있을 거라고 자신이 규정해둔 대상만을 보고 찾아낼 것으로 예상하고 있던 통상적 지식 주체를 얼마든지 놀라게 하고 동요시킬 수 있을 것이다.

자신이 곧잘 사용하는 날카로운 유머 중 하나에서, 그는 에코페미니스트 서사와 미국 원주민 서사가 세계를 이런 방식으로, 즉 코요테나 트릭스터〔장난꾸러기 요정〕형상을 한 '재치 있는 행위자agent'이자 '교활한 행위자actor'로 보아왔다고 긍정적으로 언급한다. 그는 우리가 인식자로서 알고자 하는 노력의 유일한 목표로 삼았던 '정복mastery'을 포기할 준비가 되어 있으면서도 여전히 설명에서 '충실성'을 추구할 때, 이러한 긍정적 이해가 나올 수 있다고 말한다. 해러웨이는 "모든 지식 생산의 한가운데에 우리가 세상을 책임지는 것이 아니라는 놀라움을 일깨워줄 여지"를 만들어내는 유형의 페미니즘 객관성을 추천한다(Ibid.: 199). "우리는 그저 이곳에 살고 있으며, 우리의 시각화 기술을 비롯한 인공 보철 기구를 이용해 순결하지 않은 대화를 시작하려 하고 있을 뿐이다"(또한 Haraway, 2004a: 327~328 참조).

후기구조주의의 통찰을 신중하지만 중요하게 받아들이면서, 해러웨이는 과거 자신의 대학원 학생이었던 케이티 킹의 연구를 참조하여, 이 초기 저술에서 다루었던 과학적 주체와 대상에 대한 자신의 논의를 마무리한다. 킹은 페미니즘과 글쓰기 기술에 대한 글을 쓰고 있으며(King, 1991, 1994a, 1994b, 2003 참조), 박사논문에서는 '예술, 사업, 기술'의 교차점에서 나타나는 대상으로서의 시에 초점을 맞췄다. 해러웨이는 킹이 "'문학'[구체적으로는 시]을 탄생시키는 하나의 모체[로서의] […] 문학 생산 장치"라 명명한 것을 찾아냈다고 말한다. 해러웨이에게 그것은 "신체 [혹은] 생산 장치"의 문제이다(1991a: 200, 강조는 추가). 여기서 신체는 "과학적 지식 프로젝트에서 가치 있는 다양한 신체 및 그 외 대상"을 칭한다. 그가 지적하듯 언뜻 보기에는 시와 과학적 지식의 대상은 공통점이 거의 없는 듯하지만, 해러웨이는 의미의 개방성 및 다공성porosity에 대한 연구를 통해 언어에 "의도와 저자에게서 독립적으로 존재하는 행위자"의 지위를 부여한 후기구조주의에서 얻은 통찰을 강조한다. 이는 말하자면 후기구조주의의 '후기post'적 통찰이라 할 수 있다. 의미처럼, '문학'처럼, 시처럼, "지식 대상으로서의 신체는 물질-기호적으로 생성되는 마디"이며, 이는 모든 지식 프로젝트를 규정하는 복잡한 장치들의 교차점에서 등장하고 움직인다.

킹이 분석한 시와 마찬가지로, 생물학적 대상은 "생물학적 연구 및 저술, 의료 및 다른 사업 관행, 그리고 […] 시각화 기술"의 거래 속에서 그리고 그 거래를 통해서 형성된다(Ibid.: 201). 따라서 대상을 불활성적이고 어떤 식으로든 '그저 거기에 있'으며 그러다 '발견'된다고 생각하기보다는, 그렇게 보이게 된 대상이 무엇인지, 그리고 무슨 일을 하는지의 문제가, 실-시간-및-장소의 '사회적 상호작용' 혹은 이후에 그가 관계성이라 부르는 것 안에서 그리고 그것을 통해서 빚어진다고 봐야 한다. "경계는 지도 그리기 실천을 통해 그어지며, '대상'은 그 모습대로 미리 존재하는 것이 아니다. 대상[신체]은 경계 짓기 프로젝트이며"(Ibid.: 201) 이때 지도 그리기는 언제나 하나의 개입이다(Haraway, 1997: 131~137 참조).

따라서 우리는 언제나 지식 작업에 수반되는 위험 및 취약성, 그리고 윤리와 정치학에 대한 해러웨이의 주장으로 돌아간다. 그는 리 스타Leigh Star(1991)가 '누가 이익을 얻는가?'라고 던진 질문의 중요성을 주기적으로 강조한다. 누가 혜택을 받는가? 누가 다양한 범주와 경계를 물질적으로 표시하는 마법의 원 내부 혹은 외부에 있는 사람으로 '헤아려'지며 그 결과는 무엇인가? 그런 '경계 작업' 혹은 경계 프로젝트를 할 때, '우리'는 완전한 폐쇄, 확실성, 그리고 자기-정체성, 즉 익숙한 의미에서의 객관성에 대한 환상을 품을 수 없다. 그는 "마침내 우리는 뚜렷하고 명료한 생각을 가지지 않게 된다"고 주장한다. 그러한 세계에 참여하는 일은 문학 작업이나 글쓰기와 비슷하다. 이곳에서는 "재치 있는 행위자actor이자 행위자agent로서 코요테와 어떤 세계의 변화무쌍한 체현"이 마치 언어처럼 항상 "행위성을 가지고" 있을 수 있고, 또한 일반적으로 가지고 있기도 하다. 지식이

란 태초의 자연이 인간의 시야로부터 숨겨둔 객관—성object-ivity
을 찾아내는 실천이 아니라, "그것이 절합하는 모든 층위에서 벌
어지는 상황적 대화"의 과정이 된다. 그는 20세기를 지나온 오
늘날 '우리'가 직면하고 있는 과제는, 적절히 겸손하고 객관적이
며 차이를 존중하는 동시에, 관여된 모든 존재가 복잡하게 번영
할 수 있는 방식으로 이러한 교환에 참여하는 방법을 찾아낼 수
있을지 여부라고 말한다.

5장

도나 해러웨이와의 대화

이 책 기획의 일환으로 나는 2003년 12월 27일과 28일에 캘리포
니아 힐즈버그에 위치한 도나 해러웨이의 자택에 방문하여 그
의 삶과 연구에 대해 두 차례 이야기를 나누었다. 그와 그의 파트
너 러스틴 호그니스는 기꺼이 나와 내 아내가 하룻밤 묵을 수 있
게 해주었고, 해러웨이와 나는 약 다섯 시간에 걸쳐 심층적인 대
화를 나누었다.

　나는 이 책을 구성한 틀을 반영하여 질문을 건넸다. 해러웨
이의 연구에 대한 인터뷰는 이미 책으로 몇 권 출간되었고, 특히
《한 장의 잎사귀처럼》에는 자세하고 긴 인터뷰가 담겨 있기에,
나는 그 내용을 반복하지 않으려고 노력했다. 그 결과 여기서는
다른 곳에서 충분히 이야기된 해러웨이의 이전 연구(예컨대 특
히 사이보그 선언)보다는 개와 반려종에 대한 그의 최근 연구에
좀 더 초점을 맞추고 있다. 2003년 9월에 나는 그가 UC 버클리
대학의 애브널리Avenali 강연〔UC 버클리 대학 인문학부에서 매
년 예술 및 인문학계의 명사를 초청하여 강연 및 패널 토론을 하는
행사〕에서 연설할 때 토론 패널로 참석했기에, 우리는 인터뷰 중

에 이따금 그 행사를 언급한다. 긴 인터뷰의 녹음본 두 개를 대본으로 풀어 함께 다듬었으며, 따로 장을 나누지 않고 12월의 이틀간 우리가 나눈 대화 순서대로 진행되도록 구성했다.

도나와 나는 벽난로에서 장작이 타는 거실 겸 식당 겸 티브이방의 크고 안락한 소파에 앉아 차를 마셨고, 주기적으로 미즈 카옌 페퍼와 롤런드 도그가 친근한 쓰다듬기와 상호작용, 때로는 맛있는 간식을 찾아 끼어들었다. 이 두 마리 개는 해러웨이가 당시에 집필하고 있던 연구 프로젝트의 주제이기도 했다. 이어지는 내용에서 확인할 수 있듯 우리는 꾸준히 웃음을 나누며 대화에 활기를 더했지만, 그 분위기를 여기에 온전히 담을 수는 없었다.

조지프　당신은 영장류와 인간의 관계, 그리고 기계와 인간의 관계에 대해 연구해왔습니다. 당신은 그것이 무엇을 지식이라 할 수 있는지에 대한 투쟁이 벌어지는 생산적인 공간, 경계지대라고 주장했지요. 오늘날 그러한 비판적 사고를 할 수 있는 잠재적 생산력이 가장 큰 경계지대는 무엇입니까?

도나　저는 그것을 이중의 방식으로 생각합니다. 하나는 사람들이 열정적으로 관심을 가지는 것이면 무엇이든 그런 종류의 경계지대를 열어낸다고 말하는 방식입니다. 그곳은 무엇이 중요한지 당신이 미리 알 수 없는 곳입니다. 만일 당신이 세쿼이아 나무의 생리학, 내화성耐火性에 관심을 가지는 것으로 시작한다면, 그에 대해 잘 생각하기 위해서는 숲을 유지하는 데 도움이 되는 실천 방식을 생각해야 할 것입니다. 이 나무가 역사적으로 특히 벌목꾼들의 관심을 끈 이유는 무엇인지, 목공 분야의 노동시장과는 어떤 식으로 관련되어 있는지, 곤충 개체수 변화는 전반적인 관계 변화에서 어떤 기능을 하는지, 숲의 변두리 지역은 어떻게 작동하는지 등 질문은 끝이 없습니다. 이런 질문은 모두 경계지대를 열어줍니다.

제 의식의 한 부분은 소우주입니다. 모든 소우주는 당신이 질문하는 것에 따라 급격히 하나의 우주로 발전합니다. 이는 그것이 당신에게 흥미로운 교차점이나 경계지대 혹은 다른 무엇을 보여주기 위해 거기서 기다리고 있었기 때문이 아닙니다. 흥미로운 경계지대를 열어주는 것은 당신이 관심을 쏟는 대상과 당신 자신이 맺는 관계입니다. 저는 그저 발견해주길 기다리고 있는 경계지대가 있다고는 생각하지 않습니다. 한 명의 역사적인 사람으로서, 정치적인 사람으로서, 감정적인 사람으로서, 당신에게 개인적으로 중요한 대상을 이해하고자 하는 시도가 있는 것이지요. 결국 누구든 자기 자신은 그저 자기 자신이 아닙니다. 무엇이 문제인가? 나는 무엇에 관심을 두고 있는가? 그로 인해 나는 무엇을 알 수 있는가?

조지프 최근 인터뷰에서 당신은 글을 쓸 때 선택해왔던 모든 비유가 시간과 공간, 상황의 면에서 얼마나 당신에게 철저히 개인적인지에 대해 이야기했습니다. 그렇다면 어떤 사람이든 그가 사용하는 비유는 그에게 매우 개인적일 수 있겠다고 짐작해보게 되는데요.

도나 그렇습니다. 진지한 연관성이 없는 대상을 왜 연구하겠어요? 그 연관성이 분노일 수도 있고 희망일 수도 있습니다. 여러 가지일 수도 있고요. 하지만 연관성이 없다면 당신도 관심을 가지지 않을 테고, 제 경험으로는 그러한 연관성 덕에 더욱 개방성을 띠게 됩니다. 내가 관심을 기울이는 모든 것으로 인해 내가 이 세상에 더욱 속해 있을 수 있습니다. 계속 퍼져나가는 물결에 연결되어 있다는 의미에서 세상에 속해 있는 것이지요…. 호수 속에 잠긴 조약돌 한 개의 이미지를 떠올려보세요. 무한정한 물결의 파급효과, 만일 당신이 계속 갈라져 뻗어나가는 은유를 찾는다면 크고 무한정한 연결의 집합이라고도 할 수 있죠. 무한infinite이 아니라 무한정 indefinite입니다. 따라서 당신이 관심을 쏟는 것이 무엇이든, 어떤 종류의 관심이든, 그로 인해 우리가 마땅히 한층 더 세상에 속하게 되는 동시에 우리의 질문도 한층 철저히 개인적인 것이 됩니다. 제 경우엔 부분적으로는 학자로서 배웠지만, 다른 방식으로도 배워서 가지게 된 특정 유형의 관심이 있었고요.

조지프 그리고 당신이 《한 장의 잎사귀처럼》[2000a: 109~112]에서 밝힌 '세속적worldly'의 한 가지 의미는 연결이 증가하는 방식과…

도나 …연결을 만드는 과정에서 갈라져 나오는 것이죠. 따라서 연결은 더 많은 연결을 만들고, 당신은 딱히 만나게 되리라 예상하지 못했던 다른 파트너들과도 연결됩니다. 때로는 사람이기도 하고 때로는 아니기도 하죠. 즉 연결에는 이렇게 끈질긴 과정적 성격이 있습니다. 따라서 저는 세상에는, 말하자면 다른 것에 비해 더 중요한 어떤 것이 있다고 생각합니다. 근본적으로 다른 종류의 생명체들을 유지해야 한다는 절박한 문제들, 그와 더불어 이 지구에 살고 있는 인간이라는 개체군도 경제적으로 살아갈 수 있는 지속가능한 생태 환경을 만들어야 한다는 절박한 문제들, 이러한 문제들의 절박함이 있습니다. 급진적 비판 이론의 오래된 표현에 따르면 이 문제들은 '확립된 무질서'의 결과이죠.

조지프 당신이 학기 중에 학생들과 어떤 식으로 만나는지는 모르지만, 어떤 문제는 더 절박하다는 이 관념에 대해… 가끔 제 학생들은 주저하는 표정으로 '글쎄, 그런 문제가 뭐죠?' 하는 표정으로 저를 바라봅니다. 그들은 분명 나름의 생각을 가지고 있지만, 무엇이 절박하다고 말하려면 허락이 필요한 것처럼 보인달까요.

도나 네, 그럴 때 제가 처음으로 하고 싶은 일은 그들에게 무엇에 관심을 쏟고 있는지 물어보는 것입니다. 그리고 그 관심사로 인해 그들이 세상으로부터 더욱 고립되는 것이 아니라 어떻게 연결되는지를 묻지요. 만일 그로 인해 고립된다면, 그들은 어떻게 대처해야 할까요? 고립이 그들에게 좋은 일일까요? 그렇기에 그들을 밀어붙이면서도, 선생으로서 그들의 생각을 억누르는 방식이 아니라, 그들이 모든 답을 직접 만들어내도록 밀어붙입니다. 그리고 제가 생각하는 답은 말하지 않지요. 그러면 저 역시도 나는 이러저러한 이유로 이 문제들이 절박하다고 생각한다, 이 순간들이 절박하다고 생각한다, 그들이 절박한 상황이라고 생각한다고 말할 수 있습니다…. 그리고 저는 이것이 그저 제가 하는 말이라고 생각하지 않습니다. 저는 우리에게 이러한 딜레마들이 있고, 바로 이 '우리'가 하나의 초대라고 생각합니다. 또한 이것은 부분적으로 하나의 경험적 진술이지만, 모든 경험적 진술은 동시에 질문이기도 합니다. "이것이 '우리'일까요? 저는 이 질문을 저만 가지고 있는 것이 아니라고 확신합니다. 여러분도 그렇게 생각하나요?" 이것은 회의적인 질문이 아닙니다. 저는 사람들이… 자신의 모든 유한성 내에서도 이러한 질문에 답할 수 있다고 생각하거든요.

조지프 한 연구에서 당신이 복수형 대명사를 사용하는 것이 어떤 가능성… 즉 어떤 희망이 될 수 있다고 이야기한 기억이 나는데요, 여기서도 그러한가요?

도나 '우리'를 일종의 대명사의 미래시제로… 사용하고자 하는 제스처를 수사적 형식으로 표현해봤어요. (웃음) 대명사에 미래가 있다면 말이죠.

조지프 저는 당신이 과학연구에서 제기하는 것과 같은 유형의 질문을 사람들이 제기할 수 있는 지형이나 조건에 대해 묻고 싶었습니다. 《영장류의 시각》에서 당신은 "여러 종류의 사람이 영장류를 안다고 주장할 수 있다. 그들은 영장류에 대한 공식적 전문성을 차지하기 위해 다투는 다른 여러 경쟁자를 낙심시키고 분하게 만들면서 앎을 주장한다"고 이야기했습니다. 지식 프로젝트 영역의 그러한 난잡함이 당신이 던지는 유형의 질문, 당신이 하는 연구 실천 방식을 특히 가능하게 만들었는지 궁금합니다. 그리고 그중에서도 최근의 개와 반려종에 관한 프로젝트에 대해 묻고 싶습니다.

도나 그렇다마다요. 저는 그런 난잡함이 불가피한 유형의 지식-생산 연구를 보면 불을 본 나방처럼 이끌립니다. 지식-생산 연구 중에서는 제가 이끌리는 종류의 난잡함과는 어마어마하게 멀리 떨어져 있는 것도 있어요. 가령 입자물리학이 그렇지요. 그곳에도 얼마든지 난잡함이 있고, 그것을 샤론 트래위크가 천재적으로 보여주었지만, 그것은 종류가 다릅니다. 정말로 달라요. 그것이 지닌 물질성의 모든 면에서 다릅니다.

먼저 저는 동물에 관심이 압도적으로 많습니다. 동물로서의 사람에게도 관심이 있고요. 사람이 아닌 동물에게도 관심이 있지요. 그들 사이의 관계에도 관심이 있습니다. 독립적인 존재로서의 동물에게도 관심이 있습니다. 정말 관심이 많아요[Haraway, 2004e, 2004f, 2005 참조]. 하지만 모든 사람이 그렇지는 않죠. 그래야 하는 것도 아니고요. 그러나 이것이 제가 세계에 접근하는 한 가지 방법입니다.

조지프 《한 장의 잎사귀처럼》에서 당신은 《영장류의 시각》을 다시 써야 한다면 영장류 연구와 협력하며 현장에서 시간을 더 많이 보낼 것이라고 말했습니다. 지금 개와 반려종 연구를 하면서는 그렇게 하고 있다고 봐도 될까요?

도나 그럼요. 사실 반려종 연구는 《영장류의 시각》을 쓸 때와는 오히려 완전히 반대예요. 지금 제 질문은 압도적으로, 인간이 아닌 다른 유기체와 함께 지속적으로 작업하는 과정이자, 같은 일을 하려 하는, 즉 이것의 역사와 거기에 담긴 도덕적, 감정적 동요를 이해하고자 하는 다른 사람들과 함께하는 과정에 관한 것이니까요. 그런 점에서 제 질문은 이전보다 훨씬 더 민족지학적입니다. '민족ethno'이라는 단어가 최선인지는 의문이네요. '유기체-지학적organo-graphic'이 나을까요? (웃음) 잘 모르겠어요. 그런 어떤 것이죠.

조지프 당신은 어떻게 서로 다른 두 개의 유기체가 함께 어울릴 수 있는지에 대한 글을 씁니다. 두 유기체 모두를 번성시킬 수 있는 특정한 방식이 어떻게…

도나 …특정한 역사적 배경 속에서 마련될 수 있는지에 관해 쓰지요. 추상적 개념의 호모사피엔스나 추상적 개념의 개속 Canis familiaris이 아닙니다. 이 역사와 이 시공간 속에 있는 존재들이죠.

조지프 그렇습니다. 그리고 당신이 1980년대 중반에 쓴 글, 말하자면 사이보그 선언을 보고 나서 반려종 프로젝트의 글을 보면, 분명히 두 글이 모두 정치적이지만 다른 방식으로 정치적이라고 느껴집니다. 이렇게 다른 종류의 정치성에 대해 설명해줄 수 있으신지요.

도나 사이보그 프로젝트는 명백히 드러나는 방식으로 정치적
입니다. 그럼에도 그것은 복에 겨운 기술-애송이의 잡담일
뿐 올바른 방식으로 정치적이지 못하다며 다양한 방식으로
일축되었죠. 물론 지금 돌아보면 어리석어 보이는 지적들이
죠. 또 그런 점에서 두 글에 어느 정도 비슷한 부분도 있을 것
이라고 생각하는 편이에요. 단지 제가 하고 있는 작업이기
때문이 아니라, 동물은 물론 바이러스, 프리온 및 다른 생물
학적 존재가 이제는 우리가 오늘날 인간으로서 실천하고 있
는 아마도 가장 긴급한 정치 참여 중 하나로서 전경화되었
기 때문입니다. 우리가 육류 산업, 멸종 위기종 문제, 혹은 어
업 문제 등등에 대해 이야기할 때를 생각해보세요. 인간의
번영을 논할 때 이제는 동물 문제가 불가피한 중심으로 인
식되고 있으며, 규제 장치가 작동하게 될 방식에서부터 경
제가 작동하게 될 방식, 노동과정이 작동하게 될 방식, 건강
과 식이 관행이 작동하게 될 방식까지, 사람들은 모든 면에
서 정치적으로 좋은 삶을 고려하고 있습니다. 다른 무엇보
다도 동물에 대한 깊은 관심이, 평범한 일상적 의미의 정치
의제에서 실로 가장 중요한 자리를 차지하는 현상이 광범위
하게 나타나고 있습니다.

그렇기에 어떤 면에서 저는 제가 하고 있는 작은 프로젝트
가 거대한 움직임의 한 조각이라고 느낍니다. 사이보그 선
언이 많은 사람이 인식하게 된 상황의 한 조각이 되었던 것

과 비슷한 방식으로요. 그 상황을 정보사회라고 부르든, 디지털 기술에 의해 매개되는 유연적 축적이나 다른 어떤 명칭으로 부르든, 거의 비슷한 시기에 온갖 종류의 사람이 우리가 생각하고 행동해야 하는 곳에서 그것을 인식하게 되었습니다. 글쎄, 요즘엔 동물들이 이 배에 올라탄 것 같아요. 그렇기에 저는 매우 개인적인 이유로 이 프로젝트를 시작했지만, 그런 관심을 가진 존재가 저 혼자만이 아니라는 점이 밝혀지고, 더구나 매우 흥미로운 방식으로 혼자가 아니라는 점이 밝혀진 것이지요.

따라서 가장 협소하게 개에 대해 생각하는 방식은 거대한 세계에서 아주 작은 하나의 조각일 뿐입니다. 도시 정치의 한복판에서 공원은 어떻게 조성되는지, 공공장소를 활용하는 여러 유형의 사람이 그곳을 함께 사용하는 방식은 어떻게 마련할 것인지를 논하지 않으면, 개에 대해 잘 생각할 수 없습니다. 거기엔 그런 수준의 시민 정치, 즉 모든 사람이 정치적이라고 받아들이는 지속적이고 근본적인 정치 문제가 있습니다. 시의회가 작동하는 방식, 보건부서가 작동하는 방식, 이웃들이 같은 공간에 거주하고 있는 어린이와 개를 둘러싼 다양한 문제에 대처하는 방식 같은 문제가 있지요. 사람들이 자유에 대해 이야기하는 서사들도 결국 도시 정치의 거대한 부분이 되고요. 그 외에도 여러 가지가 있죠.

그 모든 것의 기술 또한 정말 흥미로워집니다. 작은 금속 클리커(딸깍딸깍 소리를 내는 개 훈련 도구)에서부터 시작해서 모든 것이요. 크리켓〔딸깍딸깍 소리를 내는 군사용 연락 도구〕이 표준화된 개 클리커로 진화했고, 개 목줄, 넥칼라, 가슴줄도 진화합니다. 더없이 흥미로운 소비자 문화가 존재하는데, 그것은 도시 정치의 일부이기도 한 여러 이야기와 연관된 특정 종류의 기술에 관한 문화이기도 하죠. 요즘에는 아이를 돌보는 데 필요한 모든 장비를 알고 있지 않고서는 아이를 보살필 수 없습니다. 그렇기에 중산층 사람들이 개를 돌보는 데 필요한 모든 장비와 그것이 표준을 설정하는 방식을 살펴보는 거지요[Haraway, 2004f 참조] 그것은 퍼즐의 아주 작은 조각 하나일 뿐입니다. 거기에는 동물권을 둘러싼 일군의 문제가 있습니다. 개는 그중 단지 하나의 조각이지만, 큰 조각입니다. 여기서 우리가 비-인간 유기체와 맺는 관계는 주인, 보호자, 반려자일 수도 있고, 이 중 아무것도 아니거나 전부일 수도 있으며, 그런 역할에서 파생되어 나온 것이기도 합니다. 그리고 여기에는 역사 문제도 있습니다. 저는 그 문제를 〈반려종 선언〉에서 간략히 다루었지요. 하지만 그것은 정말 최소한의, 짧은 범위의 역사입니다. 당신은 분자의 역사, 진화의 역사, 노동과정의 역사, 그리고 일하던 개가 반려견이 되고 다시 일하는 개가 되는 순간에 대해 생각해야 합니다. 당신을 포함해 모든 사람에게는 인종 집단, 국가 집단, 젠더 집단의 역사가 있지요. 철저히 개인적인 역사도 있고요. 학교에 다니는 아이들을 향한 교육학과 반려동물 및 반려 관계를 향한 교육학의 공-진화도 있습니다.

그리고 노화 담론, 즉 늙어가는 동물과 늙어가는 인간에 관한 담론도 있습니다. 놀라운 일이죠.

푸코라면 당연히 이것을 눈 깜짝할 사이에 이해했을 것입니다. 제가 푸코를 읽을 때도, 이 담론들이 특정한 구성체formation들(이것들을 인식론적 구성체라 부르든 당신이 원하는 다른 말로 부르든) 내부의 도처에서 생산되는 방식을 충분히 이해할 수 있었기 때문입니다. 자원의 분배, 경제, 모든 것의 상품화를 포함한 이 모든 것은, 권력관계를 논한다는 완전히 일반적인 의미에서 정치적입니다.

그다음에는 질병 전파에 대한 온갖 종류의 문제가 있습니다. 혹은 각기 다른 국가적, 지역적 정치의 문제가 있지요. 가령 당신이 순종 클럽(순종견의 인증, 관리, 훈련 등을 담당하는 협회)이 작동하는 방식에 관심이 있다고 합시다. 그러면 당신은 EU에 있는 클럽들을 발견하기 시작할 것이고, EU 협약의 적용을 받는 순종 클럽들이 귀 자르기와 꼬리 자르기를 제한하고, 불도그 얼굴에서 주둥이를 납작하게 만들기 위한 교배를 제한하는 등 온갖 종류의 관행을 만들기 시작했음을 알게 될 것입니다. 유럽인들이 자신이 쌓아온 사회민주주의적 역사나 다른 무엇에서 기원한 허용가능한 정치적 행동으로 받아들이는 것을 미국인들은 군사적 음모론이라고 생각하지요. (웃음) 정부가 모든 것을 장악해버린다면서요. 그 외에도 광견병 정치의 현장이라든가, 정자 수입, 복제 문제 등등 얼마든지 많은 문제가 있습니다. 그리고 당신

은 왜 베트남 사람들은 개를 먹는지 물어볼 수도 있겠죠. 그
러면 갑자기 당신은 무엇이 음식으로 여겨지는지, 무엇이
인종차별인지의 문제, 중국인들이 강아지를 음식으로 활용
하기 위해 몇몇 대형견 품종을 수입하고 있지는 않은지, 그
렇다면 우리는 베이징에서 올림픽을 개최할 수 있는지에 관
한 문제의 한복판에 서 있게 됩니다. 개에 대해 생각하면 이
모든 정치적 세계 속으로 들어가지 않을 수 없습니다.

조지프 당신이 그렇게 복잡한 지형과 일련의 연결성을 설명하
기 시작할 때, 저는 당신의 말을 듣기 위해 찾아오는 학생을
비롯한 다른 사람들을 생각합니다. 그리고 당신이 흔히 던
지곤 하는, 각자가 신경을 쏟고 있는 것은 무엇이며, 관심을
가지고 있는 것은 무엇인가라는 질문을 떠올립니다. 이 모
든 질문이 등장하는 모습을 바라보면, 스스로가 '세상에! 이
많은 조각 중에 나는 어떤 것에 관심이 있을까?'라고 생각하
게 되기 때문입니다. 따라서 그것은 '당신은 무엇에 신경을
쏟고 있는가'를 계속적으로 묻고, 다시 묻는 일입니다.

도나 그렇습니다, 단계마다요. 그리고 관심을 가지면 당신이 변
화하기 때문에, 당신의 질문도 변화하고 당신의 파트너도
달라집니다. 당신이 결속되어 있는 집단도 달라지며, 당신
이 받게 되는 질문도, 좋든 싫든, 당신이 선택하든 아니든, 달
라집니다.

조지프 때때로 제 젊은 동료들은 '그런 포스트모던적인 이야기
를 해도 당신은 아무 문제 없겠죠. 당신은 정년 보장 교수니

까요. 하지만 전 해야 할 일이 있어서요'라고 말합니다. 당신의 연구에 대한 이야기를 읽으면서 제가 상당히 고무적이라고 생각했던 것 중 하나는 당신이 일련의 질문을 지난 25년여 동안 지속적으로 제기해왔다는 점입니다. 누군가가 어떤 것에 대한 연구를 계속 해나가고 당신도 자신의 질문을 계속 던진다면, 설령 전문적, 제도적 지원이 거의 없다 해도 앞으로 나아갈 방법이 있다고 역설하는 것처럼 읽혔거든요.

도나 그에 대해서는 할 말이 몇 가지 있습니다. 일단 저도 그로 인해 해고당한 적이 있다는 점을 사람들에게 상기시키고 싶어요. 정당할 수도 있고 부당할 수도 있겠지만, 해고당한 것은 사실입니다. 저는 사람들이 왜 그런 처분을 했는지 이해합니다. 그들이 어리석어서 그런 것은 아니에요.[1]

그래서 그 일을 통해 제가 대학원생들에게 할 수 있는 말 중 하나는, 저도 여러분이 하는 말이 어리석은 소리가 아니라는 사실을 잘 알고 있다는 것입니다. 이는 위험한 학문이 될 수 있고, 학계는 안전한 제도가 아닙니다. 정말로 해를 입거나 본인의 선택에 대한 벌을 받는 사람들도 있습니다. 따라서 제 대답 중 하나는 다음과 같아요. 그렇습니다, 저는 여러분의 말을 충분히 이해하고 있으며, 한심한 소리가 아니라는 것도 잘 알고 있어요. 그러나 여러분이 관심을 쏟고 있는 일을 하지 않고서는 살아남을 방법이 없습니다. 직업적으로도 살아남을 수 없거니와, 감정적으로도 살아남을 수 없을 거예요. 그러니 위험을 감수할 가치가 있지요. 어떤 식으로든 위험을 피해보려 하는 것은 소용이 없습니다. 제 생각에는 그저 원하는 일에 도전하고 최선을 다하는 사람보다 위험을 피하려 하는 사람이 해고당하는 경우가 더 많은 것 같아요. 그리고 여러분이 원하는 일에 전념할 때에야 몇 가지 똑똑한 일을 할 수 있고요. 가령 훌륭한 지적 연구를 하기 위해 실질적인 노력을 할 수 있습니다. 해야 할 숙제를 하고, 글쓰기 실력을 향상시키고, 연구를 하고, 조사를 하며, 자료실에 찾아가는 것이죠. 연구를 해야 합니다. 그렇게 여러분이 진정으로 자기 연구를 하고 자신의 관심사를 진실로 추구한다면, 그것이 가능한 한 가장 안전한 길입니다.

조지프 정말 좋은 조언이네요. 이제는 서로 밀접하게 연결되어 있으며 내재되어 있는 과학의 본질에 대해 묻고 싶습니다. 저는 《영장류의 시각》에서조차 당신은 이러한 연결성에서 출발하면, 생산된 지식의 결과에 대해 질문을 던질 뿐 아니라 과학이 행해지는 방식에 관한 가치와 윤리에 대해서도 질문을 제기할 수 있다고 주장한다고 생각합니다. 이것이 과학교육학의 측면에서 다루어지는 방식에 대해서는 어떻게 생각하십니까? 제 주변에서는 그것이 여전히, 음, 그렇죠, 물론 중요한 질문이긴 하지만 진정으로 과학의 중심을 차지하지는 않는다고 반응하는 것 같거든요. 하지만 당신은 그것이 중심이라고 주장하니까요.

도나 그리고 그것이 우리가 세계에 대해 알게 되는 내용과 알게 되는 방식의 핵심입니다.[2] 그것이 우리가 무언가를 알게 되는 방식, 즉 우리가 아는 것을 형성하지요. 글쎄요, 저도 당신과 마찬가지로 그에 관해 걱정하지 않을 일보다는 걱정해야 할 일을 더 많이 본다고 생각합니다. 더불어 이 역시 당신도 마찬가지겠지만, 이 문제에 대해 지난 수십여 년 동안 나타났던 매우 긍정적인 실천들도 봅니다. 즉 둘 다 보고 있죠. 매우 긍정적인 일들이 조금 적긴 한 것 같습니다만… 형편없이 적지는 않지요.

예를 들어 지금 제가 가르치는 대학원생 중에 에바 숀 헤이워드Eva Shawn Hayward라는 사람은, 몬터레이 베이 수족관의 해파리 전시를 활용하여 해양 무척추 동물학을 영화, 사진, 여러 유형의 박물관용 실험실 현미경 사진 등 다양한 종류의 시각화 관행과 결합하는 정말 흥미로운 연구를 하고 있습니다. 이뿐만 아니라 매우 흥미로운 작업을 아주 다양하게 하고 있어요. 에바는 자신의 심사위원으로 비키 피어스Vicki Pierce라는 해양 무척추 동물학자를 초빙했습니다. 마침 제 친구의 친구였지요. 저는 비키를 알고 있었고 그에게 연락할 수 있었지만, 비키의 동물학 연구에 대해 이야기할 수 있을 만큼 아는 것은 딱히 없었어요. 비키가 에바의 논문을 심사하고 편집하는 과정이나, 그가 조사하고 있던 몇몇 유기체를 이해하기 위해 그의 연구 설계를 소재로 대화를 나누는 등의 과정을 통해, 저는 그의 연구 실천이 그 유기체들의 웰빙을 위해 믿기 힘들 정도로 세심한 주의를 기울이고 있다는 사실을 알게 되었습니다. 그는 자신이 망쳐버리면, 자신이 관심을 가진 질문에 답을 구할 수 없게 된다는 점을 정말로 경계합니다. 하지만 그것뿐만이 아니에요. 비키는 해양의 지속가능성에 대해 깊은 지식을 가지고 있으며, 그것이 자기 연구의 핵심이라고 생각합니다. 해양 유기체의 생존가능성 문제와 관련하여 벌어지는 일은 그가 과학자로서 사고하는 방식에서 최우선 과제이며, 그만큼 저는 이러한 태도가 매우 널리 퍼져 있다고 정말로 믿고 있어요. 저는 하와이에 동물학자 친구와 해양생물학자 친구가 있습니다. 그리고 발달생물학자 겸 분자생물학자인 스콧 길버트 Scott Gilbert라는 친구도 있지요. 이들도 이러한 문제에 대해 매우 지식이 깊으며, 각자의 연구를 하면서 정말 중요한 역할을 합니다. 그리고 큰 심포지엄이나 이 문제에 관련된 사람들이 모인 전문적 회의에서 만난 이들의 친구들도 그것을 중요한 문제로 다룹니다. 인문학 혹은 제가 있는 곳 어디에서든, 생물학에서 정보를 얻은 제 연구는 훨씬 더 큰 발전의 일부분입니다. 또한 인문학에서 일어나고 있는 무지막지하게 많은 일이 학문적 삶을 상업화하는 과정에서 벌어졌듯이, 생물학적 삶의 상업화도 엄청납니다. 전부 나쁘지는 않지만, 마찬가지로 위험하죠.

비키의 세심함과 관련하여 또 하나 정말 흥미로운 일은, 그가 에바의 논문 자격 에세이를 편집했다는 점입니다. 제가 담당했을 것이라고 생각하셨겠지만 아니에요. 기회가 생길 때마다 비키는 에바에게 이 에세이가 그저 '인간과 동물'이

아니라 '인간과 다른 동물들'에 대한 논의가 되어야 한다고
주장했습니다. '해파리'가 아니라 '해파리들'이 되어야 한다
고 주장한 것도 비키였습니다. 그냥 해파리라는 말로는 당
신이 마트의 생선 코너에서 구입하는 것과 바다에 살고 있
는 유기체를 구분할 수 없기 때문입니다. 상품 형태의 유기
체와 생태적 파트너 형태의 유기체 간의 차이를 간파해야
한다고 주장한 사람도 비키였습니다.

조지프 단어에 정말 그토록 세심한 주의를 기울이는군요….

도나 네. 이제 그는 자기 분야에서 가장 영향력 있는 저널의 편
집장이 되었습니다. 그래서 이러한 세심함을 발휘하여 자신
에게 투고되는 논문들을 정기적으로 편집하고 있죠.

조지프 당신은 지금 벌어지고 있는 일과 관련하여 사람들에게
희망을 줄 수 있는 작업들을 꾸준히 기록하고 언급합니다.
비록 소수의 과학자만이 그런 작업을 하고 있긴 하지만요.

도나 그런데 저는 그들이 통제권을 가진 지위가 아닐 뿐 실제로
그렇게까지 소수인지 의문이에요. 정말 그럴까요. 잘 모르
겠어요. 여러 생물학 분야 내의 권력 배치에 대해 어떻게 지
적으로 이야기할 수 있을지 잘 모르겠습니다. 상당히 많은
폭력을 열거할 수도 있겠지만, 아주 복잡한 실천의 장이기
도 하거든요.

조지프 만일 누가 자연과학 분야의 사람들은 도나 해러웨이의
글을 어떻게 생각하냐고 묻는다면, 뭐라고 답하겠습니까?

도나 대부분은 제 글을 모릅니다. 제 글을 좋아하거나 알고 싶어

할 거라고 예상했던 사람들을 포함해서요. 그리고 많은 영장류학자가 《영장류의 시각》을 싫어해서 제가 심히 실망한 적도 있지요. 절대적이지는 않지만 성별에 따른 차이도 있는 것 같아요. 구디브와 인터뷰할 때도 이 이야기를 했던 것 같습니다만, 제가 정말 좋아하던 한 영장류학자와 친한 친구가 되었는데, 또 그의 딸은 영문학 박사예요. 그들이 《영장류의 시각》을 함께 리뷰하면서, 딸은 온갖 문화적 내용과 더불어 긍정적인 부분을 맡고, 어머니는 비판적인 부분을 맡았습니다[Jolly and Jolly, 1990 참조]. 몇 년 후 어느 학술대회에서 그를 만났을 때 저는 그 일이 많이 언짢았다고 말했습니다. 그도 제 마음을 이해했지요. 그도 얼마간 책을 더 읽고 다시 고민했다고 하더라고요. 브라질 신세계 원숭이와 더불어 연구하던 또 다른 영장류학자는 《영장류의 시각》이 정말 형편없는 책이라고 생각했었다고 해요. 그런데 우리가 함께 초청된 학술대회를 준비하느라 몇 챕터를 읽어봤더니, 자신이 짐작하던 내용이 아니었을 뿐 아니라, 심지어 마음에 들더라는 거죠. 그는 그 책을 읽지 말라는 경고를 받아왔는데, 막상 읽어보니 아주 좋았다고 했어요.

제 경험에 따르면 사람들을 직접 만날 때나 그들이 책을 읽고 저와 대화할 때는 온전한 의미에서 비판적인 반응을 들을 수 있었습니다. 거기엔 비판도 담겨 있고 경의도 담겨 있으며 놀라움도 담겨 있습니다. 그것은 참여입니다. 그들은 내가 어떤 부분은 흥미로운 방식으로 제대로 짚었고 어떤 부분은 실수를 저질렀다고 생각하며, 그러면서 자신도 참여하고 있음을 발견합니다.

과학전쟁으로 인해 사람들은 온통 적군 진영과 아군 진영으로 나뉘었고, 이는 모종의 영향을 미쳤습니다. 따라서 첫 번째 대답은 대부분의 과학자는 제 글을 모르거나 관심이 없다는 것입니다. 두 번째는 제가 적으로 간주된 경험이 있다는 것입니다. 하지만 그들이 실제로 제 논의에 참여하고 나면 사실은 그렇지 않다는 것을 알아차립니다. 모두는 아니지만 많은 사람이 그랬습니다. 가령 버클리 대학의 스티브 글리크먼Steve Glickman은 하이에나와 더불어 정말 흥미로운 연구를 하는 학자입니다. 그는 브라질에서 개최된 학술대회에 영장류학자 및 다른 동물행동학자들과 저, 브뤼노 라투르, 이블린 켈러, 그레그 미트먼Gregg Mitman 등등이 모였을 때, 실제로 저와 브뤼노에게 질문을 던졌습니다. 우리 둘이 당황하지 않도록 따로 조용히 물었지요. 당신들도 현실을 믿느냐고요! 우리가 그런 질문을 받는 지경에 이른 것이었고, 저는 믿을 수가 없었어요. 게다가 스티브는 정말 좋은 사람이거든요. 우리는 그 학술대회에서 매우 굳건한 유대를 형성했고, 지금까지도 스티브는 아주 훌륭한 지지자가 되어주고 있어요. 하지만 그 역시 저처럼 글을 쓰는 사람들이 실제로 현실 세계를 믿기는 하는지 확인해봐야만 했던 거죠. 어떤 부분은 우리가 글을 쓰는 방식의 문제 때문일 테지만, 또 어떤 부분은 그저 우리 문화의 심대한 균열 때문입니다. 따라서 정식 생물학 교육을 받은 우리조차도 그런 취급을 받는 것이죠.

당신도 알아차렸겠지만, 이제 저는 다른 식으로 글을 씁니다. 좀 더 사람들을 끌어들이고자 노력하지요. 이것도 위와 같은 경험 때문입니다. 셜리 스트럼Shirley Strum과 린다 페디건[3]이 기획한 브라질 학술대회가 부분적으로는 《영장류의 시각》에 대해 그들이 여전히 품고 있던 의문을 제기하는 자리였다는 사실을 알고 있어요. 두 사람 모두 그 책을 만드는 데 협력했는데, 약간 조심스러웠어요. 어떤 부분은 좋아했지만, 또 어떤 부분은 정말 걱정했죠. 지금은 그렇지 않아요. 연관성이 훨씬 두터워졌죠. 《영장류의 시각》을 쓸 때 저를 도와준 영장류학자 바버라 스무츠Barbara Smuts는 요즘 개에 대한 연구를 하고 있어요. 그 연결성이 아주 근사하게 입증되고 있지요. 시간이 지나면 저에 대한 거부감도 줄어들고 좀 더 쉽게 접근할 수 있게 되리라 생각합니다. 더불어 생물학자들도 지금까지 변화해왔다고 생각하고요.

조지프 《해러웨이 읽기》의 〈서문〉에서 당신은 "라투르를 읽기 전에 나는 스스로 페미니즘적 과학연구 혹은 페미니즘적 기술과학연구라고 부르던 일을 시작하고 있었다[…]"라고 언급했지요.

도나 그때는 그것을 기술과학이라고 부르지 않았습니다. 라투르 덕에 그 단어를 알게 되었지요.

조지프 하지만 거기서 당신은 규범적 버전의 과학연구 지형에서 당신이 배치되는 방식이나 페미니즘 과학연구자들이 배치되는 방식, 혹은 아예 자리를 얻지 못하고 심지어 언급조차 되지 않는 방식에 대해 잠시 이야기합니다.

도나 맞습니다. 완전히 잊히지요.

조지프 그래서 우리가 당신의 연구의 기원을 어떻게 불러야 할지에 대한 당신의 생각을 간단하게나마 말해주셨으면 합니다. 당신이 라투르를 알기 전에 이러한 연구를 시작하게 되기까지의 과정이 궁금해요. 그는 당신과 나란히 놓이곤 하는 사람이기에 더 궁금합니다.

도나 그렇죠. 적절하기도 하고 재밌기도 한 지적입니다. 브뤼노와 저는 친한 친구예요. 우리는 진정으로 깊은 이해와 비판을 나누죠. 서로에게 각자 좋아하는 점과 싫어하는 점이 있고요.[4]

조지프 맞습니다. 그렇다면….

도나 음, 저의 페미니즘 과학연구는, 여성 보건 운동과 인종과 지능지수의 관계에 대한 논쟁, 1970년대 좌파 환경주의자의 문제 제기, 전미여성학협회National Women's Studies Association에서 학술대회를 조직한 샌드라 하딩 등의 사람들 같은 학문적 배경에서 기원했습니다. 그리고 섹스/젠더 논쟁이나 자연이란 무엇인지의 문제를 다루는 영장류학의 논점과, 작업 현장의 특정한 통제 위계 속에서 기술이 구축되는 방식과 관련하여 좌파가 제기한 노동과정의 문제도 수용하고 있었지요. 기계적 도구의 발달에 대한 데이비드 노블의 연구 등등도 함께요. 따라서 제가 나중에 과학연구라고 부르고 당시에는 과학 및 기술에 대한 페미니즘적 접근이라고 했던 것(저는 과학연구라는 용어를 더 나중에 접했어요. 과학기술연구STS는 그보다도 뒤에 들었고요)을 시작했을 때는, 과학과 그것의 기술이 당대의 정치적 논쟁의 일부를 차지하는 방식에 관심을 쏟고 있었습니다. 인종차별, 환경주의, 성차별 등등을 둘러싼 논쟁들 말이죠. 그래서 저는 제 가장 주된 정체성이 과학연구자라고는 생각하지 않는 편이에요. 가장 중요하게는 페미니스트이고, 그에 관한 온갖 일을 하고 있으며, 부차적으로 과학연구의 참고문헌에 등장하죠. 물론 페미니스트를 우선으로 삼을 만하지만, 제가 그런 정체성을 가지게 된 것은 전체 여정 속에서, 그러니까 민중을 위한 과학Science for the People〔1960년대 후반에 등장하여 사회로부터 고립되지 않은 과학을 주장해온 좌파 사회주의 조직〕, 보스턴 여성건강공동체Boston Women's Health Collective, 자연에 대한 마르크스 이론 다시 읽기 등등의 전체 계보 속에서 나온 거예요. 신사회 운동도 있고, 그 외에도 정말 많죠.

1979년에 제가 아직 홉킨스 대학에서 일하고 있을 때, 저는 과학사학회 학회지 《아이시스Isis》로부터 《실험실 생활》을 리뷰해달라는 요청을 받았어요. 그때 처음으로 브뤼노 라투르와 스티브 울거에 대해 알게 되었죠. 저는 그것이 정말 근사한 책이라고 생각했어요. 정말 좋았죠. 제가 과학에 대해 생각하는 법을 다시 돌아보게 해주었다는 점에서 토머스 쿤 이후로 가장 흥미로운 내용이었어요. 정말 멋진 책이었어요. 그래서 저는 매우 긍정적인 리뷰를 작성했습니다 [Haraway, 1980 참조]. 그 당시에는 그런 논의가 중요한 문제가 아니었고, 저도 별로 아는 바가 없었어요. 과학지식사회학 sociology of scientific knowledge, 약자로 SSK라고 불리는 분야에서 무슨 일이 일어나고 있는지 그다지 아는 게 없었죠. 어느 순간엔 XYZ였을지도 모르죠. (웃음) 저는 그 분야의 일원이 아니었어요. 제가 한 연구는 전부 다른 곳에서 왔으니까요.

돌이켜보면, 사실 거기에 다른 연결 지점이 더 있었지만, 당시에 저는 몰랐습니다. 지금은 책으로 출판된[Haraway, 2004b] 박사논문을 쓸 때, 저는 콘래드 H. 워딩턴Conrad H. Waddington을 인터뷰하기 위해 에든버러에 갔습니다. 에든버러에서 게리 워스키Gary Werskey와 대화를 나누기도 했습니다. 당시에 그곳에도 과학지식사회학이 전파되기 시작했고, 저도 그 분야의 몇몇 사람과 이야기를 나누었습니다. 하지만 과학지식사회학의 문제에 대해 질문하지는 않았기 때문에, 그에 관해서는 아무 연관을 맺지 않았지요. 따라서 제가 에든버러에 있었다는 사실을 아는 사람은 그곳에서 '제가 영향을 받았다'고 생각할 수 있겠지만, 그렇지 않아요.

모든 것은 다른 곳에서 왔어요. 예일 대학에서 생물학 전공 대학원생으로 보낸 시절에서 왔고, 제가 유전자 환원주의라고 인식한 것에 압도적으로 반대하던 시절에서 왔고, 유기체가 한 편의 시로 존재하는 방식에 훨씬 더 관심을 쏟던 시절, 즉 유기적 형태의 개념에 대한 저의 헌신과 가톨릭 감수성에서도 왔죠. 따라서 학문 탐구의 한 영역으로서의 과학연구는 매우 뒤늦게 들어왔습니다. 물론 그것이 추가되어서 정말 많은 도움이 되었죠. 그 뒤로 제가 도움을 받기도 하고 주기도 하면서 쭉 이어지게 되었고요. 하지만 저는 과학연구에서 기원하지 않았고 아주 최근까지는 큰 영향을 받지도 않았습니다. 최근에서야 상호적 관계가 되었죠.

저는 남성들과 남성들의 장소로서의 과학연구를 전면에 내세우는 계보를 보면 매우 화가 납니다.[5] 그들이 근사한 일을 하고 있다고 생각했기 때문에 그 연구에 관심이 있었어요. 당시엔 정말 많은 것을 배우기도 했고요. 그때쯤 그들도 제 글을 꽤 많이 읽기 시작했지요. 적어도 브뤼노는 매우 빨리 읽어나갔죠. 이 문제와 관련해 브뤼노와 저의 차이점 중 일부는 인용 방식이었어요. 미국은 인용 관습이 아주 철저하죠. 어떤 면에서는 국가적 차이이기도 하고, 어떤 면에서는 개인적 특성이기도 합니다. 저는 어떤 대화가 나오게 된 모든 종류의 네트워크를 전면에 드러내려는 노력을 중시했고, 브뤼노는 좀 더 여유가 있었습니다.

조지프 글 곳곳에서 당신은 연구하고 있는 신체와 대상을 '동결된 이야기'라고 언급합니다. 그리고 물리적 대상을 '말 그대로의 은유'라고 말하지요. 이 책을 읽는 누군가는 '말 그대로의 은유? 동결된 이야기?'라고 반응할 수도 있을 텐데요, 이에 대해 좀 더 이야기해줄 수 있을까요?

도나 그럼요. 그 표현은 여러 곳에 등장하니까요. 가르치는 것에 대한 이야기를 하나 하면서 설명해보겠습니다. 저는 몇 년 동안 '과학과 정치'라는 강의를 했어요. 그러던 어느 해, 매우 이른 시각인 아침 여덟 시에 대형 강의가 있었지요. 그 강의실에 가려면 우리 모두 맛있는 커피와 초콜릿 크루아상을 파는 작은 가게를 지나쳐야 했습니다. 그리고 봄학기였기 때문에 사람들은 티셔츠 정도만 입고 있었어요. 그래서 아침에 잠에서 깨는 한 가지 방편으로, 저는 사람들에게 가져온 물건을 꺼내달라고 부탁했습니다. 크루아상을 꺼내서 그 안에 든 밀가루와 초콜릿, 버터와 설탕, 그리고 커피를 통해 우리가 세계사와 연결되는 과정으로 저를 데려가 달라고요. 저는 사람들에게 물건을 하나 골라달라고 청했습니다. 자기 옆에 앉은 사람이 입고 있는 티셔츠, 그 위에 새겨진 프린트, 상표, 상표를 붙인다는 사실 자체, 섬유 성분 같은 것이 되겠죠. 만일 폴리에스테르가 들어 있다면, 퓨리티홀[6]과 듀폰사 실험실의 역사가 펼쳐지겠지요. 아시다시피 질소화학의 역사도 이어지고요. 만약 면이라면, 살충제와 캘리포니아 물 프로젝트, 면화 재배지, 섬유의 길이가 소환됩니다. 지금 당신이 어깨에 걸치고 있는 옷은 어떤가요? 저는 과학과 정치에 대해 이야기하는 한 가지 방법으로 사람들에게 연필과 종이, 그들이 지나온 강당의 건축을 바라보라고 요청합니다. 무엇이든 골라서 제게 그에 대해 설명하면서 수업을 시작하자고 말해요.

이는 스토리텔링 실천입니다. 역사적 자료를 설명한다는 점에서 보자면 사회학적 실천이기도 하지요. 그러한 대상 하나하나가 아주 빠르게 은유가 됩니다. 그렇게 당신은 훨씬 더 큰 무언가의 작고 강렬한 매듭이라고 느낄 수 있는 작은 응축들을 가지게 되지요. 이러한 매듭이 전체를 모두 의미하지는 않기 때문에, 은유가 아주 정확히 맞아떨어지는 단어는 아닙니다. 그들은 어떤 보편적인 것에 관한 사례가 아니라, 강렬하고 위협적으로 의미의 우주를 향해 폭발해나가는 것입니다. 더불어 가장 평범한 의미의 단순하고 경험적인 설명을 향해 폭발해가기도 하고요. 또한 그 스토리텔링의 밀도, 강력히 밀집된 의미들의 밀도는 단순히 이야기가 될 뿐 아니라 매우 빠르게 구성적 형상이 됩니다. 제가 앙코마우스™를 설명하려 한 방식이 그 예입니다. 앙코마우스™는 매우 특정한 유기체이며, 우리는 그것을 몇몇 실험실에서 특정한 방식으로 키웁니다. 그것은 특허 이력을 가지고 있지만, 동시에 하나의 인물 형상이기도 하죠. 린 랜돌프가 이를 그림으로 명확히 표현했습니다. 듀퐁사의 광고도 그것을 명확히 드러냈고요. 언제나 그것은 '동시에/그리고'의 형태로 다층적 의미를 가집니다.

교육학적으로 저는 학생들에게 다른 것보다도 그런 사고방식을 제공하려 합니다. 그들이 이미 얼마간 가지고 있는 사고방식이자, 강력히 수사적이면서도 경험적, 사회학적, 기술적, 역사적, 경제적인 내러티브죠. 이런 것들이 전부 한꺼번에 존재합니다. 그러면 당신은 특정한 말하기 방식을 전면에 내세울 수 있습니다. 보다 정통적인 의미에서의 사회학적 분석을 내세울 수도 있습니다. 인간 집단 및 그 집단들 사이의 권력이 형성하는 특정 유형의 구성적 형상과 자원 흐름의 원천 어쩌고저쩌고 있잖아요. 무언가를 설명하는 방식을 내세울 수 있습니다. 그리고 당신은 어떤 부분이 마치 세계에 대한 푸코의 글처럼 의미를 웅얼거릴 수 있게 하는 방식을 전면에 내세울 수 있습니다. 은유를 가차 없이 엄격하게 억누르고 얌전히 묶어두어 사람들이 그것을 잊어버리게 만든 뒤, 언어로는 다른 종류의 일만 하는 분석적 실천을 전면에 내세울 수도 있습니다. 하나의 수사적 실천을 내세울 수도 있습니다. 그리고 다른 것은 배경으로 삼을 수도 있지요. 이는 무효화하는 것과는 다릅니다. 그것을 배경으로 만들수 있고, 볼륨을 살짝 낮출 수도 있습니다. 아델 클라크Adele Clarke와 테레사 몬티니Teresa Montini(1993)의 은유를 사용하여 볼륨을 낮출 수도 있죠. 그리고 다른 어떤 종류의 담론적 실천에서는 볼륨을 높일 수 있습니다. 이 모든 것이 초콜릿 크루아상에 담겨 있는 것이지요.

조지프 당신이 어떤 대상에 다가가는 방법, 즉 사실상 그것을 폭발시킨 뒤 당신이 발견한 것을 따라가는 방식은, 누가 나쁘고 좋으며 누가 옳고 그른지에 대해 각자기 미리 상정하고 있던 정치적 개념의 일부를 희생할 준비가 되어 있어야 한다는 뜻을 담고 있는 듯합니다. 그리고 그 연결의 흐름이 끈끈할수록, 이러한 유형의 특성화는 더욱 복잡해집니다, 그렇죠?

도나 그 결과로 도출되길 바라는 것 중 하나는….

조지프 정치를 복잡하게 만드는 것이죠.

도나 그것은 정치를 복잡하게 만듭니다. 그러나 다른 한편으로, 저는 그것이 우리를 더욱 정직하게 만들어준다고 생각합니다. 더불어 우리의 정치적 능력을 약화시키는 것이 아니라 더욱 키워준다고 생각하고요. 그것 때문에 당신이 다른 정책이나 물자의 분배, 세금… 등의 문제에 반대하지 못하게 되지는 않아요. 전혀 방해받지 않습니다. 저는 그로 인해 당신이 동맹을 구축하는 방법, 보다 큰 지지 기반을 불러모으고 얻어낼 수 있는 정책을 강구하는 방법 등등에 더욱 정통해진다고 생각합니다.

또한 저는 그로 인해 이제 당신이 어느 정도 정치적 선전을 하겠다고 말할 수 있고, 의도적으로 분노와 격분이라는 정치적 감정을 일으킬 수 있게 된다고 생각합니다. 나는 정치적 선전 글을 쓸 것이며 이것이 정치적 선전임을 알고 있다, 그리고 이것은 합당한 전략이다, 하는 식으로 말이죠. 이것은 자신의 전부를 걸어야 하는 세계가 아니에요. 그리고 제가 글을 쓸 수 있는 유일한 방법도 아니고요. 저는 제 연구에서 순수성을 추구하지 않는다고 자주 밝힙니다. 당신이 하는 일이 순수하지 않다는 것이 당신이 그 일을 해선 안 된다는 뜻은 아니에요. 하지만 다른 것들과 얽혀 있다는 사실은, 어떤 측면에서 자기 확신의 볼륨을 낮춰주는 의미를 가지기도 합니다. 나아가 우리를 죽음으로 이끄는 집단적 자기확신도 낮춰주고요.

며칠 전에 저는 크리스마스에 쓸 물건을 사러 한 가게에 갔습니다. 거기서 개를 키우며 친해진 친구를 만났죠. 그는 하워드 딘Howard Dean 선거 캠프를 조직하고 있었어요. 아주 정치적인 여성이거든요. 정말 좋은 사람이기도 하고요. 그가 하워드 딘 배지를 머리부터 발끝까지 달고 있길래 제가 깔깔 웃고 그랬죠. 그런데 그가 이런 식으로 이야기했어요. '난 편집증에 빠지지 않았어요. 나도 그런 얘기는 믿지 않는다고요. 하지만 부시가 자신의 정치권력을 키우기 위해 9/11 테러를 설계했다고 믿는 사람이 정말 많아요. 나도 점점 이 모든 이야기에 이성을 잃어가고 있는 것 같아요'라고 말이죠. 그러면서 그는 의도적으로 자신이 이성을 잃어가고 있다는 점을 농담거리로 삼았습니다. 그걸 즐기고, 그런 언어의 일부에 의지하면서요. 그래서 저는 화를 내며 말했죠. 우리는 당신 같은 사람까지 그런 말에 빠져 이성을 잃게 둘 여유가 없다고요. '지금 우리는 그런 편집증적 환상이 마음껏 분노할 수 있는 자유 공간을 마련해준다는 이유로 그 환상에 홀려 있을 때가 아니에요. 그것은 신뢰할 만한 이야기가 아닙니다. 그것은 정말 나쁜 정치 전략이에요. 지금 이 상황에 우리는 캘리포니아에서 당신과 같은 위치에 있는 사람이

이성을 잃고 장난이나 치고 있게 둘 수는 없어요'라고 말했
어요.

조지프 방금 지적한 복잡성의 유형을 당신이 예일 대학 대학원
에 다니며 정치에 참여하고 있을 때도 활용할 수 있었다고
생각하시나요?

도나 아니요, 그때 저는 훨씬 젊고 신실한 신념가였던 것 같아요.
상당히 독단적인 스타일이었죠.

조지프 당신의 이야기를 듣다 보면, 실제로 도움이 되었을 것 같
은데요.

도나 저는 상당히 독단적인 편이었는데, 음, 그땐 복잡성에 대해
잘 몰랐어요. 복잡성을 어떤 면에서는 사람들이 제 말을 어
떤 식으로 듣는지 이해하면서 알게 되었고, 또 다른 면에서
는 제가 그저 별로 옳지 않았기 때문에 알게 되었죠. (웃음)

조지프 음, 그렇죠. 그런 경험의 영향도 있었겠네요.

도나 그리고 우리 같은 성향의 사람들은 엄청나게 패배하고 있
습니다. 그리고 우리는 왜 사람들을 모을 수 없는지, 왜 그렇
게 많은 미국인이, 제가 보기에, 자신의 이익에 반하는 방식
으로 행동하는지를 묻고 있지요. 왜 우리 같은 사람들, 우리
가 살아온 방식은, 정치 운동과 정당 및 정책을 통해 다른 위
치로 나아갈 수 있는 정치적 담론을 만들어낼 수 없을까요?
무슨 일이 벌어지고 있는 걸까요? 우리는 전혀 이해할 수 없
는 곳에서 끊임없이 패배하고 있습니다. 저는 당신이 좌파
를 얼마나 넓게 정의하든, 좌파는 진정한 신념… 그리고 자

기획신이라는 심각한 문제를 가지고 있다고 생각합니다. 페미니즘 진영을 포함해서요. 그게 우리를 죽였습니다. 알다시피, 우리는 내부적으로 수백만 번이나 갈라졌어요. 그래서 거의 예순 살이 된 지금, 저는 이 문제를 20대 때보다 훨씬 더 심대하게 느낍니다.

조지프 네, 저도 동의합니다. 이제 저는 당신에게 끼친 중요한 영향의 측면에서 당신의 지적 발전 및 경력에 대한 이야기를 묻고 싶습니다. 화이트헤드와 에벌린 허친슨은 이미 분명하게 언급했었고요, 푸코가 당신에게 큰 영향을 미쳤다는 점도 상당히 명확한 것 같은데요.

도나 물론이죠. 홉킨스 대학에서 학생들을 가르치던 첫해 크리스마스 휴가 때 푸코를 읽었습니다. 1974년 크리스마스였죠. 푸코를 읽자 정말 인생이 뒤바뀌는 기분이었죠. 크리스마스 휴가 내내 《말과 사물》을 읽었고, 그 덕분에 새로운 세계가 열렸어요. 이런 식으로 책, 유명한 저자가 집필한 각각의 책이 제게 엄청난 영향을 미쳤습니다. 사회 운동 서적, 사람들, 우정도 영향을 미쳤고요. 학부생 때는… 제가 가톨릭 초등학교와 가톨릭 여고 나온 거 아시잖아요. 거기서 자기 자신은 물론 어린 여성도 진지하게 대해주는 여성들에게도 영향을 받았지요. 저는 여자아이들을 정말 좋아하는 여성들에게 가르침을 받았어요. 그런 것들이 있었죠.

거기에도 중요한 사람들이 있었습니다. 10대 청소년이었던 제가 중산층, 백인, 가톨릭의 특성에 대해 고민하고, 그것을 가지고 다른 것을 시도할 수 있는 방법을 알려준 사람들이 있었지요. 1950년대에 한 여자아이가 살아가면서 정말 꾸준하고 진지하게 지적인 삶을 받아들일 수 있었던 맥락 속에는 각각의 선생님이 있었습니다. 그리고 그 시기에 시민권 운동이 일어났어요. 거기서 우리는 아주 작은 역할을 맡았을 뿐이지만, 그로 인해 우리는 바뀌었습니다. 안전하게 보호받고 살던 저의 세계 사람들이 벌인 작은 일 중 하나는 흑인 학생과 백인 학생이 함께 모텔 숙소를 빌리는 것이었어요. 아주 사소한 일이죠. 우리가 운동의 중심은 아니었지만, 모든 곳에서 시민권 운동이 벌어지고 있었다는 점에서 그 운동의 일부로 참여하고 있었어요. 그런 일들 모두가 제게 영향을 미쳤죠….

조지프 최근 선언문의 앞부분에서 당신은 "개에 대한 글쓰기는 페미니즘 이론의 한 갈래가 되며 또 그 반대 방향의 경우도 마찬가지"라고 썼습니다. 그리고 몇 쪽 뒤에 이렇게 덧붙였죠. "페미니즘의 탐구는 오히려 세상이 어떻게 돌아가고 누가 행위를 하고 있으며 무엇이 가능할지, 어떻게 세속의 행위자들이 서로를 책임감 있게 대하면서 덜 폭력적인 방식으로 사랑할 수 있을지를 이해하는 문제와 결부된다." 제게는 이것이 매우 접근하기 쉬운 페미니즘으로 다가왔습니다. 페미니즘 탐구에 이러한 비전을 가지면 오늘날 학계 페미니즘이라는 복잡한 공간에서 어떤 작업을 할 수 있을지에 대해 간단히 설명해주시겠습니까? 그것이 어떤 위치를 차지하고 어떤 일을 할 수 있다고 생각하시나요?

도나 일부는 페미니즘 이론 분야에서 여러 페미니스트가 하고
있는 일 중 또 하나일 뿐입니다. 페미니즘 이론은 여러 종류
의 인종 및 국가적 차이와 그런 범주가 사람들에게 미치는
효과에 대한 문제, 그리고 젠더라는 범주 자체와 결코 단독
적이지 않은 방식으로 작용하는 젠더 범주의 문제를 둘러싸
고 발전해왔으니까요. 언제나 젠더는 끊임없이 밀어내고 끌
어당기는 다른 여러 범주 속에서 복잡하게 일부분을 구성하
고 있습니다. 이 모든 문제로 인해 페미니즘 이론가들은 언
뜻 보기에는 페미니즘 이론의 주제가 아닌 듯하지만 사실
은 페미니즘에 속하는 온갖 종류의 것에 대한 글을 쓰게 되
었습니다. 페미니즘 이론의 감수성은 이렇게 다른 주제에도
적용되며, 그러다 보면 그 주제들이 또다시 위치 짓기의 핵
심, 즉 젠더, 섹슈얼리티, 종적 존재를 주장하는 일의 핵심으
로 밝혀지곤 하지요.

제가 하고 있는 일은 우리가 페미니스트가 되면서 배워온
범주들을 둘러싸고 있는 세계 및 감수성의 다양한 측면에
주의를 기울이는 것이라는 점에서, 여러 페미니스트가 하고
있는 일과 비슷합니다. 또한 개 세계가 곧 여성에 대한 세계
이기도 하다고 볼 수 있는 여러 방식이 있습니다. 특정한 방
식으로 볼 수도 있고, 온갖 종류의 방식으로 볼 수도 있지요.
개 세계가 곧 여성과 남성의 위치 짓기에 관한 세계이기도
하다고 볼 수 있는 방식도 있고요. 저는 개 세계에서 건강 및

유전학에 관한 활동을 하는 활동가들에게 큰 관심이 있습니다. 그들은 거의 대부분 여성이에요. 왜 그럴까요? 어떻게 그렇게 되었을까요? 그로 인해 어떤 차이가 생겨날까요? 수의학과 인구 구성도 변화하여 어느새 학생 중 절반 이상이 여성이 되었습니다. 당신과 제가 대학을 다닐 때는 수의학과의 95퍼센트가 남성이었잖아요. 이 모든 것이 동물 및 동물-인간 관계를 둘러싼 온갖 문제를 어떻게 바꾸어놓을까요? 그리고 수의학계에 여전히 백인이 압도적으로 많은 이유는 무엇이며, 계급이나 인종에 따라 사람들이 개와 상호작용하는 방식은 어떻게 달라질까요? 실제로 차이가 많이 나거든요. 그 외에도 많겠죠?

따라서 이 모든 통상적인 페미니즘적 질문들이 개 연구의 일부이기도 합니다. 또한 개 연구는 당신과 파트너 관계를 맺고 있는 존재가 당신과는 다른 존재라는 점을 이해하기 위한 또 하나의 방식이기도 합니다. 그리고 저 같은 사람이 그것을 배운 방법 중 하나가 바로 페미니즘이었습니다.

조지프 그 말씀은 실제로 다음 질문과 이어지는데요, 개 연구에서 환원불가능한 차이를 가로지르는 소통에 대한 질문입니다. 반려종 선언에서 당신은 수전 개릿을 언급하며 개들이 인간에게 말하고 있는 바, 따라서 그들이 인간 반려자에게 요구하는 바에 인간이 세심한 주의를 기울이는 일이 중요하다고 강조했습니다. 이는 물론 환원불가능한 차이를 가로지르는 소통의 문제에 다양한 가능성을 열어줍니다, 그렇죠?

도나 그렇습니다. 그리고 물론 완전히 심사숙고해야 할 문제이기도 하고요. 이 특정하게 환원불가능한 차이는 그저 그 차이 자체이며 어떤 보편성의 예가 될 수 없지만, 잘만 하면, 즉 당신이 그것과 함께 살아가기 위해 노력한다면, 그것을 통해 또 다른 세계의 환원불가능한 차이에 대해서도 배울 수 있을 것입니다. 또한 이는 당신의 시야를 열어 투사projection가 작동하는 방식, 위계적 관계에서 차이가 억압되는 방식을 알아차리게 해줄 것입니다. 더불어 당신은 분명 그 세계, 즉 또 다른 세계에서 차이가 작동하는 방식을 배우게 될 것입니다. 저는 자신이 사랑하는 프로젝트를 진행하면 주의를 기울이는 방법을 배우게 된다고 생각합니다. 원한다면 그것을 방법론이라고 부를 수도 있겠지요. 주의를 기울이는 한 가지 방식이기도 하고요. 과거엔 활용하는 법을 몰랐던 주의의 한 가지 특성을 배우게 되는 거예요. 마찬가지로 저도 다른 방식으로는 배울 수 없었던 어떤 것을 배우고 있다고 생각합니다.

저는 애브널리 강연에서 정직의 문제에 대해 이야기하면서, 훈련이라는 관계가 다른 관계에서는 결코 마주할 수 없었던 일종의 정직을 강제한다고 생각하게 된 과정을 짧게 언급했습니다. 저는 파트너와 이질적인 존재라는 점이 초래하는 결과에 직면해야 했어요. 실제로 어떤 일을 하려고 하면, 당신이 얼마나 잘하고 있는지에 대해 스스로에게 거짓말을 할 수는 없습니다. 이것은 정말 간단한 문제, 정말 일상적인 일입니다. 한편 그 파트너들은 비유적 우화가 됩니다. 그들은 훈련을 하며 겪는 문제들이 여러 맥락 속에 그리고 맥락을 가로질러 존재하는 상이한 척도 속에 어느 정도나 침투해 있는지를 알아차릴 수 있는 자극제가 됩니다. 파트너들은 다들 매우 단순하고, 심지어 둔할 정도로 순진하기도 하죠.

조지프 학계에 있는 우리는 때로 단순함과 그것이 우리에게 선사하는 바를 놓치곤 합니다.

도나 '그건 중요할 리가 없어'라고 생각하는 것이죠. 물론 어떤 수준에서는 중요하지 않습니다. 사실 제가 개와 함께 지내며 도덕적 담론의 일부라고 여길 수 있는 어떤 것을 배우고 있는 이유 중 하나는 제 개와 함께하고 있는 활동이 중요하지 않기 때문이라고 생각합니다. 개들은 중요하죠. 궁극적으로 중요하지는 않지만, 그렇게 따지면 저도 마찬가지니까요. (웃음)

제가 참여하면서 그에 대한 글을 쓰고 있는 개 어질리티 스포츠에 대해 생각해보세요. 사실 저는 이것이 모든 스포츠에 해당한다고 생각해요. 또한 사람들이 스포츠를 그토록 재밌어하는 이유이기도 하고요. 스포츠는 그 자체로는 완전히 임의적이고 전혀 중요하지 않습니다. 따라서 합의된 임의의 규칙이라는 맥락 속에 있다 해도(어떤 수준에서는 개들도 그 맥락에 동참하겠다고 동의해야 합니다. 그렇지 않으면 당신도 경기를 할 수 없지요) 이 합의는, 예컨대 체스를 할 때처럼 동등하지는 않습니다. 그럼에도 이 게임에는 협력이 존재하지요. 실제 활동은 중요하지 않습니다. 그리고 이 점은 당신이 NFL 풋볼 경기를 하고 있을 때보다 어질리티 경기를 하고 있을 때 더 명심하기 쉽습니다. 하지만 두 경우 모두에 사실이죠. 실질적 활동은, 가령 곡물을 길러서 수확하는 일처럼 그걸 하지 않으면 사람들이 굶주리는 일과 비교하면 중요하지 않습니다. 곡물 수확에는 어질리티에서 리듬을 익히는 일에는 없는 본질적 중요성이 있습니다. 당신이 이기고 지고는 사실 상관없어요. 그로 인해 당신이 웃을 수 있다는 점만이 중요하죠. 그러면서 당신은 자신이 그것을 중요하게 여긴다는 사실을 인식합니다. 그것도 괜찮아요. 그리고 그렇게 중요하게 여김으로써 실제로 당신이 게임을 더 잘하게 될 수도 있고 아닐 수도 있지만, 그마저도 중요하지 않습니다. 따라서 과정 자체가 훨씬 더 중요해집니다. 목표는 중요하지 않으며, 그 점을 당신이 얼마나 잘 알고 있는지가 과정 자체를 안정시키고, 인지하며, 더 잘하게 되는 데 결정적인 영향을 미치기 때문이지요.

조지프 그 말은 정말 옳지만, 동시에 우리가 목표를 너무 강조해왔던 것처럼 보이기도 합니다. 우리 스스로가 말이죠…. 저는 당신이 비-순수를 다시금 되풀이하여 강조할 때, 우리가 목표를 너무나 중시한 나머지 과정을 놓치게 되는 일이 아주 많아진다는 점을 일깨우는 방식을 취한 것을 정말 감사하게 생각합니다.

도나 음, 이는 수단-목적을 논의할 때 우리가 흔히 동원하는 그럴싸한 사례들 없이 수단-목적의 문제를 제기하는 또 하나의 방법입니다. 카옌의 경우를 예로 들어볼까요. 카옌과 제가 계속 걸려 넘어지는 어떤 장애물을 넘는 법을 익혀가는 과정에서, 저는 우리가 그 요령을 이해했는지를 파악해내야 하고, 제가 이해하거나 이해하지 못한 것을 카옌도 같은 방식으로 생각하고 있는지 알아차리는 법을 배워야 합니다. 그리고 카옌은 제가 요구하는 바가 무엇인지를 알아야 하는데, 그것은 아주 작디작은 세부 수준의 요청이지요. 또한 제가 생각하기에 그것은 모두 이런 종류의 동양적 깨달음Zen 속에서, 이 순간, 이 작은 것, 이 현재의 순간 속에서 그것을 이해하는 수준의 일이고요.

조지프 그리고 소위 일어난 일이 입증하는 대로 이해하는 것이지요.

도나 네, 정확히 그렇습니다. 당신이 그것을 이해했는지, 그 일이 일어났는지, 스스로 알죠. 그리고 그 일이 확실히 일어났는지, 특정 유형의 자발성과 행복과 활력을 가지고 일어났는지 알 수 있습니다. 저는 사람들이 과제를 해결하는 데 너무 열중한 나머지, 애초에 이 게임이 일종의 활기를 키워가기 위한 활동이었다는 점은 완전히 잊어버리고 자신의 개를 완전히 포기시켜버리는 모습을 여러 번 보았습니다. 따라서 당신이 제대로 이해하기만 한다면, 제가 논의 방식을 배워가고 있는 이 도덕적 담론 속에서, 그것은 실제로 모든 파트

너의 행복을 (아마도 아리스토텔레스적인 의미*에서) 키워줍
니다.

조지프 이는 저의 다른 질문으로 이어집니다. 애브널리 강연에
참석했던 한 패널에게 당신이 이렇게 말씀하셨죠. "개는 자
연적으로 선하지 않습니다. 그들도 도덕적으로 실패할 능력
을 분명히 가지고 있지요. 심지어 언어를 사용하지 않는다
해도요." 그 도덕적 실패가 어떤 모습일지 말씀해주실 수 있
겠습니까? 그리고 그것을 보기 위해서는 어떤 도덕성 개념
을 사용해야 할까요?

도나 알겠습니다. 음, 제가 똑같이 이야기할지는 의문이네요. 그
말의 첫 부분은 개라고 해서 자연적으로 선하지는 않다는
것입니다. 개에 대해, 혹은 정신적으로 발달장애를 겪어 언
어를 유창하게 사용하지 못하는 인간 등등을 포함해서 언어
가 없는 존재이면 누구든지에 대해, 마치 언어의 부재가 이
런 종류의 자연적 선함을 만들어내는 듯이 이야기하는 사람
이 정말 많습니다. 그러면 의도적인 악을 배제할 수 있다는
거죠. 언어는 의도intentionality를 위해 반드시 필요하며, 의
도는 도덕적 판단에 반드시 필요합니다. 그렇죠? 그것이 추

---

* 아리스토텔레스는 인간 고유의 활동, 즉 이론을 탐구하거나 덕을 드러내
는 행동에서 탁월성을 발휘할 때 행복을 얻을 수 있다고 말한다. 편상범,
〈아리스토텔레스 윤리학에서 행복, 욕구 만족, 그리고 합리성〉,《철학사
상》제58권, 2015 참조.

론의 사슬이고 저도 이해합니다. 그 말에 담긴 가치를 알지만, 틀린 점이 있다는 것도 알죠.

우선, 의도에 우리의 언어가 반드시 필요한 것은 아닙니다. 행위자의 통제를 받는 목표 지향적 행동에는 여러 가지 양식이 있습니다. 이는 생물학을 연구한 사람이라면 누구나 알고 있죠. 아리스토텔레스도 알았고요. 의미를 만드는 장치가 전부 언어적인 것은 아닙니다. 우리는 결국 압도적으로 언어적 수단을 활용하여 그것을 설명하거나 측정하곤 하지만, 시각적 수단이나 촉각적 수단을 활용하기도 합니다. 우리는 다양한 방식으로 관계를 맺으면서도 대부분을 언어에 연결해버리는 경향이 있습니다. 하지만 늘 그런 것은 아니지요. 따라서 의도의 차원에서조차 그것이 전부 언어적이지는 않습니다.

만일 당신이 아메바와 달리 (웃음) 개나 고양이처럼 복잡하고 기회주의적이며 사회적인 포유류를 파트너로 삼아 함께 일하고 있다면, 당신의 신경 체계와 다르기보다는 비슷한 신경 체계와 더불어 일하고 있는 것이며, 우리의 세계와 유사한 점이 결코 적지 않은 사회적 세계와 함께 일하고 있는 것입니다. 사회적 위치와 권위에 진정으로 관심을 가진 존재, 애정을 받는 존재, 그런 모든 것에 대해 얼마든지 알고 있는 존재이지요. 감사하게도 말이에요. 그리고 그들은 그런 일을 언어 없이 하고 있어요. 당신은 다른 사회적 파트너와 함께 일하면서, 그 성과를 그들의 방식보다는 당신의 방식으로 만들어내기 위해, 혹은 협력적으로 만들어내기 위해 노력한 결과로 이루어진 세계에 있습니다. 많은 생물학적 행동 및 사회적 행동이 상당히 협력적이라고 밝혀졌지만, 그중 일부는 여전히 매우 경쟁적입니다. 여기저기서 꽤 흥미로운 경우들이 밝혀졌죠. 그리고 저는 동물 전반과 함께 작업하고 있지 않습니다. 특정 종류의 동물, 그리고 그 종류 중에서도 특정 개체와 함께 작업하고 있어요. 그들은 이 관계에서 자기 나름의 일을 매우 많이 하고 있죠. 저를 조종하는 일을 포함해서요.

이런 동물들의 행동을 인간의 관점에서 선으로 부르든 악으로 부르든… 그들의 행동은 아마도 그것을 판단하는 일, 즉 선과 악에 대한 우려를 가로막을 것입니다. 그리고 이것이 정확히 도덕성에 관한 문제라고 단언할 수 없게 막을지도 모릅니다. 하지만 그것이 우리와 그들에게 소문자 m으로 시작하는 도덕성이라면, 그 일을 계속하는 것이나 일종의 용기를 발휘하는 것, 함께 무엇을 이루고 거기서 즐거움을 얻기 위해 난관을 헤쳐나가는 것도 어떤 면에서는 도덕이 될 수 있습니다. 개는 그런 모든 일을 하죠.

조지프 카옌이, 소문자 m으로 시작하는 도덕성의 경우라도, 도덕적 실패라 부를 만한 일을 한 적이 있을까요? 그에 대한 예시가 있다면 무엇일까요?

도나 음, 그건 정말 미세한 경계인데요. 음… 카옌과 제가 함께 연습을 하고 있다가 그가 집중력을 잃을 수 있죠. 그는 우리가 같이하고 있던 일과는 상관없는 자신의 문제에 관심을 쏟기 시작합니다. 그러곤 정신적으로 떠나버리는 거죠. 그렇겠죠? 자, 저는 각각의 경우를 수천 수백만 방식으로 설명할 수 있습니다. 그는 제가 바라는 바를 제대로 이해하지 못했고, 저는 그에게 스트레스만 췄죠. 그러한 냄새를 쫓아갈 때 얻는 자기보상의 질이 제가 그에게 주는 보상보다 훨씬 더 큽니다. 그쪽의 보상이 훨씬 크죠. 그는 방금 즐거움을 계산한 거예요. 당신은 이와 똑같은 일이 사람들에게는 어떻게 작동하는지도 볼 수 있습니다. 그것도 전부 얼마든지 합당한 탐구예요. 저는 그런 훈련을 시키지 않았습니다. 그것을 어떻게 훈련시키는지도 모릅니다. 카옌이 그 일에 협조하지 않으려 하는 것도 당연하죠. 그렇지 않나요. 우리가 어질리티 코스를 돌 때 제가 신호를 잘못 보내면 대개 카옌이 속상해하며 돌아서서 저를 보고 짖습니다. 제가 그에게 잘못을 한 거죠. 그가 제게 그걸 말해주고요. 그는 제가 실수했다는 것을 알기에 속상해합니다. 그러고 나면 연습을 할 때 그가 훨씬 빠르게 마음을 진정하고 하던 일로 돌아갈 수 있겠지요. 그렇게 우리는 서로를 신뢰하는 법을 배워왔습니다. 우리가 실수를 저질렀을 때조차 우리는 훨씬 더 빨리 서로를 다시 신뢰합니다. 이것이 도덕적 행동에 대한 예인지 아닌지는 모르겠지만, 아주 가깝죠. 그리고 우리 둘 다 주의를 기울이는 법을 배워야 합니다.

조지프 개에 대한 글에서 당신은 권리의 개념을 이야기합니다.

당신과 카옌이 같이 훈련하고 작업할 때 카옌의 '권리'는 무엇입니까?

도나 카옌은 제게 더 좋은 핸들러가 되기 위해 열심히 연습하기를 바랄 권리가 있습니다. 그의 잠재력이 너무 훌륭하거든요. 하지만 이는 이 관계에 내재되어 있는 권리입니다. 개에게 이미 존재하는 권리가 아니지요. 이 점은 매우 중요합니다. 대개 우리는 사람이나 동물 등 어떤 존재가 권리를 가지고 있다고 생각합니다. 그러면 이 경우를 잘못 진술하게 된다고 봐요. 음… 이는 주디스 버틀러가 특히 훌륭하게 설명했죠. 우연적 토대[Butler, 1992]에 대해 이야기하면서요.

동물 혹은 개의 세계와 관련해 비키 헌은 특히 관계에서부터 나타난 권리들에 대해 훌륭한 이야기를 들려주었습니다. 관계를 지우면 권리도 사라집니다. 저는 식용 고기를 생산하는 동물의 권리는 육식이라는 관계 속에서 나타난다고 생각합니다. (웃음) 진지하게 하는 말이에요. 그리고 그 결과 최종적으로 사회가 그 고기를 더는 먹지 않기로 결정했다면, 그것은 육식에서 나온 권리이지 동물에게 이미 존재하고 있던 권리가 아니지요. 배심원단은 여전히 이 모든 일에 대해 논의 중이고요. 결정을 내린 사람도 많고, 내리지 않은 사람도 많습니다. 그리고 매일같이 마음을 바꾸고 있고요.

이는 반려동물로서의 개와 비슷합니다. 반려동물과의 관계는 그 안에서, 그 자체로 완벽히 존중할 만합니다. 굳이 다른 것이 되어야 할 필요가 전혀 없죠. 하지만 반려동물 관계는 그 관계에 참가한 구성원들이 서로에게 갖는 특정한 권리를 수반합니다. 그리고 거기에는 자신이 누구인지 배우고자 하는, 관계에 대한 인간의 목표가 포함된다고 생각합니다. 수많은 사람이 오직 필요와 투사를 위해 반려동물 관계를 맺습니다. 그리고 이는 어떤 관계를 시작할 수 있는 충분히 합리적인 방식입니다. 그렇잖아요. 이유야 무엇이든 (웃음) 전혀 나쁠 것이 없습니다. 하지만 그저 거기에만 머물러 있다면 권리가 침해됩니다. 저는 그것이 그 권리가 관계에서부터 나타나기 때문이라고 생각합니다. 반려동물을 키우는 사람은 이 관계에서 자신의 파트너가 어떤 존재인지도 반드시 알아야 하죠.

조지프 인간이나 존재에겐 타고난 권리가 있다, 혹은 권리는 추상적인 차원에서 내재적이라는 관념이 널리 퍼져 있습니다. 하지만 우리는 추상 속에 살고 있지 않으니까요.

도나 그리고 그것은 애초에 권리가 나타난 방식도 아닙니다. 그게 바로 권리가 새로 나타난 것인 동시에 여전히 실제일 수 있는 이유죠. (웃음) 새로운 권리라고 해서 의무가 따르지 않는 것도 아니고요. 일반적으로 권리가 이해되는 방식은 이와 상당히 다르기 때문에, 이러한 사안에 대해 이야기할 때 권리는 적합한 말이 아닐지도 모릅니다. 대개는 누군가가 가지고 있는 것이며, 당신이 밝혀내거나 발견해야 하는 것으로 생각하니까요.

조지프 네, 그래서 저는 다시 생각하게 됩니다. 이러한 일에 대해 이야기할 때 '권리'는 적당한 말인가? '도덕성'은 적당한 말인가?

도나 그것은 너무나 압도적으로 인간중심적이죠. 당신이 어떤 중요한 단어를 찾아내든 예외는 없을 거예요. 따라서 그 단어들을 사용할 수밖에 없지만, 그 말은 매번 우리를 인간중심적 담론으로 끌고 갑니다. 그 언어를 가지고는 잘못 이해할 수밖에 없는 부분이 많아요. 여하튼, 사람들은 반려동물을 키웁니다. 언젠가 제가 어바인에서 강의를 하며 가축수호견과 목동 이야기를 했을 때, 어떤 사람이 정말 대단한 질문을 해줬어요. 강의 마지막에 그가 손을 들더니 "음, 말씀하신 내용이 그런 종의 개에겐 전부 다 좋은 말인 것 같지만, 저는 똥개밖에 없거든요. 그들에겐 아무 역사가 없어요. 그래서 이 이야기를 어떻게 적용할 수 있을지 전혀 모르겠습니다"라고 말했죠. (웃음)

하지만 그 순간 당신은 분명히 보호소 확보 운동과 구조 및 보호소라는 장치 전체의 한가운데에 있고, 모든 순종과 잡종 구분의 한가운데에 있습니다. 따라서 당신은 우생학의 한가운데에 있지만, 그 안에서 다른 위치에 놓입니다. 또한 자신은 역사가 깊은 개를 기르고 있다고 생각하는 사람들이 있습니다. 오스트레일리아의 들개인 딩고, 뉴기니고산개, 혹은 최초의 마을개라고 하는 바센지 등등 여러 가지를 기르는 사람이 있겠죠. 거기엔 '이들은 잡종이 되거나 인위적으로 발명되어 엉망이 된 개가 아니다'라는 주장을 둘러싼 담론이 있습니다. 이 개들은 지배 계급에 의해 발명된 것이 아니며, 그렇다고 해서 노동 계급이 기르던 턴스피트개(부엌에서 쳇바퀴를 돌리며 통구이 꼬챙이 돌리는 일을 하던 개. 지금은 멸종됨) 등등도 아니다, 내가 기르는 개야말로 개의 본질이다, 라는 식이죠. 물론 이런 주장은 또한 진화에 대한 당신의 이론에 영향을 받습니다. 이것은 늑대인가요? 이것은 딩고와 유사한 개인가요? 아니면 무엇인가요?

따라서 당신이 어느 지점에서 이 세계에 들어가든, 당신은 모종의 역사 이야기, 모종의 진화 이야기에 깊이 얽혀 있습니다. 그리고 거기에는 실제로 어떤 이야기는 다른 이야기보다 더 낫다는 점을 알아내야 한다는 새로운 도덕적 의무(이는 또한 인식론적 의무이기도 합니다)가 포함되어 있습니다. 이를 도덕적 의무라고 보지 않는 사람이 있을 수도 있지만, 저는 그렇게 봅니다. 집에서 기르는 개에 대한 진화 이야기가 현대의 개 행동을 이해할 때 다시 한번 늑대를 조상으로 하는 모델로 이어질지 아니면 기회주의적으로 버려진 음식을 주워 먹던 조상으로 이어질지 여부는 중요합니다. 그것은 여러 가지 결과를 초래할 것입니다. 그리고 그러한 질문에는 진화론적 탐구라는 통상적인 장치를 통해 접근할 수 있습니다. 따라서 여기에 인식론적 의무가 있는 것이죠.

조지프 인식론적 의무라는 말씀을 들으니, 부분적 관점에 대한 에세이가 떠오릅니다. 저는 그 글이 여전히 놀라울 정도로 훌륭한 에세이라고 생각합니다. 거기서 당신은 그 모든 무

거운 주제, 즉 인식론이라는 무거운 메커니즘 전체를 받아
들이고, 그런 뒤, 음, 어떤 이야기는 다른 이야기보다 낫다고
말했지만, 그 말이 통상적으로 사용되는 협소한 의미는 아
니었거든요.

도나 물론 거기에는 증거의 양호도를 고려해야 한다는 문제와
증거에 입각하여 설명해야 한다는 문제가 있습니다. 과학연
구를 하는 많은 사람이 그에 대해 명확한 의견을 가지고 있
어요. 아델 클라크, 리 스타를 비롯한 많은 사람이 증거나 사
실의 양호도에 신경 쓸 필요 없다는 생각은 말도 안 된다는
의견을 분명히 밝혔습니다. 당신이 중요하게 여기는 관계라
면 무엇이든, 만일 당신이 그 관계를 잘 영위하고자 하고 폭
력을 보다 적게 가하려고 한다면, 처음에 당신이 알던 것보
다 적어도 어느 정도는 더 많이 알아야 한다는 의무가 따라
옵니다.

조지프 당신이 예로 들었던 '믹소트리카 파라독사'는(35~37쪽
참조) 관계성을 진지하고도 질적으로 고려하는 정말 훌륭
한 예시였습니다. 하지만 일부 사회과학자는 '이 생물학은
다 뭐지?!'라고 생각했을 것 같은데요.

도나 게다가 분자 수준의 관계성이었으니 말이에요! 그래서 이
모든 것에서 유기체를 감지하는 것이 위협적으로 느껴지기
는커녕, 너무나 당연하게 느껴졌습니다. 왜 그런 일에 기분
이 상하는 사람이 있는 걸까요? 이는 극도로 흥미로운 일이
고, 이 이야기를 한층 풍부하게 만들어줍니다. 그것은 다른

어떤 앎의 양식이나 관심의 양식도 배제하지 않아요. 그 유기체들이 같은 형태일 필요도 없고요. 결국에는 그들 모두가 서로에게로 환원된다는 말이 아니에요. 그들은 각기 위상이 다릅니다. 그들은 모두 다른 일을 합니다. 따라서 관계성의 이야기는 화학적 결합이나 복수성에 대해 말합니다. 이는 믹소트리카 파라독사와 같은 유형이 보여주는 개체수의 결정불가능성에 대한 이야기입니다. 즉 이 유기체, 그 모든 것은… 아무것도 결정하지 않습니다. 그들은 생물학적으로 결정론적인 관점을 제공하지도 않고 환원주의자도 아닙니다. 복수인 그들, 그리고 단수이기도 한 이것은 본질적으로 철학을 다룰 때, 다양한 유형에 대한 철학을 다루고자 하는 저의 헌신입니다. 그들은 우리가 출현에 대해 생각할 수 있는 여러 방식을 마련해줍니다.

조지프 사회학에는 인간 사회 및 관계에서 출현과 관계성을 매우 중요하게 여기는 굳건한 전통이 있습니다. 하지만 당신은 이처럼 다른 곳에서 온 단어들에 담긴 권위를 가지고 그것에 대해 이야기하고 있고요.

도나 다른 세계죠.

조지프 그리고 사회학자들은 '음, 우리는 벌써 알고 있었어'라고 말할지도 모르겠네요. 지금 저 사람이 말하고 있는 건 우리가 다 알고 있는 거라고요.

도나 그리고 저는 그게 사실이라고 생각해요. (웃음)

조지프 애브널리 강연에서 당신이 반려종 프로젝트에 대해 이야기할 때, 저는 당신이 '인간의 존재론적 지위에 생긴 무수한 상처 중에서도 가장 최근의 상처를 이야기하는 한 가지 방법으로서, 탈-인본주의post-humanism 개념에 대한 대안을 찾고자 한다'고 말하고 있다고 받아들였습니다. 비슷한가요?

도나 네. 그것은 데리다가 쓰고 캐리 울프Cary Wolfe가 번역한 얇은 책 《주온톨로지Zoontologies》(2003)에 대한 응답이었습니다. 그는 나르시시즘, 인간의 자기중심성에 생긴 세 가지 상처에 대해 자세히 이야기합니다. 코페르니쿠스주의, 다윈주의, 그리고 의식에 대한 인식을 탈중심화한 프로이트주의였죠. 저는 거기에 디지털 및 인조 합성물의 문제와 관련된 네 번째를 추가했습니다. 그리고 데리다를 비롯한 여러 사람이, 언어든, 의식이든, 절대자와의 특정한 관계든, 호모파베르로서 인간들과 맺는 특정한 관계든, 그 외에도 무수한 휴머니즘에 대한 전제, 즉 인본주의에 대해 상상할 수 있는 모든 전제가 탈중심화되었다고 지적한 것이 여러 방식으로 옳았다고 이야기했습니다. 그럼에도 이 모든 논의는 계속해서 인간의 자기중심성 문제를, 어떤 식으로든 잘 맞지 않는 인간성의 범주 안에 위치시킵니다. 심지어 그 범주가 의심의 대상이 되고, '포스트'로 바뀌고, 삭제되는 등의 일이 벌어지는 와중에조차 그렇습니다.

이러한 논의를 하는 사람들은 마치 인간의 자기중심성에 대한 질문이 여전히 '인간'에 대한 문제이며, 그것이 질문 밑에 전제되어 있는 듯이 생각합니다. 이러한 탐구에서 '동물' 같은 항목은 인간과 병치된 항목으로 사용될 뿐이지요. 하지만 '동물'은 모든 면에서 인간과 마찬가지로 인본주의적 추상성을 가지며, 보편성, 비어 있음, 잘못 놓인 구체성의 문제를 가집니다. 아니, 그보다 더 심하죠. 동물은 모든 특정성과 현실을 제거하며, 제가 보기에는 무엇보다도 관계성을 제거합니다. 그리하여 반려종이라는 인식틀이라 할 수도 있고 형상 혹은 그 형상으로 이뤄진 일족(여기엔 사이보그와 그의 친족 같은 비유도 포함되지만, 지금 여기서 제가 특별히 관심을 가지고 있는 대상은 아닙니다)이라 할 수도 있는, 이 반려종 인식틀은 관계성에 대한 헌신을, 한 존재가 가질 수 있는 가장 작은 단위이자 관심의 가장 작은 단위의 형태로 전경에 내세웁니다.

이러한 논의는 언제나 관계 안의 참가자들이 그 안에 미리 존재하는 것이 아니라 관계를 맺으면서 어떻게 구성되는지를 묻는 질문이라는 점에서, 지식-생산의 실천 속에서 나타납니다. 모든 면에서 공동-구성이 나타나지요. 공동-구성은 관계 맺기를 통해 만들어지지만, 관계 맺기는 결코 백지상태tabula rasa에서 시작하지 않습니다. 그것을 뒷받침해주는 기반이 끝없이 이어집니다. 따라서 행위자는 미리 존재하는 것이 아니라 관계 맺기에 의해 구성된다고 말한다 해서, 아무도 관계 맺기 안으로 들어올 수 없다는 뜻은 아닙니다. 왜냐하면 그 밑으로 기반이 끝없이 이어지기 때문입니다. 즉 현재 일어나고 있는, 혹은 지금 당신이 관심을 기울이고 있는 모든 관계 맺기를 뒷받침하는 여러 구조가 존재하는 것입니다. 그래서 저는 반려종이, 또 하나의 인본주의적 움직임, 혹은 반인본주의적 움직임, 혹은 탈-인본주의적 움직임을 반복하지 않으면서도, 반려종이라는 바로 이 단어를 이용해 문제는 관계성이며 이 관계성을 통해 행위자가 생산된다고 주장한다는 점에서, 가능성이 큰 비유, 비유의 일족이라고 생각합니다.

그로부터 도출되는 것 중 하나는 인간성입니다. 그저 동물학적 주체 혹은 경험적 주체로서의 인류가 아니라, 철학적, 사회학적, 윤리적 범주, 혹은 인권적 의미 등등으로서의 인간성입니다. 이 모두는 현실에서 떨어져 있는 것이 아니라 실제로 관계적 발생물입니다. 그런데 그것들이 그 관계 맺기 안에서 미리 존재하던 것, 즉 선험적이고 토대적인 것으로 오인되지요. 이러한 선험주의 및 토대주의에, 결과적 유물론을 포기하지 않으면서 저항하는 데는, 잠시나마 반려종이 적합하다고 생각합니다[Haraway, 1991b 참조].

조지프 상대주의를 생각할 때 제가 생각하는 것 중 하나는 꼭 집어 철학적 논쟁 전체라기보다는 관계 맺기입니다.

도나 네, 그리고 저는 관계주의relationalism*와 상대주의relativism는 매우 다르다고 생각합니다[Bartsch et al., 2001 참조]. 물론 상대주의는 600만 가지를 의미할 수 있는 단어 중 하나죠. 모든 철학자가 우리가 여기서 이야기하고 있는 상대주의에 제가 지금껏 해왔던 것보다 훨씬 더 많은 관심을 기울여야 한다고 주장할 것입니다. 그리고 그것은 완벽히 옳은 말이고요. 하지만 그런 종류의 상대주의는 다음과 같은 것에 뿌리를 두고… 개인이나 집단이 서로에게 무언가를 요구하기를 포기하게 만듭니다.

조지프 이를테면 시간과 장소요?

도나 음, 제가 진정으로 헌신하고 있는 모종의 관계적 리얼리즘에는 몇 가지 측면이 있습니다. 그중에서도 그저 도덕적, 정치적 판단을 할 수 있을 뿐 아니라, 반드시 해야 한다는 측면이 정말로 중요합니다. 세계에 대해 그리고 서로에 대해 실제로 어떤 주장을 하는 일이지요. 우리가 가장 잘 알고 있고 가장 잘 살고 있는 그 세계에 뿌리를 두고 주장하는 것입니다. 이는 관계주의, 우연성, 그리고 상대주의가 주장하는 바와 많은 점을 공유하면서도, 제가 결국은 일종의 불가지론 그리고/또는 회의주의라고 생각하는 상대주의적 결론에 빠지지 않고, 도덕적 상대주의를 거부합니다. 저는 불가지론과 회의주의는 세계 내 존재와 양립할 수 없다고 보거든요. 그것은 반-세속적입니다.

    ★ 지식사회학 연구자 카를 만하임은 사고의 존재구속성 및 입장구속성을 강조하며, 정신구조는 서로 다른 사회적, 역사적 배경 속에서 다르게 형성된다고 주장했다. 그리하여 만하임은 모든 사고와 지식은 그 존재가 맺고 있는 사회적 관계와 연결되지 않는 한 정확히 이해할 수 없다는 관계주의를 강조한다. 최재현,《열린 사회학의 과제》, 창비, 1992 참조.

이는 제가 선험적이거나 후천적인 초월의 움직임이든, 아니면 자기실현을 추구하는 토대주의나 모종의 자연법 이론이든, 온갖 종류의 초월을 하지 않고 이러한 연구를 하려고 끊임없이 노력하고 있기 때문입니다. 동시에 저는 분명히 좌파와 우파, 중도파를 막론한 모든 전통으로부터 무단복제를 하고 있기도 합니다. 나아가 이를 우연적인 입말verbal로(이는 동사verb라는 의미를 포함합니다), 즉 어떤 식으로든 항상 육체적이며 유물론을 포기하지 않는, 여러 형태의 관계 맺기의 매듭으로 되돌아가는 방식을 통해 복제하려 하고요. 저는 제가 하는 것, 제가 하려고 하는 것이 일종의 대량 무단복제라고 생각합니다. 그로 인해 제가 가지고 있던, 제가 알고 있던 각기 다른 종류의 문화적, 철학적, 분석적, 경험적 전통에 이런저런 방식으로 접근할 수 있는 것이지요. 그것들 하나하나가 각기 어떤 중요한 방식으로 진실해 보이더라고요. 심지어 제가 가장 싫어하던 것조차도요.

대량 무단복제는 제가 진실이라고 생각하는 것, 혹은 무엇이든 사람들이 그 진실의 의미라고 생각하는 것, 어떤 깊은 방식으로, 제 동의 혹은 존경을 요구하는 모종의 방식으로 제게 옳다고 보였던 것을 어떻게든 붙잡기 위해 기울이고 있는 노력입니다. 그것 모두를 붙잡고 싶지만, 그럴 수 없기에 엄격히 일관적인 상태로 남아 있습니다. 그런 엄격한 일관성은 결국 제가 별로 흥미를 느끼지 못하는 것이 되어버리죠. 저는 어떻게든 방법을 찾고 싶어요. 그런데 제가 아는 방법은 비유와 서사, 수행과 농담, 그리고 다양한 방식의 보여주기, 행동하기, 연기하기, 불가능한 연결을 비웃기를 경유하는 것뿐입니다. 연결은 필수적이면서 진실한 것이지만, 저는 체계적이고 일관적인 방법으로는 그것에 도달할 수 없기 때문입니다.

조지프 그리고 저는 그것이 당신이 장려하는 페미니즘 유형의 핵심이라고 생각합니다.

도나 그렇습니다, 맞아요. 그에 대해 페미니즘으로부터 정말 많이 배운 것 같아요. 하지만 페미니즘뿐만은 아닙니다. 우리는 전 지구주의의 특정한 역사적 배치로부터도 그것을 어마어마하게 배운다고 생각합니다. 어떤 의미에서 우리는 너무 아는 바가 없고, 또 다른 의미에서는 너무 많이 알고 있어요. 우리의 체계를 계속 믿기에는 세계가 얼마나 놀라울 정도로 다양한지에 대해 너무 많이 알고 있죠.

조지프 《해러웨이 읽기》의 인터뷰들에서 당신을 비롯한 페미니즘 과학연구자들이 때때로 과학연구의 주변부에 배치되곤 하는 방식을 이야기하며 당신이 언급한 내용에 대해 묻고 싶습니다. 하지만 당신이 주변부에 있다고 말하는 것도 그다지 옳지 않다고 말하기도 했지요. 당신의 연구가 간혹 무시되거나 규범적이지 않다는 반응을 받는 것이 그러한 예에 해당하겠지요. 저는 당신이 어떤 이유가 있기 때문에… 비유, 서사, 퍼포먼스, 농담의 방식을 사용한다고 생각합니다.

도나 기본적으로 모순, 그리고 이질성을 고수하기 위해서지요.

조지프 그렇다면 그것은 당신이 이따금 받았던 처우, 반응 및 특징짓기 혹은 진지하게 여기지 않는 태도를 이해하기 위한 방편의 일부인가요?

도나 네, 어떤 사람들은 제 글이나 말에 '일관성이 없다. 여기에는 논증이랄 것이 없다. 그리고 결론도 없다'고 보는 것 같아요. 그런데 만일 제가 수업에서 다른 사람의 글을 가르치고 있는데 어떤 학생이 그런 발언을 한다면, 저는 집에 가서 글을 다시 읽고 오라고 말할 거예요. 그런 면에서 그런 반응이 실제로는 잘못이라고 생각하곤 합니다. 제 글은 논쟁으로 가득 차 있고, 심지어 상당히 관습적인 방식으로 제기된 논쟁들이에요. 사실 그들은 하나의 전체로서의 제 글의 구조가, 이 논쟁들 중 종국에 전체를 지배하는 것은 없다고 주장하고 있다는 점에 반응하고 있는 것이죠.[7]

조지프 그것이 필수 요건 중 하나니까요.

도나 맞아요. 제 글과 강의는 결국 하나의 전체로 귀결되는 방식이 아닙니다. 그것은 일종의 반-전체론이죠. 모든 것을 원하는 사람에게는 아이러니한 일이지만요. (웃음) 그것은 연결주의connectionism입니다. 저는 전체로 귀결되지 않는 연결 방식을 위해 끊임없이 연구하고 있습니다.

조지프 어떤 사람들이 당신의 글에 대해 거의 언급하지 않는 이유 중 하나가 바로 그것일지도 모릅니다. 모든 해체 작업의 대상은 분명 전체임에도, 당신은 전체를 설정하려 하지 않으니까요. 당신은 그것은 여기 있다, 그리고 저것은 저기 있다는 식으로 이야기하죠. 물론 당신이 해체되거나 이해되지 않기 위해 그렇게 한다는 뜻은 아닙니다.

도나 그렇죠. 하지만 그것이 제 의식이 형성되는 양식이니까요. 참여하기 어려운 방식이긴 하죠. 하지만 사람들이 참여하기 위한 노력을 게을리하는 면이 있다는 생각도 합니다. 심지어 내용 중 일부는 상당히 직설적이거든요. 그러나 이 목적-수단 관계는 사람들에게 혼란스러울 수 있고, 저도 다중적 문해력 문제는 혼란스럽다고 생각합니다.

조지프 《한 장의 잎사귀처럼》에는 사람들이 강연을 통해 당신의 연구 내용을 먼저 알게 되고, 그러고 나면 출판된 글도 좀 더 생산적으로 볼 수 있게 된다는 이야기를 하면서, 당신이 버라이어티쇼 공연자인 셈이라는 농담 섞인 대화가 나옵니다. 물론 공연에서 유머는 매우 유용하고 활용하기 쉽지요. 그리고 유머와 살벌한 진지함의 결합도 있고요.

도나 네. 저는 니체를 스타일리스트로서 사랑하는데요. 물론 저와는 매우 다르지만, 그는 위트의 질적 측면에서 배울 점이 아주 많습니다. 제 위트와 상당히 다르긴 합니다. 저는 니체보다 훨씬 희극적이거든요. 하지만 니체만의 독특한 아이러니, 독특한 위트는 절대적으로 그가 하는 작업의 핵심을 차지하죠. 그것은 수단이 아닙니다. 그리고 제 경우에도 마찬가지라고 생각합니다. 유머는 단지 수단이 아니에요.[8] 그것은 실제로 세계에 존재하는 한 가지 방식이자 전체 의도 중에서도 매우 중요한 부분을 차지하는 것이에요. 그것이 완벽히 웃기지 않을 수도 있지만, 가끔 웃길 때도 있어요. 거의 대부분 예기치 않은 병치가 일어날 때, 일종의 충격을 받거나 이전엔 생각지도 못했던 것을 깨달으며 웃게 되죠.

조지프 전통적 과학 글쓰기는 텍스트에 과학자가 드러나는 것을 제지하지만, 당신은 자신의 글에 끊임없이 등장합니다. 저는 과학자들이 당신의 글을 읽으며 '음, 저건 관계없는 내용인데'라고 생각하는 모습을 상상하곤 합니다.

도나 '그건 순전히 주관적이다. 흥미롭지만 나와는 맞지 않는다' 같은 식이죠. 제가 어제 이야기했던 해양동물학자 비키에게 언젠가 이 문제에 대해 이야기한 적이 있어요. 그런데 그는 요즘 과학자 중 적어도 자기가 아는 사람들은, 덧붙이자면 그는 학술 저널 편집자니까요, 예전보다 자신을 글에 훨씬 더 많이 드러내고 있는 것 같다고 하더라고요. 그들은 그것을 적어도 자신의 연구에 어떤 유형의 현존이 포함되어 있는지를 파악하기 위한 가치 있는 노력이라고 생각할 뿐, 특별히 개인적이라고 보지는 않는다고 해요. 그런데 제 글 중 상당수도 특별히 개인적이지 않거든요. '당신'이라는 현존은 그 장소에 있는 모종의 진정한 당신이 아닙니다. 그러나 그것은 그 작업 안에서, 모종의 상황적 현존이며, 또한 그 자체로 질문의 대상, 일종의 데리다식 점검, 즉 해체의 대상이 됩니다. 따라서 이는 꽤 분명한 개체로서의 '나'와는 다릅니다. 인식자로서, 지식 생산의 구성적 배치의 일부로서 과학자는 수사적으로 어떤 종류의 현존 양식을 생산할까요? 어떤 종류는 완전히 잘못된 방향일 테지요. 그것은 전통적 주관성이라는 온갖 함정을 지닌 일종의 현존을 생산하면서 완전히 잘못된 방향을 향할 겁니다. 그러나 다른 한편으로 현존의 유형을 수사적으로 가시화하면서, 애초에 무엇이 이 지식 프로젝트를 존재할 수 있게 했는지 드러내는 작업은 더할 나위 없이 중요할 수 있습니다.

하지만 이는 단순히 기증자들의 이름을 거명하자는 뜻이 아닙니다. 장비와 유기체와 지형과 기관의 배치 전체를 밝혀야 한다는 의미입니다. 펼치려는 주장 속에서 증거 구조의 일부, 지식의 일부가 되는 방식으로, 즉 그저 형용사가 아니라 지식을 변형하는 조건으로서, 그것은 독자들에게 어떻게 수사적으로 현존해야 할까요? 또한 그것은 어떤 종류의 현존이며, 당신은 그 수사적 현존을 어떻게 만들까요? 과학자들은 어떤 종류의 글쓰기가 다른 과학자를 포함한 독자들이 수사적으로 접근할 수 있는 이런 유형의 지식을 만들어내는지 고민해볼 수 있을까요?

과학 논문의 역사를 살펴보면 이렇습니다. 글에서 객관성 효과를 생산하는 일련의 수사적 관습으로, 데이터 및 데이터에 대한 논의에서 방법론과 장비를 분리하고, 관습적으로 은유적 언어를 자제하며, 연상을 촉발하지 않는 죽은 은유만을 사용하려고 노력했지요. 뿐만 아니라 의도적으로 언어를 망각하고 심지어 언어가 거기 존재하지도 않는 것처럼 보이도록 자기 자신을 잊어버린 언어를 사용해서, 결국에는

어떤 식으로든 언어를 덜어내고 과학적 결과만을 얻을 수
있게 만들었습니다. 수사학이라고 이해되는 모든 수사적 관
습은 저자에게 일종의 현존, 주로 겸손하지 않은 목격자의
현존, 스스로를 설명할 필요가 없고 구조적으로 남성적인
등등의 자질을 가진 목격자의 현존을 생산해냅니다. 따라서
저자가 존재하지 않는 것이 아니라, 특정한 유형의 현존이
있는 것입니다. (웃으며 개들을 밖으로 내보낸다. 개들은 짖으
며 달려나간다.) 카옌이 롤런드의 얼굴을 무니 롤런드가 성
가셔하네요. 롤런드가 아직 카옌을 한 일곱 번쯤 죽이지 않
았다는 게 신기할 뿐이에요.

조지프 저들은 그냥 마음대로 돌아다니나요?

도나 [마당에] 울타리가 쳐져 있어요. 마음대로 다니게 두지는
않아요. 그들에게나 다른 야생동물에게나 위험하니까요.

조지프 글쓰기에 대한 이야기를 계속 이어가고 싶습니다. 우리
가 이메일을 몇 차례 주고받았을 때 당신이 반려종에 대해
쓰면서 정말 즐거웠다고 말씀하셨잖아요. 그때의 감정과 그
것이 왜 그토록 즐거웠는지에 대한 생각을 조금 더 말씀해
주실 수 있을지요.

도나 네, 할 수 있을 것 같아요. 부분적으로는 그것이 짧은 글이
었기 때문입니다. 짧은 글에는 다른 종류의 즐거움이 있어
요. 제가 쓰는 글 대부분은 짧은 일지의 형태를 띠고 있어요.
제가 당신에게 '스포츠 기자 딸의 기록'이라는 글을 보내드
린 적도 있는 것 같은데요. 그것도 두서없이 뻗어나가는 글

이죠.

조지프 네, 그 점이 정말 좋았습니다. 글을 쓰고 정리하면서 정말
재밌어한 것 같다는 느낌을 받았어요.

도나 그렇게 짧은 글들 각각은 공식적 글쓰기로 시작하지 않았
습니다. 그것은 친구에게 보내는 기록으로 시작되었는데,
그런 글은 아주 짧기 때문에 제가 대개 그런 글을 쓰며 아주
많은 시간을 보내더라고요. 저는 그중 상당수를 쓸 때 정말
일종의 생생함과 일종의 르포르타주, 그리고 일종의 이솝우
화 같은 측면을 갖추려 하고 있어요. 그래서 '오직 사실만'을
담은 그 짧은 글 하나하나가 또한 다중적 의미를 가진 하나
의 이야기가 될 수 있도록 만들죠. 저는 그런 형식과 말장난
을 즐깁니다.

그리고 저는 이런 글의 유머도 좋아해요. 이것은 또한 깊은
곳에서부터 감성적인 글쓰기이기도 하거든요. 저는 이렇게
다른 유기체들과 함께 느끼는 감정적 접촉에 대해 일종의
정확성을 얻으려고 노력하고 있습니다. 특히 잘 알려진 제
파트너와는 더 그렇고요. 음, 하지만 그에 대한 이야기인 것
만은 아니잖아요. 그 글에서는 카옌이 가장 주된 파트너이
지만, 그저 카옌만의 이야기가 아니니까요. 저는 그 글쓰기
가 어떤 특정한 유대, 어떤 특정한 애정의 실천, 사랑의 실천
을 이끌어내고 명확하게 만들어내는 한 가지 방법이라고 느
끼고 있습니다.

또한 이는 엄격히 말해서 좋은 직장이 있고, 나이가 조금 더

들었으며, 이미 글을 많이 써온 것을 통해 보장된 안전성의 문제이기도 합니다. 저는 책을 더 출판해야 할 의무가 없었어요. 이젠 더 이상 업적을 올리지 않아도 정말로 괜찮거든요. (웃음) 저는 정말 책을 더 내지 않아도 되는데, 우리 직업군의 사람들이 출판에 대해 받는 온갖 압박에 비하면 엄청나게 안도할 만한 일이죠. 사실 저는 늘 글쓰기를 즐겨왔습니다만, 시간이 흘러 글쓰기 처벌 시스템에서 점점 자유로워지니 글쓰기를 한결 더 즐길 수 있게 되었어요.

조지프 그렇다면, '개집의 탄생' 프로젝트는 당신이 언급한 '두꺼운 책'의 측면에서 어떻게 볼 수 있을까요?

도나 그 책은 3부로 이루어지게 될 거라고 생각합니다. 어쩌면 4부일 수도 있겠네요. 1부는 〈반려종 선언〉을 다시 쓰는 일이될 것입니다. 3부 중에서 이 부분은 반려종주의라는 개념 전반을 발전시키는 동시에, 수십 년에 걸친 역사를 각기 다른규모, 즉 분자적, 진화적, 개인적, 나아가 관습적, 역사적 차원에서 다루어야 한다는 질문을 발전시킵니다. 저는 분명 이모든 것의 예시로서 오스트레일리아 셰퍼드와 그레이트 피레니즈를 계속 이용할 것입니다. 그리고 그 글에 쓸 퍼즐의조각이 몇 개 더 있지요. 2부는 '스포츠 기자 딸의 기록'으로,부분적으로는 대부분 중년 이상으로 이루어진 인간 집단에거주하는 일에 대한 내용이 될 것입니다. 그들은 더 이상 최상의 신체 능력을 발휘할 수 없는 인생의 국면에서 새로운것을 시도하는 사람입니다. 저는 이 집단 내의 사람들이 기술, 신체적 성취, 경쟁과 맺는 관계에 관심이 있습니다. 그것은 제가 큰 관심을 느끼는 차원 중 하나입니다. 이렇게 자기 인생의 특정한 시기에 필멸성과 한계, 그리고 부상과 경쟁을 비롯한 그 모든 것에 도전하는 사람들을 지켜보는 일이기 때문입니다. 그것도 사람이 아닌 파트너, 그것도 항상 본인보다 신체 조건이 훨씬 더 좋은 파트너와 함께하는 활동을요. (웃음) '스포츠 기자 딸의 기록' 부분에는 여러 글이 많이 담기겠지만, 그것이 하나의 큰 글을 이룰 것입니다. 3부는 건강과 유전학 차원을 다루게 될 거예요. 그것은 보다 전통적인 기술과학연구를 담은 부분이 될 것입니다.

제가 착수해야 할 연구 중 일부는 (지금은 철회되었습니다만) UC 데이비스의 소동물 클리닉University of California-Davis Small Animal Clinic에서 진행될 것입니다. 저는 행동의학과 관련하여 소동물 클리닉에서 몇 가지 참여관찰 연구를 하는 것과 더불어, 인터뷰와 기록 및 기타 여러 작업을 많이 하고 싶어요. UC 데이비스 클리닉과 펜실베이니아 대학, 그리고 다른 몇 곳이 시각장애인 안내견을 비롯하여 매우 광범위한 치료 동물의 세계를 포함하는 반려동물 병원의 중추이기 때문에, 저는 UC 데이비스 클리닉과 거기서 일하는 사람들의 이야기를 하고 싶습니다. UC 데이비스는 가까이에 있어요. 게다가 어질리티 경기장 근처이기도 하지요. 어질리티 경기가 데이비스 대학 근처에서 열릴 때가 많으니, 저는 돌 하나로 여러 마리 새를 잡을 수 있는 셈이죠. (웃음) 그

래서 저는 수의사, 수의 대학, 토지공여 대학land grant univer-
sity에 대한 이야기와 특히 행동의학과 관련하여 반려동물
병원이 등장하게 된 상황에 대한 이야기를 할 것입니다.

건강 및 유전학 이야기에 대한 또 하나의 글은 과학 작가인
C. A. 샤프C. A. Sharp를 중심으로 구성될 것 같습니다. 샤프
같은 사람들은 일명 비전문가로서, 개 세계의 박학다식한
의학자 및 과학자들 사이에서 접촉면의 역할을 합니다. 그
들은 수의사와 대학 연구자, 관련 분야에서 파생된 생명공
학 기업을 포함한 전문가들과의 접촉면이 되어줍니다.

조지프 전문가와 소위 일반인의 연결에 대해 이야기할 매우 훌
륭한 기회가 되겠군요. 그들은 운동가이자 실제로 상당히
주목할 만한 지식을 가지고 있는 사람들인데, 지식 프로젝
트나 과학을 다루는 상당수의 전통적 지식에서 너무 쉽게
지워졌던 것 같아요.

도나 이 특정한 작은 세계에서는 지워지기가 상대적으로 어렵
긴 합니다. 부분적으로는 이 분야 연구에서 때때로 품종 클
럽이 조성한 기금이 가장 중요하게 여겨지곤 하는 경제학적
측면 때문입니다. 이는 데버라 히스Deborah Heath, 캐런-수
타우시그Karen-Sue Taussig, 레이나 랩Rayna Rapp 등이 인간
유전학human genetics 및 폴 래비노Paul Rabinow의 용어인 생
명사회성biosocialities의 관점에서 연구해온 세계와 다르지
않습니다. 개 세계에도 비슷한 점이 있습니다. 개의 유전병
문제를 둘러싼 생명사회성의 유형이 매우 비슷하지요. 하지

만 매우 흥미로운 차이점도 있습니다. 저는 인간의 생명사회성을 연구해온 사람들의 작업에 크게 의존하면서, 그것을 개 세계로 가져가 흥미로운 차이점을 밝혀내고자 합니다.

이것이 그 책의 구성입니다. 그것은 매우 개인적이고 직접적인 맥락, 즉 스포츠 및 훈련 문제나, 제 대자 및 그의 가족과의 관계 같은 것에서 출발하여, 사회 운동가와 공인된 전문가 양측 모두가 일반적으로 이해하고 있는 기술과학의 맥락까지 아우릅니다. <반려종 선언>은 이 모든 것에 대한 철학적 성찰입니다. 역사적이면서 철학적인 성찰이죠. 그것은 제가 책 전체에 걸쳐 활용할 수 있는 비유를 제안하는 글입니다. 따라서 지금으로부터 2년 후에 저는 아마 이 작업을 마무리할 것입니다. 아니면 3년 후에요.

조지프 애브널리 강연에서 당신은 여담으로 '과학자들이 나를 길렀다'고 말씀하셨지요. 늑대가 길렀다고 말하진 않았지만, 그 말로 전하고 싶은 이야기가 무엇일지 궁금했습니다.

도나 우선, 저는 청중을 바라보고 있었습니다. 그러니까, 거기에 없는 사람이 대체로 어떤 이들인지 파악하고 있었죠. 제 강조점의 상당 부분은 과학전쟁의 결실입니다. 저는 사람들이 우리와 과학의 유기적 관계를 또다시 잊어버리게 두지 않을 거예요. 저는, 저와 제 친구들을 비롯한 우리 모두는 다신 그렇게 취약해지지 않을 겁니다. 왜냐하면 우리는 한 명도 빠짐없이, 더 높은 학위를 따서 전통적인 자격을 얻고 그리고/또는 자신이 진행해온 작업에 매우 정통해졌으니까요. 우리

프로젝트의 여러 부분을 둘러싸고 오랫동안 지속한 자연과
학자들과의 협력 등등을 포함해서요. 그 점이 계속해서 사
회적으로 주목받아야 한다고 우리가 주장하지 않았던 것은
상당히 순진하고 부주의했다고 생각합니다. 우리는 마치 우
리가 어떤 식으로 '현실'을 부정하는 사람들인 것처럼 취급
하는 싸구려 공격에 취약해졌습니다. 저는 그 공격이 어떤
의미에서는 과학 및 기술 문제에 대한 광범위한 좌파적 관
심사에서 나왔다고 느꼈을 뿐 아니라, 그 공격의 얄팍함과
성공을 동시에 느꼈습니다. 다시는 그렇게 되도록 놔두지
않을 거예요.

새 작업에서 제 접근 방식의 일부는 과학전쟁을 겪으며 반
과학자라고 낙인찍혔던 일의 직접적인 결과입니다. 말도 안
되는 낙인이었죠. 제 접근의 일부는 제 인문학 및 사회과학
친구들에게 무서워 보이는 적을 두려워하지 말라고 상기시
키는 것이기도 합니다. 우리는 엉뚱한 것을 두려워하고 있
어요. 사회학자라면 어떤 식으로든 생물학적 환원주의나 그
비슷한 것을 두려워해야 한다는 관념은 잘못 진술된 위험입
니다. 이 문제에 대해 걱정하는 사회학자와 문화연구자들은
진화심리학이나, 무엇이든 흥미로워 보이는 것에 뛰어드는
편이 훨씬 더 효과적일 것입니다. 그 분야에 뛰어들면 됩니
다. 방어적인 입장을 취하면 질 수밖에 없어요. 세상의 권위
에 대해 그런 식으로 생각하고, 우리가 보편적 호기심에 대
한 권리를 당연히 가지고 있다고 여기는 등등의 모든 태도,

그리고 그런 사고방식으로부터 이루어진 비평은 훨씬 강력
합니다.

조지프 《겸손한_목격자》에서 제가 너무나 큰 도움을 받고 매료
되기까지 했던 것 중 하나는 회절이라는 당신의 은유였습니
다. 그 이후로 이어진 당신의 연구를 '회절'의 차원에서는 어
떻게 보시는지 들려줄 수 있을까요?

도나 네. 그것은 사실 우리가 아침에 대화를 시작했던 지점을 다
시 논해보는 방법 중 하나이기도 합니다. 저는 잘 설계된 현
장 실험을 향한 저의 특정한 관심과 존경에 대해 이야기하
고 있어요. 예컨대 특정한 생태 환경에 사는 개코원숭이 집
단에 대한 연구에서 볼 수 있는 실험이죠. 그와 같은 앎의 방
식은 소설을 읽는 기술과 교차합니다. 실험 읽기와 소설 읽
기라는 두 종류의 기술은 각각을 읽는 방식을 통제합니다.
따라서 제가 시, 단편 및 장편소설, 박물관 전시, 아니면 그림
을 읽을 때 대상별로 정해져 있는 방식을 따르지 않으면, 연
구 지원금 신청이나 영장류학의 과학 논문, 혹은 성장하는
분야로 알려진 최근의 개 연구에 접근할 수 없게 됩니다.

이 두 개의 서로 다른 읽기 기술은 회절하며 상호작용합니
다. 저는 각 기술 간의 차이를 알고 있어요. 하지만 그 둘은
끊임없이 생산적으로 서로에게 간섭하지요. 그들은 농담을
생산해내고, 그리하여 똑바르게 보이는 것을 흥미로운 방식
으로 구부러뜨립니다. 마치 과학소설을 읽는 것 같아요. 진
술들이 하나의 틀 안에서는 어떤 뜻을 가지지만, 과학소설

이 창조해낸 세계 속에서 읽으면 매우 다른 것을 의미하게 되니까요. 새뮤얼 딜레이니가 활용한 고전적 예시는 '그의 세계는 폭발했다'라는 구절이었지요. 평범한 문학에서 그것은 통상적으로 심리적 위기를 의미합니다. 하지만 과학소설에서 그것은 아마 그 세계가 진짜로 터졌다는 뜻일 거예요. (웃음) 그렇지 않나요? 그것은 심리적 위기가 전혀 아닐 겁니다. 그리고 이것이 바로 회절적 읽기의 한 가지 사례입니다. 두 가지 읽기 방식이 병치될 때, 당신은 웃게 되죠. 그러고선 양쪽의 글을 읽었기 때문에 각각을 다른 방식으로 읽게 됩니다.

저는 그것이 바로 다중적 문해력이라고 생각합니다. 세상의 모든 사람이 결국 여러 종류의 문해력을 가지게 되기 때문이죠. 당신이 그 문해력들을 자기 자신에게, 그리고 서로에게 내세울 때, 그것들은 회절적으로 상호작용합니다. 그리고 회절에서는 빛의 패턴들이 서로를 강화할 수 있기 때문에, 기록지에서 정말로 강렬한 점을 얻을 수 있습니다. 회절된 파동은 강화될 수도 있고 아닐 수도 있습니다. 이러한 회절적 읽기가 항상 기술적 의미의 간섭을 하는 것은 아니지만, 그 간섭은 그저 방해가 아니라 강화의 형태로 이루어질 수 있습니다.

조지프   저는 당신이 《겸손한_목격자》에서 논한 '세상에 차이를 만들어낸다'는 문구가 매우 매혹적이라고 생각합니다. 그것을 세상에 차이를 만드는 준-주권적 주체로 읽을 수 있으니

까요. 특정 연령대와 특정 정치적 배경을 가진 사람들에게
는 특히 더 그렇고요.

도나 '내가 세상에 차이를 만들어낼 거야!', '우리가 …을 할 거
야' 음, 그런 의미도 있긴 하죠. 또한 그것은 회절 상호작용의
또 다른 예라고 생각합니다. 이때 사람은 모종의 궁극적 의
미에서가 아니라, 새로 나타나는 하나의 현실로서 중요한
의미를 가지고요. 하지만 저는 여전히 학교와 정당, 환경 운
동과 어업 투쟁에서 지적으로 조직하고, 곰곰이 생각하고
살아가며, 더 나은 쪽, 본인이 최선이라 생각하는 쪽으로 상
황을 바꾸어나가기 위해 시도하는 사람들이 그렇게 매우 평
범한 의미에서 차이를 만들어내는 것은 첫째, 가능하고 둘
째, 좋은 일이라는 명제를 굳게 믿고 있습니다. 그것은 세계
속에서 여러 가지로 나타나는 존재 방식이 지닌 창발적 가
능성입니다. 특정한 종류의 행동과 행위자는 곧 새롭게 나
타나는 현실이기도 하지요. 우리의 실수는 이 모든 것을 대
문자로 생각한다는 것입니다. 패턴들은 서로를 간섭하다 결
국 그 상호작용에 따른 모종의 효과를 누군가가 상상하거나
의도한 바와는 전혀 다른 모습으로 생산해냅니다.

조지프 도움이 많이 됩니다. 그러면 이제는 '비-순수'에 대해 한
번 더 설명해줄 수 있을까요?

도나 제게 그것은 여러 의미를 가집니다. 어떤 부분은 죄책감을
비롯해 그렇고 그런 문제로 가득 차 있던 제 가톨릭 유년 시
절을 상기시켜줍니다. (웃음) 오직 순결함만을 추구해야 한

다는 그렇고 그런 문제들요. 사실상 섹슈얼리티와 관련된 모든 것이 치명적인 죄로 여겨졌으니, 성적 순결까지 포함해서요. 하지만 가장 주된 것은 옳은 쪽에 있어야 한다는 엄청난 과잉집착이었습니다. 특히 착하디착한 아이들이었던 우리는 이 세상에서 중요한 것이 무엇인지를 무시하고, 어떤 상황에 직접 뛰어들어 최선을 다하는 것을 진정으로 무시하기에 이르렀지요. 왜냐면 뛰어들고 최선을 다하면 필연적으로 단지 실수를 하는 정도가 아니라 악에 연루되기까지 할 테니까요. (웃음) 그러면 알고 싶지 않았던 자신의 모습을, 가학적인 모습이든 그 외 어떤 모습이든 발견하게 됩니다, 그렇지 않나요? 순결함을 지키려는 욕망은 결국 타나토스, 즉 죽음충동의 발현입니다. 정체 상태지요. 그것은 우리 모두가 겪는 가혹한 통제권 결핍에서 벗어나고자 하는 행동입니다. 순수함 혹은 순결함에 대한 욕구는 통제, 일종의 초월적 억제에 대한 충동이고, 이것은 치명적입니다. 따라서 이것이 순결함의 한 가지 의미입니다. 그리고 그렇게 뛰어들어 최선을 다하는 것이 비-순수의 한 가지 의미이지요.

비-순수의 또 다른 의미는, 예컨대 최근 진행 중인 개 연구에서 찾아볼 수 있습니다…. 음, 만일 어떤 사람이 소위 순종견을 키우고 있거나 순종견 세계에 진지하게 참여하고 있다면, 당신은 우생 담론의 한가운데에 서게 됩니다. 그럴 수밖에 없어요. 부정할 수 없어요. 그렇다면 당신은 그것과 어떤 관계를 맺어야 할까요? 예전처럼 야단치는 자아가 될 건가요? 그래서 다시 한번 우생학이 얼마나 많은 면에서 인종차별적이며 계급차별적이고 그 외에도 여러 문제가 있는지 지적할 건가요? 지금부터 끝도 없이 지적을 하면 당신은 옳은 쪽에 있을 수 있겠지만, 개 세계에서 우생학 담론이 작동하는 방식에 대한 흥미로운 내용은 아무것도 배울 수 없겠죠. 당신이 이미 알고 있는 것 외에는 아무것도 배우지 못할 거예요.

하지만 개를 사육하는 사람들의 말을 듣기 시작하면, 당신도 그들이 실제로 하는 일을 지켜보기 시작합니다. 그리고 그들이 어떤 고충을 겪고 있는지, 그들이 진지하게 받아들이는 언어는 무엇이며 그렇지 않은 언어는 무엇인지 알아차리기 시작하죠. 그러면 상황이 재미있어집니다. 당신은 사육사들이 사용하는 혈통이 생물학자들이 사용하는 '개체군'과 의미가 다르다는 사실을 알게 될 것입니다. 당신에게는 아무리 비슷해 보이더라도 말이죠. 행동이 만들어내는 결과는 사람들이 어떤 범주에 속해 있는지에 따라 달라집니다. 이때 우리는 회절적으로 주의를 기울여야 합니다.

개 세계에서 우생학은 인간 세계의 우생학과 깊이 연관되어 있습니다. 19세기 서구 사회에서 발달한 사회 운동과 진보주의에서 동일하게 싹트기 시작해서 동일하게 발전해왔던 과정을 포함해서요. 그럼에도 불구하고 당신은 개에 대한 담론이 얼마나 이상하게 다른지 발견하기 시작하죠. 그것이 어떻게 (어떤 면에서는 더 나쁘고 어떤 면에서는 더 낫게) 같지 않은지 발견하기 시작합니다. 당신이 더러운 범주에 회절적으로 발을 담그지 않으면 그런 것을 전혀 접할 수 없어요. 그것은 '지배'와 비슷합니다. 저는 대부분의 경우 '지배'라는 단어를 피하고, 대신 '권위'나 '사회적 지위' 혹은 '우리 집 개는 사회적 권위에 큰 관심이 있고, 제로섬 게임이라는 전제를 연구하곤 합니다' (웃음) 등등의 표현을 사용하고자 하거든요. 저는 여러 가지 언어를 사용하려고 노력하지만, 그것을 계속 온갖 종류의 장난으로 만들 거예요. 그럼에도 이 모두는 제가 참여하고 있는 이 관계 속에 존재하는 심대한 불평등이라는 사실과 통제 및 도구주의의 현실을 인정하고 받아들이기 위한 하나의 노력입니다. 우리는 자신의 목적을 위해 개를 도구적으로 이용하고 있다는 점을 인식하지 않고서는 개와 스포츠 훈련을 할 수 없습니다. 만일 그것을 인식하지 않고, 여러 영역에서 복종하도록 만들기 위해 훈련하고 있음을, 타자에게서 자발성을 만들어내기 위해 훈련하고 있음을 인식하지 않으면, 그렇게 음, 그 문제에 대해 스스로에게 거짓말을 하면, 개를 다치게 할지도 몰라요. 어쩌면 개의 목숨마저 위협할 수도 있고요. 개를 죽일 수도 있는 거예요. 그 스포츠를 잘할 수가 없겠지요. 모든 면에서 실패할 거예요. 어떤 것에서도 훌륭한 성취를 이뤄낼 수 없을 거예요. 훌륭한 성취를 이룰 수 있는, 그 영역에 대한 진실을 말할 수 있는 유일한 길은, 입에 올리고 싶지 않은 부분들을 인정하고 받아들이는 것입니다.

여러 동물권 담론에 제가 거부감을 느끼는 이유 중 하나는 많은 경우 그 담론이 순결을 추구하는 움직임을 수반한다고 생각하기 때문입니다. 동물권 대변인들은 인간과 개 사이의 훈련 관계가 그저 권력관계이며 불평등하다고만 인식합니다. 개들도 자신의 요구를 제시하는데 말이에요. 개와의 훈련 관계에서 인간은 지휘권을 갖기도 하지만, 개들이 하는 일에 아무 쓸모가 없기도 합니다. 동물권 담론은 주로 그것을 권리 침해로 명명하기 때문에, 가능한 해결책은 오직 그 관계를 없애버리는 것뿐입니다. 저는 그것이 잘못된 해답이라고 생각합니다.

저는 자녀 양육, 사랑, 정치적 작업, 노동을 포함한 모든 진지한 관계에는 반드시 이렇게 불평등한 기술, 불평등한 권력, 불평등한 모든 것의 문제에 직면할 수밖에 없도록 만드는 부분이 포함되어 있다고 생각합니다. 그리고 그 관계 안에서 문제에 직면하기 위한 언어를 찾아내고자 하는 노력은 이전에는 거기 존재하지 않았던 일종의 번성에 어떤 식으로든 도움이 됩니다. 모든 번성에는 그 시스템 안의 누군가는 전혀 번성하지 못하고 있다는 점을 인식하는 일이 수반됩니다. 거기에는 당신이 배제해온 영역이 있습니다. 당신도 자신의 약소한 내부를 성립시키기 위해서, 영역에 포함되지 않는 사람들을 인식하지 않을 수 있도록 경계를 그어왔습니다. 주디스 버틀러의 용어로는 구성적 외부라고 하죠. 저는 정직하고 진지한 관계라면 이 모두에 직면하는 일을 포함해야 한다고 생각하며, 그것이 제가 말하는 비-순수의 의미입니다.

조지프 그리고 당신이 버틀러의 개념을 언급할 때, 저는 리 스타의 "누가 이익을 얻는가?"라는 질문을 떠올렸습니다.

도나 네, 바로 그것입니다. 누가 이익을 얻는가? 그가 말하고자 한 바도 이것이었어요. 이는 모두가 이익을 얻지는 못한다는 의미이고요.

조지프 현재 미국의 정치적 상황과 조지 W. 부시 행정부를 고려하면, 희망을 가지기가 어려울 때도 있습니다. 물론 그렇다고 다른 곳에서 희망을 찾을 수 없다는 뜻은 아니지만요.

도나 음, 그렇습니다. 여러 측면에서 상당히 포괄적인 패배라고 느껴지곤 합니다. 하지만 앞에서 마트에서 마주친 딘 후보 선거 운동 본부장 친구가 자신의 편집증적 판타지를 가지고 농담했던 일을 언급했죠. 저는 지금이 아무리 나쁘다고 해도, 모든 것이 미국 역사상 가장 나쁘다는 말은 그저 사실이 아니라고 그 친구에게 말했습니다. 1950년대를 살았던 사람들도 편집증적인 안보 장치와 억압 장치, 전쟁 공포와 전쟁 현실에 대해서라면 할 말이 많을 거라고요. 그리고 그는 전혀 그렇지 않다고, 지금이 1950년대보다 훨씬 안 좋다고 말했어요. 그래서 저는 당시를 살았던 동성애자에게 그렇게 말해보라고 했죠. 그건 정말 사실이 아니에요. 반공 편집증이 얼마나 심했는데요. 1950년대에 가사 도우미가 아닌 직장을 찾을 수 있는 흑인 여성은 몇 명이나 되었을까요. 심지어

콘돌리자 라이스조차도요. 결코 비슷한 상황이 아니죠. 우리
는 역사적 차이를 목적론적이 아니라 회절적으로 비교해야
해요. 저는 모든 것이 극단적으로 새롭거나 나쁘다는 담론에
대립하면서 문제의 연속성과 복잡성에서 희망을 찾습니다.

조지프 정말로 일리가 있는 말입니다.

도나 지속적으로 나쁘다는 것이 희망의 근거라니, 무슨 말일까
요? (웃음) 하지만 똑같지 않으니까요. 새롭게 끔찍한 일이
등장하는 만큼 지속적인 개선도 있어왔고요. 그리고 이제
60억 명이 훌쩍 넘는 인간을 수용하고 있는 행성을 고려하
면서 생물학으로 다시 돌아오자면, 이 지구의 수용 능력은
아마 그렇게까지 되지 않을 거예요. 당신이 산아제한 이데
올로기, 인구 통제 이데올로기의 퇴행적 본성에 대해 아무
리 여러 번 이야기한들 저는 상관하지 않을 거예요. 전부 사
실이죠. 하지만 심각한 인구 감소 없이는 우리가 종으로서
버틸 수 없을 거예요. 수천 수백만의 다른 종도 버틸 수 없을
거고요. 그러니 당신은 중국의 한 자녀 정책을 싫어하면서
도 그들이 옳다고 생각할 수 있는 셈이죠. (웃음) 더구나 중
국 한 자녀 정책은 분명 수억 가지 방식으로 조정되어야 하
지만, 경범죄에 대한 미국 형벌 시스템보다도 덜 강압적일
것입니다. 아이를 너무 많이 낳는 것이 편의점에서 물건을
훔치거나 마약 거래를 하는 것보다 사회적으로 더 많은 피
해를 입힐 수도 있습니다. 마약 거래는 분명 아이를 너무 많
이 낳는 일보다 훨씬 경미한 사회적 폭력입니다.

조지프 좋습니다. 몇 가지 질문만 더 드리고 마무리하겠습니다. 정신분석학 및 정신분석학적 비평에 대해 묻고 싶었습니다. 당신은 오이디푸스 이야기는 한동안 혹은 조금 오랫동안 자제할 필요가 있고 새로운 이야기가 나와야 한다는 글을 쓴 적이 있는데요, 하지만 동시에 거기서 배운 것이 있다는 글을 쓰기도 했고요….

도나 많은 내용을 배웠죠…. '내용' 이상을 배웠어요. 근본적인 내용은 데리다가 근원적 나르시시즘에 생긴 상처에 대해 정리한 목록에 담겨 있지요. 정신분석학이 비평 작업에 마련해준 근본적인 내용은 무의식입니다. 당신이 그것을 무의식이라 부르든 아니든, 그것은 주체는 물론 그 외에도 다양한 세계 내 존재의 구조 안에서 벌어지고 있는 일을 파악하기 위한 합리적 과정을 근본적으로 제한합니다.

이러한 과정이 작동하는 방식을 이해하고자 노력할 때 정신분석학 전통의 페미니즘 이론가 테레사 드 로레티스는 더없이 훌륭한 예입니다. 그는 우리가 가령 시각적 이해나 정동의 구조 등등에서 무슨 일이 벌어지는지를 파악할 수 있는 능력을 더욱 풍성하게 키워주었습니다. 사실 저는 꼼꼼히 읽기를 하는 독자들이 상당히 직접적인 프로이트 자료를 연구한 내용을 포함하여, 정신분석학적 연구를 깊이 존경하는 편입니다. 프로이트를 꼼꼼히 읽는 독자들이라고 해서 반드시 프로이트주의자인 것은 아닙니다. 그들은 사실 문학 텍스트를 연구하고 있는 것이죠. 그들은 기호학자로서, 즉 이토록 창조적인 재주를 가진 뛰어난 작가를 읽는 사람으로서 프로이트를 연구하고 있습니다. 어쨌든 그런 식의 정신분석학 연구는 집단적 차원에서 우리의 비평 방식을 근본적으로 풍부하게 해주었다고 생각합니다. 그리고 저는 정신분석학 및 정신분석학적 비평에 '반대'하지 않습니다. 전혀 그렇지 않아요. 하지만 저는 정신분석학을 활용하는 법을 모르기도 하죠. 그런 자료는 취미로 훑어보는 정도 이상으로는 읽지 않습니다. 사례 연구를 몇 편 읽긴 했지만, 덩어리corpus를 이룰 정도는 아니에요. '덩어리'가 지닌 모든 의미를 포함해서요. (웃음)

하지만 여전히 저는 더 큰 이야기의 일족을 원합니다. 따라서 저는 그저 정신분석학을 활용하지 않는 것이 아니라, 그와는 다른 무언가를 해보고자 하는 거예요. 저는 정신분석학 연구에서 사용되는 비유들이 중요하다고 생각합니다. 그 비유들은 오이디푸스 서사와는 다른 방식으로 작동하는 유형의 조직과 괴물성을 진지하게 다룹니다. 저는 우리 인간뿐 아니라 다른 모든 존재와 맺는 관계성을 위해, 더 큰 이야기의 일족을 진심으로 바라고 있습니다.

조지프 좋습니다, 마지막으로 사회구성주의 논쟁에 대한 질문을 드리겠습니다. 당신의 글에서 당신과 라투르는 서로 다른 시점에 사회구성주의를 수용하거나 긍정적으로 해석했다고 밝혔는데요, 그 후 비교적 최근에는 두 사람 모두 너무 손쉬운 사회구성주의라 부를 만한 것에 대해 언급했거든요.

도나 그것이 정통이 되었지요.

조지프 그렇다면 어떤 것이 손쉬운 사회구성주의이고 어떤 것
이 아닌지 말씀해주실 수 있을까요?

도나 음, 당신은 아델 클라크, 테레사 몬티니와 그 외 다른 사람
들이 전경화와 후경화에 대해 이야기해온 방식이 어땠는지
알고 있을 겁니다. 사회구성주의는 전경화되었습니다. 논의
의 양도 아주 많아지고, 온갖 종류의 창의적인 방식으로 발
전했습니다. 하지만 그 후로 그것은 경직되어버렸습니다.
하나의 정통이 되었지요. 그것은 'ANT〔행위자 네트워크 이
론〕'가 되었습니다. 줄임말이 되어버렸어요. 그것은 자신의
생명력을 잃고 정통이 되었습니다. 또한 '사회적' 구성이라
는 표현은 오직 인간에 대해서만 생각하도록 사람들을 오
도합니다. 브뤼노도 《실험실 생활》을 재발행할 때 제목에서
사회적이라는 단어를 빼버렸잖아요. 그렇죠? 그래서 그 책
제목은 과학적 사실의 사회적 구성이 아니라 과학적 사실의
구성이 되었어요. 그리고 구성주의는… 그런 유형의 구성주
의는 사회성에 관여하고 있지만 인간종은 아닌 비-인간 행
위자를 전경에 내세웁니다. 존재론적으로 더욱 이질적인 구
성주의가 되기 시작하지요. 그러고 얼마 지나지 않아 구성
주의라는 단어가 방해가 됩니다. 비-인간 행위자가 변덕스
러운 모습을 보이기 때문에, 이런저런 가능성에 맞춰 볼륨
을 높였다 낮췄다 할 뿐이에요. 이제는 비-인간 행위자들이
방해가 됩니다. 그들은 더 이상 구성주의적 작업을 하지 않

게 되지요[Latour, 2003 참조].

조지프 방금 그 말씀을 들으니 한 가지가 더 떠오르는데요. 이 인식론/존재론 문제와 관련해서 질문하고 싶네요. 왜냐하면 당신은 세속적인 것에 대해 이야기하고, 다른 세계에 대해 이야기하고, 관계성에 대해 이야기할 뿐 아니라 새로운 세계를 만들어낼 가능성의 프로젝트에 대해서도 이야기하니 말이죠….

도나 …그 모두가 과학소설적인 수사들이죠.

조지프 수사, 그렇습니다. 하지만 당신은 우리가 살아 있는 생명에 대해 생각할 때 활용할 수 있는 자원의 의미로 그 수사들을 사용했다고 짐작하는데요.

도나 맞습니다. 그리고 이름을 지정하지 않고 이름을 부르는 방식이기도 합니다. 저는 제 연구에서 유명론nominalism을, 이름의 진리를 거부하는 입장을 깊이 받아들이고 있습니다. 어떤 이름을 믿는 순간, 당신은 우상숭배를 만들어내게 됩니다. 이는 말하자면 신학적인 입장이죠. 따라서 지칭하지 않으며 지칭하는 이 방식을 지속적으로 사용하는 것은, 그 지시 행위를 진지하게 고려하기 위한, 그리고 지시 대상에 결코 도달할 수 없다는 종류의 상대주의에 빠지지 않기 위한 방편입니다. 물론 우리는 지시 대상에 결코 도달할 수 없지만, 그 이유 때문은 아니에요. 어떤 단어의 관계적 행동을 당신이 믿는 명사로 바꾸자마자, 당신은 잘못 놓인 구체성이라는 오류를 범하게 됩니다. 그리고 신학적인 용어로 이는 우상숭배 행위입니다. 당신은 이름을 세계 자체로 오인하게 됩니다. 그리고 제 언어 실천 중 많은 부분은 이름을 믿지 않고 무언가를 말하고자 하는 노력입니다.

조지프 오랫동안 이름을 믿도록 교육받아온 독자들이 보이는 게으름 문제의 일부가 될 수 있겠지요.

도나 혹은 사회과학을 포함한 과학 장르가, 심지어 질적 요소에 가장 호의적인 장르조차, 언어가 어떤 식으로든 사라져야 한다는 입장을 고수하고 있기 때문일 수도 있어요. 저는 언어를 진지하게 받아들이지 않으려면 언어를 진지하게 받아들여야 한다고 생각합니다. 그것을 사라지게 할 수는 없어요. 사라지게 했다면 그것은 그저 문제를 안 보이는 곳으로 밀어넣었다는 의미일 뿐이지요.

6장
왜 해러웨이를 읽어야 하는가

이 짧은 마지막 장에서 나는 당신이 처음 이 책을 접했을 때 물어봤을 법한(물론 당신만의 방식으로) 질문에 답하고자 한다. '읽을 책이 이렇게 많은데 왜 도나 해러웨이를 읽어야 하는가?' 이 책의 서두에서 당신이 지금부터 읽을 내용은 해러웨이가 제공한 이론을 내 관점과 버전으로 정리한 것일 뿐이라고 밝혔듯이, 해러웨이의 책이나 영상[1]을 보면 얻을 수 있는 간략한 요약, 심지어 '개조식으로 정리된' 요점 목록을 건네주는 등 너무 단순한 전략을 택하면, 분명 모든 내용을 다 담을 수도 없거니와 모든 독자에게 일관적으로 내용을 전달할 수도 없을 것이다.

이 책의 서두에서도 이야기했듯, 당신은 일부 사람이 해러웨이의 연구에 '결여'되어 있다고 지적하는 부분은 이 책에서 다루지 않을 것이라고 짐작할 것이다. 앞서도 언급했지만, 이는 과거 모든 독자가 해러웨이의 생각, 주장 및 글을 좋아했거나, 자신의 연구에 도움이 된다고 생각했다는 뜻은 아니다. 5장에 수록된 인터뷰에서 해러웨이 자신도, 자신이 여러 종류의 지식 프로젝트에서 벌어지는 다양한 논쟁에 대해 또 하나의 '새로운' 결론을 제안하지 않기 때문에, 자신의 글이 어렵거나 불만족스럽다고 생각하는 사람도 있었다고 밝혔다. 그는 자신의 글이 (매우 의도적으로) 이론적인 혹은 서사적인 전체로 귀결되지 않는다고 말한다. 그것은 풀려 있는 여러 가닥의 실오라기를 페미니즘이나 과학연구라는 질서를 갖춘 '하나의 천'으로 '묶어내기'를 목표로 하지 않는다. 그 자신의 도덕적, 윤리적 책임을 놓칠 가능성은 거의 없음에도, 그의 연구는 이데올로기적으로 이교적이다. 해러웨이는 열심히 노력했으며, 내가 보기엔, 그가 살거나 오가는 모든 지적 세계 및 대중적 세계가 정의하는 익숙하고 확립된 온갖 종류의 '~주의'를 신봉하는 '독실한 신자'가 되지 않는 데 성공했다.

해러웨이가 말하듯, 그의 분석 범주는 거의 모두 지저분하고 새기 쉬우며 유동적이기에, 여기서 그것은 '둘 중 하나/혹은'의 형태이거나 '둘 다 아닌/제외하고'이기보다는 '둘 다/동시에'인 경우가 많다. 실제로 해러웨이의 이론에서는 쉽게 모순이 발견된다. 이는 그가 생각하고 상상할 수 있는 생산적인 방식의 일환으로 모순을 내세우기 때문이기도 하고, 자신이 연구하는 대상 속에서 매우 쉽게 모순이 발견된다고 주장하기 때문이기도 하다. 그는 통상적으로는 섞이지 않는 것들을 섞은 뒤 독자들에게 다중적이고 종종 다양한 문해력을 요구한다.

그로 인해 해러웨이를 읽는 일은 상당히 어렵지만, 그의 글을 처음 접한 사람들에겐 다른 많은 독자도 마찬가지라는 사실이 위로가 될 것이다. 범주 경계의 측면에서 '깔끔한 마무리'나

'선명한 선' 그리고 확실성을 추구하는 읽기 전략은 해러웨이 텍스트 앞에서 좌절하게 될 것이다. 인간과학 및 자연과학, 그리고 일부 페미니즘 연구는 이렇게 분명한 범주 경계를 추구하며 경계 내부에 동종성을 생산하고 '문제를 일으킬 수 있는' 여러 '용의자'를 배제하지만, 해러웨이의 글에는 그런 읽기 전략이 통하지 않는다. 논증과 이해를 단순성(일부는 이를 '우아함'이라 부른다)으로 축소하고 그리고/또는 '엄격한' 과학적 리얼리즘 및 진리 대응론correspondence theory과 잘 어울리는 빠른 읽기가 가치 있다고 여겨지는 세계에서, 해러웨이는 실제로, 그 자신의 표현에 따르면, 소화하기 어렵다.

그러한 읽기 형식 그리고/또는 담론적 실천 속에서 그의 생각이 '바깥에 있다', '다른 무언가에 대한 것이다', '과학이 아니다', '문학적이다', '이해하기 어렵다', '정치적이다', 그리고/또는 '주관적이다'라고 받아들여지는 것은 놀라운 일이 아니다. 5장에서 해러웨이가 동물 연구 분야의 선구적인 사상가이자 학문적 동료마저 자신에게 매우 심각하게 '당신도 현실을 믿나요?'라고 물었다고 이야기한 대목을 떠올려보라. 분명하게도 나는 그의 연구에 그런 식으로 접근하지 않았기에 그의 글을 읽으며 많은 것을 얻어왔고, 이 '현실'이 어떤 의미인지에 대한 현저히 확장된 통찰을 포함한 해러웨이의 폭넓은 생각과 주장을 깊이 탐구해왔다(Clough and Schneider, 2001; Schneider, 2002 참조).

그러면 요약과 반복을 겸해 여기서는 해러웨이를 읽기 위해 시간과 에너지를 어디에 투자하면 좋을지 목록으로 정리해보겠다. 한 가지 사항을 덧붙이자면, 이 요점 목록이라는 발상으로 인해 각 항목이 해러웨이의 연구에서 각각 별개의 목표 및 주장인 것처럼 읽힐 수도 있겠지만, 해러웨이가 그런 식으로 자신의 주장을 펼친다고 생각하면 오해이다. 이 내용들은 각기 다른 시기와 다른 위치에 다양하게 전경화 및 후경화되어 그의 전체 작업 안에 서로 뒤얽혀 있다. 당신이 이 요점들을 어떻게 활용할지는 물론 스스로 결정할 일이지만, 그의 특정한 생각을 "다른 아이디어를 생각하기 위한 […] 아이디어"(Strathern, 1992: 10)로 이용하여, 당신이 상상했던 것보다 훨씬 더 복잡하고 매혹적인 모험을 시작해보는 것도 한 가지 선택지가 될 수 있다.

- 과학에 대한 해러웨이의 글을 읽으면, 과학연구라는 작업과 그것의 대상 및 주체를 물질적이고 고도로 결과적이며 분명한 이해관계를 가진 스토리텔링 실천의 관점에서 볼 수 있는 풍부하고 강력한 자원을 얻게 된다. 해러웨이는 그것이 과학에 대한 비판이라고 생각하지 않는다. 그는 결코 '반-과학' 입장을 취하지 않는다. 그는 종종 과학, 특히 생물학에 대한 자신의 사랑을 외친다. 또한 그는 이야기를 기술과학을 포함한 모든 종류의 삶과 실천에 진지하지 않거나 한 발 떨어진 것으로 보지 않고, 오히려 사랑하고 존중한다. 그는 우리가 이야기 안에서, 이야기를 통해서 살고 있으며, 이야기가 변화를 만들어낼 수 있고 만들어내고 있다고 말한다.
- 특히 해러웨이는 과학이 그것의 핵심 및 중심의 차원에서

동시에 '사회'이기도 하다는 점을 강조한다. 즉 그것은(그것이라 하면 마치 하나의 '그것' 같지만, 물론 그렇지 않다!) 과학의 도움으로 구성되고 동시에 과학을 구성하기도 하는 역사적이고 지역적이며 특정한 현실 세계와 분리된 것으로 고려되거나 연구될 수 없다. 이와 관련해 그는 특히 '남성'과 '문명'이 주도해온 서구 계몽주의 역사에서, 자연-사회-인간 과학이, 자연과 문화 및 섹스와 젠더의 존재(말하자면 '존재함the is-ness' 자체, 즉 존재론)의 중심과 인종, 계급, 국가라는 범주의 중심이 되고 여전히 중심을 차지하는 방식을 전경으로 내세우고자 했다. 이는 2장에서 다룬 그의 영장류 연구에서 가장 분명히 드러나지만, 4장과 5장에서도 논의했듯이 근대 과학의 기원 속에서 섹스/젠더가 '관건이 되는' 방식을 읽어내는 해러웨이의 연구를 검토하면서도 확인할 수 있다.

- 해러웨이가 자연문화의 세계와 과학을 보고/쓰고/이야기하는 방식을, 누군가는 세계들 및 그들의 주체/대상에 접근할 때 그것들을 연결된 물질-기호적 개체들의 집합체로 보고, 사람이나 살아 있는 것은 오직 그것들/그 사람들 중 일부라고 이해하는 급진적 연결주의로 해석하기도 한다. 그는 이러한 특성을 종종 '생산 장치들apparatuses of production'이라는 문구로 표시하곤 한다. 여기에는 주체/대상/개체가 뿌리 깊이 절합되어 있다는 그의 감각, 과학 실천에 대한 연구에서 '재현의 정치politics of representation'보다는 '절합의 정치politics of articulation'를 선호하는 태도가 포함되어 있다.

발달생물학자이자 친구인 스콧 길버트는 해러웨이의 박사 논문이자 1976년 저작인 《크리스털, 직물 그리고 장》[2]의 재판 〈서문〉에서 그의 철학, 즉 그가 보는 방식을 후성적epige-netic이라 부른다. 길버트는 이 말이 다음과 같은 의미라고 설명한다.

전체와 그것을 구성하는 부분 간의 상호작용, 변화, 탄생, 호혜적 관계의 가치를 중시하는 발생학적 개념이다. 후성설은 특정 세포의 정체성은 미리 결정되어 있지 않으며, 이 특정한 운명은 그 세포와 이웃 간의 상호작용을 통해 발생한다고 말한다. […] 후성설은 '존재'란 오직 '되기'의 과정일 뿐이라고 단언한다. (2004: xi~xii)

이 책에서 해러웨이는 우리가 사고와 행동의 주체/대상을 분리되고 구분되어 있는 것으로, 친숙한 물질-기호적 경계 차원에서 완전히 구성된 것으로, 거의 직관적으로 고정해버리는 일에 저항해야 한다고 요구한다. 그것이 속한 세계 없이는 아무-것no-thing도 존재하지 않는다는 그의 주장은 또한 모든-것any-thing은 항상 다른 개체들과 연결 및 연관되어 있으며, 하나라고-여겨지는 것을 연관의 네트워크로부터 탈맥락화하여 고려하는 태도는 매우 친숙하지만 오늘날과 미래의 전 지구적/지역적 세계 속의 삶을 별로 생산적이거나 장래성 있게 바라볼 수 있는 방식은 아니라는 주장이

기도 하다. 연결에 대한 이러한 비전은 해러웨이의 모든 글
에 담겨 있으며, 그가 무려 30여 년 전에 생물학 박사과정을
마쳤을 때 이미 상당히 확고하게 자리 잡고 있었다. 이를 통
해 우리는 세계를 한층 더 투과할 수 있는 곳, 명확한 경계보
다는 흐름과 불분명함으로 특징지어지는 곳으로 바라보고
상상할 수 있게 된다.

- 해러웨이의 연결주의에서 우리의 생각을 열어주는 두 번째
부분은 그것이 절대적으로 인간과 주체성을 포함한다는 점
이다. 이는 해러웨이가 호모사피엔스가 확연히 드러내는 특
별한 경이로움이 있다는 사실을 부인하지 않으면서도, 인간
의 주체성과 육체성을 '지구상의 생명체'를 '총체적으로 보
여주는 것'으로 보거나, 주체성이 한 인간의 실체적 육체/정
신 안에서 중심이자 전체를 차지한다고 보지 않는다는 의미
이다. 주체성 역시 분산되어 있다. 이 분산은 인간의 관점에
서 볼 때 다른 인간과 비인간 생명체는 물론 무생물과 기계
적 개체로 이루어진 네트워크의 많은 교점 중 하나일 뿐이
다. 이는 또한 인간의 주체성 자체가 '이성'에 의해 통합되어
있지 않으며, 오히려 이를 상당히 분산되고 변화하며 종종
모순적인 여러 부분을 포함하고 있는 것으로 이해할 수 있
다는 의미이다. 사실 무엇이 인간이라고 '여겨지는가'라는
질문 자체가 사이보그 에세이에서부터 현재의 반려종 연구
에 이르기까지 해러웨이가 자신의 연구에서 거듭하여 탐구
해온 주제이다.

- 해러웨이의 사상과 시각 중 세 번째 부분은 위에 언급한 '생산'이라는 단어로 표시된다. 해러웨이의 여러 세계(및 그 세계의 주체/대상, 개체)와, 그가 그 세계들을 보는 방식은 근본적으로 과정적이다. 따라서 위에서 길버트가 언급하듯이, 모든 것은 연결되어 있는 한편 모든 것은 '만들어지는 중'이거나 해체되는 중, 혹은 변화하는 중이거나 변화할 가능성을 가지고 있다. 즉 모든 것은 과정 중에 있다. 그는 종종 우리가 (영어에서는 대체로 명사로 표시되는) 대상을 동사로, 행해지고 있는 것으로, 만들어지고 있는 것으로 생각하면 더 많은 이득을 얻을 수 있다고 주장한다. 우리는 생각의 물화, 단어(주로 명사)를 그 단어가 너무 쉽게 그리고 폭력적으로 뭉뚱그리는 대상 혹은 대상들 자체로 오인하는 것에 저항해야 한다는 경고를, 혹은 복잡성과 역동성을 단순함과 정지 상태로 '환원'하는 일, '잘못 놓인 구체성', 우상숭배에 저항해야 한다는 경고를 반복적으로 받는다. 인간 주체성의 분산과 탈중심화, 그리고 그에 상응하여 세계에 대한 연구가 활성화되는 경향에 밀접히 얽혀 있는 이러한 관점은, 인문과학에 매우 널리 퍼져 있는 사회구성주의라는 대중적 개념도 반드시 심도 있게 재검토해야 한다고 주장한다. 실제로 구성이 이루어지고는 있지만, 그것이 전부 혹은 대부분 '사회적'이지는 않으며, 어떤 '중심'에 의해 방향이 정해지지도 않고, '의식'의 지시를 받는 것은 더더욱 아니다(Hutchins, 2000; Taylor, 2001 참조).

- 이 네트워크적 혹은 연결주의적 관점에 더하여, 자본주의, 성차별주의, 인종차별주의, 식민주의를 비롯하여 가령 기술과학 자체와 같이 문제는 훨씬 덜하지만 서구 근대성의 긴 역사에 연루되어 있는 일군의 실천의 범위 전체가 그러한 네트워크의 내파에 기여해왔다는 해러웨이의 해석을 이해하면, 그의 분석 및 탐구 전략의 진가를 충분히 파악할 수 있는 단계에 이른다. 영장류에 대한 초기 연구부터 개와 반려종에 대한 최근 연구에 이르기까지, 해러웨이는 역사적으로 특정한 연결의 네트워크 안에 대상/주체가 위치할 수 있는 방식과, 대체로 문화 및 사회 분석의 관습적 실천과는 연관이 없다고 여겨졌던 상호의존/상호연루를 계속 설명해가면서 일종의 유물론적 해체를 실천한다. 이는 탈구disarticulation가 아니라(해러웨이는 사실 이를 불발된 해체, 그리고/또는 보지-않기라고 볼지도 모른다), 오히려 그 절합됨articulatedness의 세부 사항을 구체화하는 일, 즉 개방하는 일이며, 우리가 한때-본질적이라-여겨지던-개체, 자율적 개체, 그리고/또는 분리된 개체를 이해하는 방식에 그 절합됨이 어떤 의미를 함축하고 있는지를 밝히는 일이다. 때때로 그는 자신의 실천을 이렇게 내파된 주체/대상을 '폭발시키기'라고, 혹은 주체/대상을 그들이 거미줄처럼 얽혀 있으며 항상 물질적이고 '끈적한' 역사적 연결성으로 '돌려보내기' 혹은 '뒤따라가기'라고 말한다.
- 해러웨이를 읽으면서 당신은 그의 연구 목표가 최종적으로

사물들이 '실제로' 결합되는 방식이나 간단히-해체-할 수 있는 내파에 대한 하나의 **진리**를 말하는 것이 아니라, 오히려 문제가 되는 절합이 달성한 자질을 발견하고 보여주면서 우리에게 주체/대상/세계를 결합하는 또 다른 방법을 만들어낼 가능성(이는 언제나 상상력, 은유, 열정, 그리고 매우 자주 과학소설에서 가져온 형상들로 채워져 있다)을 제시하고 있음을 알게 된다. 자신이 사랑하고 열정을 가진 것만을 연구해야 한다는 그의 신념으로 인해 그는 결코 분석하는 데서 멈추지 않고, 항상 우리에게, 말하자면 '그것들이 과거에는 현재의 모습과 달랐을 수 있고, 지금도 여전히 달라질 수 있다'는 감각을 만들어준다. 이렇게 다른 세계를 상상하고 글로 쓰는 작업은, 해러웨이 자신이 물려받아 재검토하려 해온 비-순수하고 비-순결한 특정 역사들에서 추진력을 얻는다. 이 특정한 역사들은, 그의 말을 빌리면 그저 '오염' 되었다는 이유만으로, 즉 과거부터 지금까지 그가 쭉 소중하고 중요하게 여겨온 모든 것과 상당히 대립되는 역사, 사건, 실천과 관련한 어떤 함의를 가진다는 이유만으로 버리기엔 '너무 중요'한 것이기에, 해러웨이 역시 '그곳에 거주' 할 수밖에 없는 역사이다. 이는 당신에게 다시 한번, 마르크스주의, 사회주의, 페미니즘, 그리고 물론 자유주의와 자본주의에 대한 헌신을 포함하여 당신이 접하게 될 주류의 정통적 사상에 손쉽게 편입되지 않도록 정치적이고 이데올로기적인 무언가에 대한 너저분하고 복잡한 감각을 제공한다.

• 누군가가 사랑하는 것들에서 다른 세계의 가능성을 추구하는 이 뒤얽힌 헌신을 통해 해러웨이는 진지하고도 깊이 있는 희망을 가질 수 있게 된다. 그리고 이 희망으로 인해, 그의 주장이 지식과 주체성의 파편성, 편파성, 지역성, 우연성, 즉 서구 사상의 맥락에서는 두렵거나 혼란스러운 것으로 읽힐 수 있는 개념을 다루고 있음에도, '포스트모던적 포스트휴먼' 관점의 위험에 대한 야단스럽고 때론 무시무시한 주장에 비해 훨씬 덜 위협적으로 느껴진다. 실제로, 해러웨이는 지식과 주체성의 지역성, 유연성, 부분성을 보기 때문에, '아무런 보증 없이도'('우리'를 구해줄 안전망이나 데우스 엑스 마키나 없이도) 살아 있는 모든 존재가 더욱 번성할 수 있는 더 좋은 삶을 인식하며 살 수 있도록 집단적이고, 부분적으로 공유되며, 공동으로 이뤄가는 프로젝트를 희망적으로 생각할 수 있다. 해러웨이를 읽으면, 사랑, 열정, 희망에 대한 이 강력한 주장을 만나게 되는 것과 더불어, 세계의 물질성을 그저 자원으로 삼기보다는 매우 진지하게 다루며(Sofoulis, 1988) 어느 정도의 '이론적 틀'을 제공하면서도 냉소적인 회의주의에 빠지지 않게 하는 엄격한 학문을 접할 수 있다. 따라서 해러웨이를 읽으면서 당신은 독특하고 매우 창의적인 동시에 많은 지점에서 전율에 가까울 정도로 흥미진진하게 지적 작업을 하는 한 가지 방법을 접할 수 있을 것이다.

간단히 말해, 도나 해러웨이를 읽는 것은 쉽지도 빨리 되지도 않지만(다중적 문해력이 필수 요건임을 상기하라), 그의 글을 읽으면 당신이 어떤 책을 읽어왔든 지금까지 접해보지 못했을 가능성이 높은 내용을 무수히 얻게 될 것이다. 그리고 힘들게 해러웨이를 읽다 보면, 그의 열정과 진지함 못지않게 재치 있는 유머를 마주하며 때때로 웃음을 터뜨리게 될 것이다(당신 혼자만 그런 건 아닐 것이다). 정말로, 때로는 이것들이 어떻게 분리될 수 있을지 상상조차 할 수 없을 때도 있다. 이 책의 두께가 너끈히 지금의 두 배쯤 될 수도 있었겠지만, 이 책에 인용한 해러웨이의 말과 나 자신의 말을 통해, 당신이 그를 이해하고 당신 버전의 '도나 해러웨이: 라이브 이론'을 만들어갈 수 있을 만큼 충분히 설득력 있는 내용을 접할 수 있었기를 바란다.

무엇보다 이 프로젝트를 기꺼이 도와준 도나 해러웨이에게 감사드린다. 처음 이 책을 집필하는 데 협조를 부탁하는 이메일을 보냈을 때부터, 그는 집필 중인 논문의 여러 초고, 강의 스케줄 등을 담은 답신을 수차례 보내주었고, 두 차례의 긴 대화를 녹음할 수 있도록 자신의 집에 기꺼이 초대해주었으며, 자신의 이전 출판물을 인용할 수 있게 허락해주는 등 협조를 넘어 아낌없는 격려와 지원을 보내주었다. 이러한 책을 쓸 때 해러웨이보다 더 좋은 주제는 없을 것이다. 그의 연구는 읽고 쓰기에 어려우면서도 짜릿한 긴장을 불러일으키고, 무엇보다 재미있다. 당연한 말이지만, 이 책은 내가 해러웨이의 연구를 해석한 내용이기에 해러웨이에게는 책임이 없다.

이 프로젝트를 진행하며 드레이크 대학의 인문학센터로부터 풍부하고 다양한 지원을 받았기에, 이 지원을 주선해준 센터장 빌 루이스와 칼 섀퍼에게 감사드린다. 트리스탄 마머는 컨티뉴엄 출판사와 인연을 맺기 시작하던 시기에 매우 큰 도움을 준 편집자다. 리 스타와 케이티 킹, 사이어자 니콜스 구디브는 집필

초반에 내가 도나 해러웨이의 연구에 대해 던진 질문에 기꺼이 응하며 자신의 통찰을 나눠주었다. 수전 하딩은 작업 막바지에야 연락했음에도 관련한 해러웨이의 강의를 담은 영상을 소개해주었다. 그리고 해러웨이의 2002년 로스차일드 강의 비디오 테이프를 제공해준 하버드 대학 과학사학과에도 감사드린다.

오랜 친구이자 동료 사회학자인 퍼트리샤 클러프와 더불어 빕스 피터슨과 케이시 오도널은 해러웨이 저작의 여러 측면에 대해 유익한 대화를 나눠주었다. 다이앤 콜레트는 신속하고 효율적으로 장서를 지원해주었으며 소피아 턴불은 주요 행정 업무를 맡아주었다. 브루스 패거스톰과 그의 직원들은 디지털 기록 기술로 큰 도움을 주었다. 나를 정서적으로 돌봐주고 신체적으로도 보살펴준 낸시 슈나이더, 리처드 에이블, 노이스 브레이버먼, 바버라 호지던, 앨런 스컬트에게도 사랑과 감사를 보낸다.

도나 해러웨이의 〈사이보그 선언: 1980년대의 과학, 기술 그리고 사회주의 페미니즘〉, 《소셜리스트 리뷰》 80호(1985)의 인용은 도나 해러웨이가 허가해주었다. 《영장류의 시각: 근대 과학 세계에서의 젠더, 인종, 자연》(1989)의 저작권은 도나 해러웨이에게 있다. 루틀리지/테일러 앤드 프랜시스 북스 출판사로부터 재허가를 얻었다.

2004년 8월 디모인에서
조지프 슈나이더

도나 해러웨이를 소개하는 방법은 다양하다. 그는 객관성과 중립성을 표방하는 근대 과학을 비판하며 과학이 가지는 정치성과 부분성을 드러낸 비판적 과학연구자이기도 하고, 기술과학이 여성을 비롯한 소수자를 배제하는 과정이 어떻게 국가의 권력 및 자본의 이윤을 추구하는 움직임과 밀접하게 연관되어 있는지를 밝혀낸 사회주의 페미니스트이기도 하다. 또한 기술과학을 우리의 삶과 연관 짓는 방법을 페미니즘의 관점에서 모색한 기술과학 분야의 페미니스트 학자이며, 일관적이고 폐쇄적인 유기체로서의 남성인간을 주체로 상정하는 근대적 인식의 전제에서 벗어나 끊임없이 외부 세계, 기술과학, 주변의 존재들과 뒤섞이는 사이보그와 반려종 개념을 주창한 이론가이다. 과학이야말로 세계의 표면 속에 숨겨진 진리를 밝혀낼 수 있는 학문이며, 백인 남성이야말로 그 과학을 수행할 수 있는 이성적인 주체이자, 과학을 통해 초인적인 능력을 가질 미래의 형상이라고 믿어왔던 현대 사회에 해러웨이의 연구는 큰 영향을 미쳤다.

이 책은 해러웨이의 학문적 여정을 최대한 간결하게 소개하지만, 그의 이론을 이해할 때는 반드시 그의 삶을 함께 살펴봐야 하기에 이 책의 저자 조지프 슈나이더도 해러웨이의 생애에서부터 이야기를 풀어나간다. 해러웨이는 학문이 결코 그 학문을 연구하는 사람이 처한 위치나 관점, 그가 속해 있는 이해관계와 분리되어 있을 수 없다고 생각한다. 따라서 해러웨이가 어린 시절 가톨릭 교육을 받으며 자라다 이후에 무신론자가 되었다는 사실이나, 1960년대 미국의 민권 운동의 물결 속에서 대학을 다녔다는 것, 게이로 정체화한 남편과 그의 파트너, 그리고 자신의 애인까지 넷이서 가정을 꾸리고 살았다는 것, 잡종견과 순종견을 키운다는 것 등등이 해러웨이의 관점과 이해관계를 만들며, 그의 학문과 함께 엮인다. 그리하여 그는 생물학을 전공하면서도 《영장류의 시각》(1989)에서처럼 과학 내의 규범을 신실하게 따르기보다는 문학, 철학, 정치를 이단적으로 교배하여 서로가 계속 긴장하고 반성하게 하는 방식으로 과학을 비판했다. 그리고 《겸손한_목격자》(1997)에서는 순수하고 완벽하며 끊임없이 강화되어가는 근대적 형상으로서의 과학자 대신, 소외되어 있고 상황에 의존적이며, 기계로 조작되어 있는 과학자 형상을 제시한다. 〈반려종 선언〉(2003)에서는 사회적 질서이면서도 과학을 통해 '인간의 번식 본능' 등으로 정당화되고 있는 혈연 가족의 형태를 적극적으로 해체하며, 인간 존재란 사실 여러 비인간종과 뒤섞이며 번식하고 진화해왔기에 이성애-혈연 결합을 넘어 다양한 존재를 '소중한 타자'로 삼으며 친족을 만들어갈 수 있다고 주장한다.

해러웨이의 이론을 공부할 때 추천할 만한 또 하나의 방법은 강의나 인터뷰를 먼저 보고 그의 책을 읽는 것이다. 이 책에도 후반부에 지은이와 해러웨이의 인터뷰가 실려 있기에, 본문을 읽기 전에 이 인터뷰를 보는 방법도 시도해볼 만하다. 이는 우선 해러웨이가 논의를 전개할 때 적극적으로 활용하는 비유와 농담을 이해하는 데 도움이 된다. 그에게 비유나 농담은 단순히 개념을 설명하기 위한 도구가 아니다. 비유와 농담은 과학적 사고와 논의를 전개할 때 추론이나 추상 못지않게 중요한 역할을 하는 사고방식 중 하나이며 과학이 세상 사람들과 만나는 통로이기도 하다. 과학이란 그저 자연 속에 숨겨져 있던 진리를 공평무사한 과학자가 있는 그대로 꺼내오는 것이 아니라 과학자 자신이 이미 알고 있던 것에 대입하고 비교하며 비유와 농담의 방식으로 해석하여 만들어내는 이야기라고 주장하는 해러웨이는, 자신의 이론을 전개할 때도 비유와 농담을 적극적으로 활용한다. 그렇기에 강연이나 인터뷰에서 그가 청중에게 직접 비유나 농담을 구사하는 모습을 보면서 그가 어떤 맥락과 태도로 해당 주제를 탐구하고 있는지를 파악해볼 수 있다.

그렇다면 이제는 우리가 어떤 입장과 관점에서 해러웨이를 접하고 있는지를 점검해야 한다. 해러웨이의 주장에 따르면 우리도 결코 중립적인 입장에서 그의 이론과 만나는 것이 아니기 때문이다. 우리는 무엇이 궁금해서, 무엇을 얻기 위해 해러웨이를 읽는가. 1980년대의 미국인들은 과학기술로 강화된 인간, 즉 사이보그가 되어 우주를 정복하겠다는 초남성적 과학 담론과

남성적 과학을 거부하고 태초의 여성으로 회귀하려 하던 본질
론적 페미니즘의 대립 사이에서 과학기술 사회에서 페미니스트
로 살아가는 법을 모색하기 위해 〈사이보그 선언〉(1985)을 읽었
다. 20세기 말의 미국인들은 인간의 통제를 넘어섰다는 위협이
느껴질 정도로 발달한 디지털 기술과 유전공학의 물결 속에서,
이제 새 천 년이 도래하면 인류는 어떤 변동을 겪게 될지, 그 변
동의 결과는 인간이 종말을 맞이하는 것일지 창조주가 되는 것
일지 도무지 알 수 없어 혼란스러워하는 가운데 20세기 내내 근
대 과학이 해왔던 일을 다시 한번 페미니즘의 관점에서 반성하
기 위해 《겸손한_목격자》를 읽었다. 그렇다면 2020년대 한국에
서 전염병과 혐오 정치, 플랫폼 노동과 가상화폐 속에서 살고 있
는 우리는 해러웨이에게서 무엇을 궁금해하고 있는가? 이 자리
에서 인간종끼리의 순혈 결합을 넘어 다양한 종이 난잡하게 결
합하여 친족을 이루는 반려종 개념으로 나아가야 한다는 그의
〈반려종 선언〉과 후속작 《트러블과 함께하기》(2016)를 읽으며
우리가 얻을 수 있는 새로운 상상력은 무엇일까? 여기서 출발하
여 다시 《겸손한_목격자》와 〈사이보그 선언〉을 거슬러 읽어본
다면 우리는 해러웨이와 어떤 관계를 맺게 될까?

　　해러웨이의 이론을 읽는 것이 현대 기술과학 사회를 페미니
즘의 관점으로 비판하는 해러웨이의 사상을 접하는 일인 동시
에 같은 시대를 살아가고 있는 자기 자신을 점검할 수 있게 되는
계기라면, 해러웨이의 생애와 사상, 그리고 그의 생생한 인터뷰
를 담은 이 책이 마침맞은 안내서가 될 것이다. 지은이 슈나이더

의 제안처럼 이 책이 해러웨이의 다른 저서를 더 읽어나가는 데
든든한 디딤돌이 되었으면 좋겠다.

2022년 1월

조고은

1장 들어가며

1 해러웨이의 연구에서 부족한 점을 지적하는 비판의 한 가지 예로는 Selinger(2003)를 참조하라.

2 해러웨이가 예일 대학의 생물학 전공 대학원생이었던 1960년대 후반에서 그가 하와이로 떠나기 전까지, 문학 연구 영역에는 해체를 신봉하는 사람이 상당히 많았지만, 그는 그 뒤로 연구 경력을 한참 이어갈 때까지 이에 대해 전혀 모르고 있었다(Haraway, 2000a: 20~21).

3 유전자 변형 식품에 대한 해러웨이의 생생하고 간결하며 통찰력 있는 읽기를 보려면 Myerson(2000)을 참조하라.

2장 자연의 이야기로서 과학: 영장류학의 경우

1 《영장류의 시각》은 실제로 폭넓게 리뷰되어, 미국 및 영국의 주요 도시 신문과 대중적이고 전문적인 잡지 및 정기간행물에 논평이 실릴 정도였다. 내가 확보한 리뷰 목록만 60편 이상이며, 각각의 내용은 별개로 하더라도 모두 이 책의 중요성을 강조하고 있다. 긍정적인 리뷰 (양도 많고 더 중요하다) 및 부정적인 리뷰의 예는 다음과 같다. Fausto-Sterling(1990), Harding(1990), Heath(1990), Sperling(1989), Rossiter(1990), Scheich(1991), Scott(1991), Strathern(1991), Hubbard(1989), Marcus(1990), Masters(1990), Cartmill(1991), Jolly and Jolly(1990), Mitman(1991), Rodman(1990), Small(1990), Stanford(1991).

2 Gordon(1994: 248~249)에서 해러웨이는 '문화연구'가 학계 '과학연구'의 정치(대개 부인되는)에 대한 '개입'으로 여겨지곤 하는 감각에

대해 언급한다. 페미니즘을 과학연구 내부의/과학연구에 대한 유사한 개입으로 보는 주장에 대해서는 Campbell(2004)을 참조하라.

3 《영장류의 시각》에서 로버트 여키스를 다룬 장과 그 뒤에 해러웨이가 언급한 내용은 해러웨이가 글에서 각각의 과학자를 다룰 때 드러나는 복잡성의 대표적인 예이다(Haraway, 1989a: 59~83; 2000b).

4 Haraway(1989a: 9)는 스웨덴 출신으로 현대 생물학 분류의 '아버지' 인 린네의 중대한 역할을 언급한다. "그는 자신을 진정한 재현을, 진정한 이름을 선사할 수 있는 두 번째 아담, 하느님의 '눈'이라고 지칭했다. 그렇게 그는 […] 태초에 아담의 죄로 인해 잃어버린 이름들의 순결성을 회복한다." 또한 해러웨이는 이렇게 하느님의 자연 질서에 부합하는 진정한 이름을 부여할 수 있는 힘을 가진 사람들이 바로 과학자가 된다고 지적한다.

5 이 장을 집필할 때 《뉴욕 타임스》(Glenn Collins, 'Long live the elephants, long dead', p.A25, 6/4/04)에서는 아프리카관에 에이클리의 디오라마 및 박제 표본을 전시하는 첫 번째 대복원 프로젝트를 보도했다. 해러웨이가 <테디 베어 가부장제>에서 논한 그 코끼리에 대해 현재 박물관장인 엘런 V. 풀러Ellen V. Fuller는 다음과 같이 말한다. "이 코끼리는 여러 세대의 관람객들에게 매우 원초적인 방식으로 자연계의 힘과 규모를 전달해왔습니다. 미래 세대를 위해 우리는 박물관을 대표하는 이 관을 반드시 보존해야 합니다."

6 자신의 초기 영장류 연구를 돌아보며, 해러웨이는 영장류학에서 (그리고 다른 과학에서도) '객관적'이라고 여겨졌던 많은 부분에도 분명 편견이라는 관념이 적용될 수 있다고 지적한다(2000b: 405~406). 하지만 그러한 비판은, 결함이 있는 특정한 주장이 다양한 과학자에 의해 사용되면서, 그로 인해 수행되고, 보이고, 말해진 것에 어떤 차이를 만들어내는지에 대해서는 알려주지 않는다. 오류라고 지적할 수는 있겠지만, 과학계의 연구 방식은 과학에 연결되어 있는 여러 요소에 의해 형성되고 영향을 받는다는 점을 지적하는 것은 해러웨이에게 그저

너무 당연한 사실을 진술하는 일일 뿐이다.

7   이 책의 1986년 재발행판에서 라투르는 '사회적'이라는 단어를 부제에서 제거했다고 주장하면서 분석 자원으로서 '사회적'이라는 표현의 협소함에 대한 자신의 비판을 분명히 밝혔다. Latour and Woolgar (1986)를 참조하라.

8   나중에 Haraway(2000c: 11)는 '사회구성주의적' 주장에서 거리를 두면서 다음과 같이 말한다. "인간은 자연이나 문화를 발명하지 않았기 때문에, 분석 전략으로서 사회구성주의는 결국 빈약해지며 영양부족에 시달리게 된다." Latour(2003)는 구성주의가 과학연구에서 유용한 분석 자원이 될 수 있는지 여부에 의구심을 표명하는 자신만의 독자적 비판을 제시했다.

9   Haraway(1989a: 133~185)는 구달의 주장의 기원, 학문적 혈통 및 위치, 그리고 그의 현장 연구가 영장류과학뿐 아니라 곰비 침팬지 연구에 대한 학계의 인정(고인류학자인 리키Leakey 부부가 앞장섰다)에 기여한 바의 본질적 성격을 충분한 시간을 들여 논의한다. 또한 그 이후로 구달과 그의 연구가 '내셔널 지오그래픽 협회'와 그들의 유명 잡지에 의해 이야기된 방식, 특히 1965년부터 1984년까지 석유회사 걸프 오일이 제작한 텔레비전용 특집 프로그램 시리즈 및 광고에서 이야기된 방식에 대해 검토한다.

3장 반려종이 모인 퀴어 가족: 사이보그에서 개와 그 너머까지

1   소풀리스의 에세이는 특히 사이보그주의에 관심이 있는 사람들에게 매우 주요한 자료이다. 그는 해러웨이의 선언을 자세히 논의할 뿐 아니라, 그것을 사이보그 연구에 대한 이제는–방대해진 문헌 속에 위치시킨다. 소풀리스의 에세이가 실린 책을 읽는 독자들은 이 작업에 대해 훨씬 더 깊이 이해하고 또 그 작업을 넘어설 수 있다(Tofts et al., 2002 참조). 또한 Gray et al.(1995) 및 Kirkup et al.(2000)도 참조하라. 해러웨이의 에세이를 선별된 SF 작품과 구체적으로 연결하는 논의로

는 Christie(1993)를 참조하라. 그의 주장이 그다지 급진적이지 않다는 회의적 견해로는 Munnik(2001)를, 해러웨이의 퀴어 가족에서 사이보그보다 뱀파이어를 선호하는 주장으로는 Bartsch et al.(2001)을 참조하라. 마지막으로 사이보그 에세이와 해러웨이의 트랜스코딩 분석이 포스트모더니즘 이론으로서 공로를 더 인정받아야 마땅하다는 주장으로는 Crewe(1997)를 참조하라.

2   초기에 발표한 그의 관련 에세이 목록을 보려면 Haraway(1985: 104, n.15)를 참조하라.

3   Sofoulis(2002: 90)는 해러웨이가 1991년의 인터뷰(Penley and Ross, 1991: 20)에서 사이보그가 "사실은 다염성polychromatic의 소녀입니다. […] 사이보그는 나쁜 여자아이이지요. 사실은 남자아이가 아닙니다"라고 인정했다고 언급한다.

4   해러웨이는 물론 '주인의 도구로 주인의 집을 무너뜨리는 것'의 허황됨에 대한 Lorde(1984)의 유명한 주장을 충분히 알고 그 가치를 인정하고 있다(Haraway, 1997: 193, 303 n.26 참조). 그러나 해러웨이가 그것을 전가의 보도로 수용하고 있지 않다는 점은 그의 글 전체에 걸쳐 분명히 드러나는 듯하다.

5   사이보그 글쓰기에 대한 해러웨이의 주장을 물려받았을 뿐 아니라 텔레테크놀로지teletechnology에 대한 신랄하고도 통찰력 있는 분석이 담겨 있는 몇 가지 도발적 논의로는 Clough(2000, 특히 152~187)를 참조하라.

6   '젠더 없는 세계'라는 개념에 대한 명확한 설명은 Haraway(2004a: 328~329)를 참조하라. 거기서 그는 이 말의 뜻이 "이런 방식으로 세계를 수행할 필요-없음"이라고 말한다.

7   해러웨이는 이 용어와 의미를 생태주의 페미니스트 크리스 쿠오모(Cuomo, 1998: 62)로부터 가져왔다.

8   해러웨이가 '유전자'와 '게놈' 개념에 대한 이 헌신을 활용한 내용과 그가 경이롭게 표현해낸 지도 제작의 감각은 Haraway(1997: 131~

172)를 참조하라. 여기서 그는 여러 사람 중에서도 특히 Verran(1998; 또한 Verran, 2001도 참조)을 인용한다.

4장　신체, 지식, 정치, 윤리, 진실: 페미니즘 기술과학의 모색

1　Haraway(1992b: 332)는 또한 다음을 지적한다. 라투르는 (그가 강하게 비판하는) 과학에 대한 관습적인 '사회적' 설명을 엄격히 피하면서, "남성적 우월성 또는 인종차별주의 또는 제국주의 또는 계급 구조와 같은 문제" 및 과학 실천에서 그들의 현존에 대한 논의를 포함하기를 거부한다고 말이다. 해러웨이가 보기에 이것은 너무 큰 손실이다. 그러나 Latour(1999: 216~265; 2002; 2004)도 이러한/자신의 전쟁 은유에 대해 최근에 스스로 문제를 제기하고 있으므로 이 부분을 참조하라. 그리고 Haraway(1997: 279, n.19)에서 《젊은 과학의 전선》보다 훨씬 더 풍부한 비유적 도구 상자를 제공하는 라투르의 다른 저서를 정리해둔 목록(절판된 책도 있다)도 참조하라.

2　이와 유사한 이야기/우화를 보려면 Latour(1999: 266~292) 참조.

3　과학에서의 이 '재현의 정치'(라투르가 매우 잘 설명한)에 대한 짧지만 예리한 비판을 보려면 Haraway(1992b: 311~313, 324)를 참조하라. 해러웨이는 자신의 연구를 규정하는 다른 주장과 맥을 같이하며 '절합의 정치'를 전경에 내세우기를 선호하고 권장한다.

4　발효를 설명하는 데 성공한 파스퇴르의 연구를 다룬 유명한 논문에서 Latour(1983)가 붙인 명명백백한 제목은 '내게 실험실을 주면 세상을 키우겠다'이다.

5　그럼에도 이후에 발표한 책에서 Shapin(1994)은 **자연**이 존재하는 장소에 여성이 없음을 인정한다.

6　앞서 언급했듯이 해러웨이는 일반적으로 동료 작업의 부족한 부분을 지적하는 방식의 비판에는 지면을 거의 할애하지 않지만, 다른 사람으로부터 가져오고 배운 바를 구체적으로 밝히는 데는 충분한 지면을 사용한다.

7 입장론standpoint theory에 대한 해러웨이의 논의는 Hartsock(1983) 및 Harding(1992)의 연구에 의지하며 또 이들 연구를 인용한다. 이를 재검토하여 해러웨이는 상황적 지식이라는 자신의 개념을 도출한다.

8 여기서 해러웨이가 설명하고 그 자체로 구성주의로 간주될 수 있는 중요한 매개는 움베르토 마투라나Humberto Manturana에 의해 인문과학을 훨씬 넘어서는 곳까지 강력하게 제시되었다(Lettvin et al., 1959 참조). Manturana and Varela(1980)와 Varela et al.(1991)은 후속 작업을 이어나가 자기생성autopoiesis 및 자기생성적 시스템의 본성과 중요성을 정교화했다(또한 Hayles, 1999: 131~159도 참조).

5장 도나 해러웨이와의 대화

1 여기서 해러웨이는 UC 산타크루스에 임용되어 존스홉킨스 학부를 떠난 상황을 언급하고 있다.

2 개 세계의 유전학에 대한 해러웨이의 연구에서 확인할 수 있는 윤리 및 가치에 대한 이 주장의 최근 버전은 Haraway(2003c)를 참조하라.

3 브라질 테레조폴리스에서 열린 이 중요한 학술대회는 마찬가지로 중요한 책인 Strum and Fedigan(2000)이 편집한《영장류의 마주침Primate Encounters》으로 출간되었다.

4 이 프로젝트와 관련 교육 및 글쓰기를 위해 내가 공부한 바에 따르면, 라투르와 해러웨이는 분명 서로의 연구를 긍정적으로 수용하고 있으며, 과학을 연구하는 방식에 대한 관점도 공유하고 있다. 라투르는 해러웨이를 종종 "내 친구"라고 부르며, 일반적으로 자신이 인정하는 주장 혹은 견해를 해러웨이의 공으로 돌린다. 라투르는 자신의 1999년 저서《판도라의 희망Pandora's Hope》을 셜리 스트럼, 해러웨이, 스티브 글리크먼과 그들의 "개코원숭이, 사이보그, 하이에나"에게 바쳤다.

5 여기서 해러웨이가 의미하는 바는, 예컨대 Pickering(1992, 1995: 1~34)에 담긴 과학연구의 역사에 대한 간단한 개괄에서 파악할 수 있다. 피커링의 글에 따르면, 페미니즘 과학연구자들이, 실천으로서의

과학을 향한 '새로운' 전환 속에서 등장한 라투르, 미셸 칼롱Michel Cal-
lon, 피커링 자신의 연구와 상당히 비슷한 주장을 제기했음에도, 페미
니즘 과학연구자들에게는 관심이 거의 주어지지 않았다고 한다. 과학
과 연구 방법에 대한 피커링의 관점은 해러웨이가 영장류 프로젝트
부터 이어온 연구의 중심에 있었던 견해들과 여러 방면에서 상당히
일치하는 것으로 보인다(또한 Selinger, 2003 참조). 페미니즘의 기여
를 무시하는 과학연구에 대한 '내부자' 의견의 또 다른 예로는 Lynch
and Collins(1998)를 참조하라. 비슷한 구조를 취하고 있으나 상반된
견해를 제시하는 글로는 Cussins(2000)를 참조하라. 그리고 피커링이
편집한 논문 모음집 중에서 유일하게 과학 실천을 분석할 때 젠더가
명백하게 영향을 미친다고 지적한 Traweek(1992)도 참조하라.

6   듀퐁사가 전략적으로 자신의 연구 관행을 '적용된'에서 '순수한' 과
학으로 바꾸면서, 1920년대 후반 설립한 새 실험실에 붙인 이름(Har-
away, 1997: 86 참조).

7   가령 Young(1992: 104)은 《영장류의 시각》에 대해 다음과 같이 말한
다. "내가 읽은 이 책에 대한 논평 중 대부분이 이 책을 전혀 이해하지
못하고 있다. 특히 영국 언론의 비평은 더욱 그렇다. 독자들에게 아무
런 도움이 되지 않는다. 사실상 그들은 '이 모든 내용이 매우 흥미롭고
성실하지만, 이 이론은 입증되지 않았다'라고 말한다. 그들은 여러 결
이 얽혀 만드는 점증적인 무게가 그의 주장을 구성한다는 점을 전혀
이해하지 못한다. 그 연구는 통상적인 의미에서의 논증이 아니다."

8   니체주의자로서 해러웨이를 읽는 또 다른 방법에 대해서는 Jensen
and Selinger(2003)를 참조하라.

6장   왜 해러웨이를 읽어야 하는가

1   해러웨이 강연을 담은 영상 및 디지털 기록물 목록은 이 책의 참고문
헌에 정리되어 있다.

2   해러웨이는 자신의 첫 번째 책인 《크리스털, 직물 그리고 장》 재판에

새로운 부제를 붙였다. '20세기 생물학의 유기체주의에 대한 은유들'
을 대신하여 들어간 새 부제는 '배아를 형성하는 은유들'이다.

본문에 언급된 도나 해러웨이 인터뷰

Bhavnani, K. K. and Haraway, D. J., 'Shifting the subject: a conversation between Kum-Kum Bhavnani and Donna Haraway, 12 April 1993, Santa Cruz, California', *Feminism & Psychology*, 4(1) (1994), 19~39.

Gordon, A., 'Possible worlds: an interview with Donna Haraway', in *Body Politics: Disease, Desire, and the Family*, ed. by M. Ryan and A. Gordon (Boulder, CO: Westview, 1994), 241~250.

Haraway, D., *How Like a Leaf: An Interview with Thyrza Nichols Goodeve* (New York: Routledge, 2000a).

_____ *Birth of the Kennel: A Lecture by Donna Haraway*, The European Graduate School, Saas-Fee, Switzerland. August 2000c. (강의 끝부분의 청중과 해러웨이의 대화를 참고하라.) Online: www.egs.edu/faculty/haraway/haraway-birth-of-the-kennel-2000.

_____ 'Cyborgs, coyotes, and dogs: a kinship of feminist figurations and There are always more things going on than you thought! Methodologies as thinking technologies. An interview with Donna Haraway. Conducted in two parts by Nina Lykke, Randi Markussen, and Finn Olesen', in *The Haraway Reader* (New York: Routledge, 2004a), 321~342.

Kunzru, H., 'You are Cyborg', *Wired Magazine*, 5(2) (1997), 1~8. (URL: www.wired.com/wired/archive//5.02/ffharawayperson=donna_haraway&topic_set=wiredpeople).

Olson, G. A., 'Writing, literacy, and technology: toward a cyborg writing', in *Women Writing Culture*, ed. by G. A. Olson and E. Hirsch (Albany, NY: SUNY Press, 1995), 45~77.

Penley, C. and Ross, A., 'Cyborgs at large: interview with Donna Haraway', in *Technoculture*, ed. by C. Penley and A. Ross (Minneapolis: University of Minnesota Press, 1991), 1~20.

도나 해러웨이의 강연과 세미나 영상 및 디지털 자료

Haraway, D. J., *Donna Haraway Reads The National Geographic on Primates*, New York, Paper Tiger Television, 1987, Tape 126.

———*Modest_Witness@Second_Millennium*, Faculty Research Lecture, McHenry Library, University of California, Santa Cruz, 1996.

———*Between Nature and Culture: Cyborgs, Simians, Dogs, Genes, and Us*, 1998~1999 Humanities Lecture Series, McHenry Library, University of California, Santa Cruz, 1999.

———*From Cyborgs to Companion Species: Kinship in Technoscience*, Robert and Maurine Rothschild Lecture in the History of Science, Harvard University, 2002a. (비디오테이프는 매사추세츠주 케임브리지 하버드 대학 과학사 분과에서 구할 수 있다.)

———*Cloning Mutts, Saving Tigers: Ethical Emergents in Technocultural Dog Worlds*, Dean's Lecture, Radcliffe Institute for Advanced Study, 2002b (Contact Radcliffe Institute for Advanced Study, Educational Programs, Harvard University, Cambridge, MA).

———*A Companion Species Manifesto*, Lecture, Critical Theory Institute, University of California, Irvine, 2003a (Contact Critical Theory Institute, University of California, Irvine).

———*From Cyborgs to Companion Species: Dogs, People, and Technoculture*, Avenali Lecture, University of California, Berkeley: Doreen B. Townsend Center for the Humanities, 2003b (URL: http://ls.berkeley.edu/dept/townsend/events).

———*The Companion Species Manifesto*, Pacific Center for Technology and Culture, University of Victoria, Canada, 2004 (URL: www.pactac.net and see video archive).

본문에 언급된 해러웨이 저작

Haraway, D. J., 'Animal sociology and a natural economy of the body politic. Part i. A political physiology of dominance', *Signs*, 4 (1978a), 21~36.

──── 'Animal sociology. Part ii. The past is the contested zone: human nature and theories of production and reproduction in primate behavior studies', *Signs*, 4 (1978b), 37~60.

──── 'The biological enterprise: sex, mind, and profit from human engineering to sociobiology', *Radical History Review*, 20 (1979), 206~237.

──── 'Laboratory Life: The Social Construction of Scientific Facts', *Isis*, 71 (1980), 488~489.

──── 'Teddy bear patriarchy: taxidermy in the Garden of Eden, New York City, 1908~1936', *Social Text*, 11 (1984/85), 19~64.

──── 'Manifesto for cyborgs: science, technology, and socialist feminism in the 1980s', *Socialist Review*, 80 (1985), 65~108.

──── 'Situated knowledges: the science question in feminism as a site of discourse on the privilege of partial perspective', *Feminist Studies*, 14 (1988), 575~599.

──── *Primate Visions: Gender, Race, and Nature in the World of Modern Science* (New York: Routledge, 1989a).

──── 'The biopolitics of postmodern bodies: determinations of self in immune system discourse', *Differences: A Journal of Feminist Cultural Studies*, 1 (1989b), 3~43.

──── *Simians, Cyborgs, and Women: The Reinvention of Nature* (New York: Routledge, 1991a).

──── 'The actors are cyborg, nature is coyote, and the geography is elsewhere: postscript to "cyborgs at large"', in *Technoculture*, ed. by C. Penley and A. Ross (Minneapolis: University of Minnesota Press, 1991b), 21~26.

──── 'Otherworldly Conversations; Terran Topics; Local Terms', *Science as Culture*, 3(1) (1992a), 59~92.

———— 'The promise of monsters: a regenerative politics for inappropriate/
d others', in *Cultural Studies*, ed. by L. Grossberg, C. Nelson, and P.
Treichler (New York: Routledge, 1992b), 295~337.

———— 'Ecce homo, ain't(ar'n't) I a woman, and inappropriate/d others:
the human in a post-humanist landscape', in *Feminists Theorize the
Political*, ed. by J. Butler and J. W. Scott (New York: Routledge, 1992c),
86~100.

———— 'A game of cat's cradle: science studies, feminist theory, cultural
studies', *Configurations*, 2(1) (1994), 59~71.

———— 'Cyborgs and symbionts: living together in the new world order', in
The Cyborg Handbook, ed. by C. H. Gray, H. Figueroa-Sarriera, and S.
Mentor (New York and London: Routledge, 1995), xi~xix.

———— *Modest_Witness@Second_Millennium: FemaleMan©_Meets_
Oncomouse™: Feminism and Technoscience* (New York: Routledge,
1997).

———— *How Like a Leaf: An Interview with Thyrza Nichols Goodeve* (New
York: Routledge, 2000a).

———— 'Morphing in the order: flexible strategies, feminst science studies,
and primate revisions', in *Primate Encounters: Models of Science,
Gender, and Society*, ed. by S. C. Strum and L. M. Fedigan (Chicago:
University of Chicago Press, 2000b), 398~420.

———— *Birth of the Kennel: A Lecture by Donna Haraway*, The European
Graduate School, Saas-Fee, Switzerland, August 2000c. (강의 말미의
청중과 해러웨이의 대화를 참고하라.) Online at: www.egs.edu/faculty/
haraway/haraway-birth-of-the-kennel-2000.

———— *The Companion Species Manifesto: Dogs, People, and Significant
Otherness* (Chicago: Prickly Paradigm Press, 2003a).

———— 'For the love of a good dog: webs of action in the world of dog
genetics', in *Race, Nature, and the Politics of Difference*, ed. by D.
Moore, J. Kosek, and A. Pandian (Durham, NC: Duke University Press,
2003b), 254~295.

———— 'Cloning mutts, saving tigers: ethical emergents in technocultural dog worlds', in *Remaking Life and Death: Towards an Anthropology of the Biosciences* (Santa Fe, NM: School of American Research Press, 2003c), 293~327.

———— *The Haraway Reader* (New York: Routledge, 2004a).

———— *Crystals, Fabrics, and Fields: Metaphors that Shape Embryos* (Berkeley, CA: North Atlantic Press, [1976] 2004b).

———— 'Notes of a sports writer's daughter', Unpublished manuscript, University of California, Santa Cruz, 2004c.

———— 'Introduction', *Crystals, Fabrics, and Fields: Metaphors That Shape Embryos* (Berkeley, CA: North Atlantic Press, 2004d).

———— 'Chicken', in *Shock and Awe: War on Words* (Santa Cruz, CA: New Pacific Press, 2004e), 23~30.

———— 'Value-added dogs and lively capital', Unpublished manuscript, University of California, Santa Cruz, 2004f.

———— 'Crittercam: compounding eyes in naturecultures', in *Expanding Phenomenology: Companion to Ihde*, ed. by E. Selinger, (Albany, NY: SUNY Press, 2005).

본문에 언급되지 않은 해러웨이 저작

Haraway, D. J., 'The transformation of the left in science: radical associations in Britain in the 1930s and the U.S.A. in the 1960s', *Soundings*, LVIII(4) (1975), 441~462.

———— 'In the beginning was the word: the genesis of biological theory', *Signs*, 6 (1981), 469~481.

———— 'The high cost of information in post World War II evolutionary biology: ergonomics, semiotics, and the sociobiology of communications systems', *Philosophical Forum*, 13(2~3) (1981~1982), 244~278.

———— 'Sex, race, class, scientific objects of knowledge: a Marxist-feminist perspective on the scientific generation of productive nature and some political consequences', *Socialism in the World*, 29 (1982), 113~123.

———'The contest for primate nature: daughters of man the hunter in the field, 1960~80', in *The Future of American Democracy: Views from the Lift*, ed. by M. Kann (Philadelphia: Temple University Press, 1983a), 175~207.

———'Signs of dominance: from a physiology to a cybernetics of primate society, C. R. Carpenter, 1930~70', *Studies in History of Biology*, 6 (1983b), 129~219.

———'Note', *Signs*, 9(2) (1983c), 332~333.

———'Class, race, sex, scientific objects of knowledge: a socialist-feminist perspective on the social construction of productive nature and some political consequences', in *Women in Scientific and Engineering Professions*, ed. by V. Haas and C. Perrucci (Ann Arbor, MI: University of Michigan Press, 1984), 212~229.

———'Primatology is politics by other means: women's place is in the jungle', in *Feminist Approaches to Science*, ed. by R. Bleier (London: Pergamon, 1986a), 77~118.

———'The heart of Africa: nations, dreams, and apes', *Inscriptions*, 2 (1986b), 9~16.

———'Gender for a Marxist dictionary: the sexual politics of a word', in *The Sociology of Gender*, ed. by S. Franklin (London: Edward Elgar, 1987).

———'Remodeling the human way of life: Sherwood Washburn and the new physical anthropology, 1950~80', *History of Anthropology*, 5 (1988a), 206~259.

———'Reading Buchi Emecheta: contests for women's experience in women's studies', *Inscriptions*, 3/4 (1988b), 107~124.

———'Monkeys, aliens, and women: love, science, and politics at the intersection of feminist theory and colonial discourse', *Women's Studies International Forum*, 12(3) (1989a), 295~312.

———'Investment strategies for the evolving portfolio of primate females', in *Body/Politics: Women and the Discourses of Science*, ed. by M.

Jacobus, E. F. Keller and S. Shuttleworth (New York: Routledge, 1989b), 139~162.

—— 'On wimps', *Journal of Urban and Cultural Studies*, 2(1) (1991), 1~4.

—— 'When man™ is on the menu', in *Incorporations*, ed. by J. Crary and S. Kwinter (New York: Zone, 1992), 38~43.

—— 'Nature™ + culture™ = the New World Order, Inc.', in *In Out of the Cold* (Center for the Arts at Yerba Buena Gardens, 1993), 27~28.

—— 'Foreword', in *Women Writing Culture*, ed. by G. A. Olson and E. Hirsch (Albany, NY: State University of New York Press, 1995), xi~xiv.

—— 'Modest witness: feminist diffractions in science studies', in *The Disunity of Sciences: Boundaries, Contexts, and Power*, ed. by P. Galison and D. Stump (Stanford, CA: Stanford University Press, 1996), 428~441.

—— 'Enlightenment@science_wars.com: a personal reflection of love and war', *Social Text*, 15(1) (1997), 123~129.

본문에 언급된 기타 참고문헌

Barad, K., 'Meeting the universe halfway: ambiguities, discontinuities, quantum subjects, and multiple positionings in feminism and physics', in *Feminism, Science, and the Philosophy of Science*, ed. by L. H. Nelson and J. Nelson (Norwell, MA: Kluwer Press, 1995a), 161~194.

—— 'A feminist approach to teaching quantum physics', in *Teaching the Majority: Breaking the Gender Barrier in Science, Mathematics, and Engineering*, ed. by S. V. Rosser (New York: Teachers College Press, 1995b), 43~75.

—— 'Agential realism: feminist interventions in understanding scientific practices', in *The Science Studies Reader*, ed. by M. Biagioli (New York: Routledge, 1999), 1~11.

Bartsch, I., DiPalma, C. and Sells, L., 'Witnessing the postmodern jeremiad: (mis)understanding Donna Haraway's method of inquiry', *Configurations*, 9 (2001), 127~164.

Bhavnani, K. K. and Haraway, D. J., 'Shifting the subject: a conversation between Kum-Kum Bhavnani and Donna Haraway, 12 April 1993, Santa Cruz, California', *Feminism & Psychology*, 4(1) (1994), 19~39.

Butler, J., 'Contingent foundations: feminism and the question of postmodernism', in *Feminists Theorize the Political*, ed. by J. Butler and J. Scott (New York: Routledge, 1992), 3~21.

Campbell, K., 'The promise of feminist reflexivities: developing Donna Haraway's project for feminist science studies', *Hypatia*, 19(1) (2004), 162~182.

Cartmill, M., 'Primate Visions', *International Journal of Primatology*, 12(1) (1991), 67~75.

Christie, J. R. R., 'A tragedy for cyborgs', *Configurations*, 1(1) (1993), 171~196.

Clarke, A., *Disciplining Reproduction: Modernity, American Life Sciences and the 'Problems of Sex'* (Berkeley, CA: University of California Press, 1998).

Clarke, A. and Montini, T., 'The many faces of RU486: tales of situated knowledges and technological contestations', *Science, Technology, and Human Values*, 18(1) (1993), 42~78.

Clarke, A. and Olesen, V. (eds), *Revisioning Women, Health, and Healing: Feminist, Cultural, and Technoscientific Perspectives* (New York: Routledge, 1999).

Clough, P. T., 'Autotelecommunication and autoethnography: a reading of Carolyn Ellis's *Final Negotiations*', *Sociological Quarterly*, 38(1) (1997), 95~110.

———*Autoaffection: Unconscious Thought in the Age of Teletechnology* (Minneapolis: University of Minnesota Press, 2000).

Clough, P. T. and Schneider, J., 'Donna J. Haraway' in *Profiles in Contemporary Social Theory*, ed. by A. Elliott and B. Turner (London: Sage, 2001), 338~349.

Clynes, M. E. and Kline, N. S., 'Cyborgs and space', *Astraunatics*, September 26~27 (1960), 5~76.

Collins, G., 'Long live the elephants, long dead', *New York Times*, 4 June 2004, A25.

Crewe, J., 'Transcoding the world: Haraway's postmodernism', *Signs*, 22(4) (1997), 891~905.

Cuomo, C. J., *Feminism and Ecological Communities: An Ethic of Flourishing* (New York: Routledge, 1998).

Cussins, C. T., 'Ontological choreography: agency through objectification in infertility clinics', *Social Studies of Science*, 26 (1996), 575~610.

———— 'Primate suspect: some varieties of science studies', in *Primate Encounters: Models of Science, Gender, and Society*, ed. by S. C. Strum and L. M. Fedigan (Chicago: University of Chicago Press, 2000).

De Lauretis, T., 'Signs of wa/onder', in *The Technological Imagination*, ed. by T. de Lauretis, A. Huyssen, K. Woodward (Madison, WI: Coda Press, 1980), 159~174.

DeVore, I. (ed.), *Primate Behavior: Field Studies of Monkeys and Apes* (New York: Holt, Rinehart, & Winston, 1965).

Fausto-Sterling, A., 'Essay review: *Primate Visions*, a model for historians of science?', *Journal of the History of Biology*, 23(2) (1990), 329~333.

Foucault, M., *The Order of Things: An Archeology of the Human Sciences*, transl. of *Les Mots et les choses* (New York: Vintage, [1970] 1973).

———— 'Nietzsche, genealogy, history', in *Language, Counter-Memory, Practice: Selected Essays and Interviews*, ed. by D. F. Bouchard (Ithaca, NY: Cornell University Press, 1977), 139~164.

Garrett, S., *Ruff Love* (Chicopee, MA: Clean Run Productions, 2002).

Gilbert, S. F., 'Foreword', in *Crystals, Fabrics, and Fields: Metaphors that Shape Embryos* (Berkeley, CA: North Atlantic Books, 2004), xi~xvi.

Gray, C. H., Figueroa-Sarriera, H. and Mentor, S. (eds), *The Cyborg Handbook* (New York and London: Routledge, 1995).

Grint, K. and Woolgar, S., 'On some failures of nerve in constructivist and feminist analyses of technology', *Science, Technology, and Human Values*, 20 (1995), 286~310.

Gross, P. R. and Levitt, N., *Higher Superstition: The Academic Left and Its*

Quarrels with Science (Baltimore: Johns Hopkins University Press, 1994).

Harding, S., *The Science Question in Feminism* (Ithaca, NY: Cornell University Press, 1986).

──── 'Primate Visions', *National Women's Studies Association Journal*, 2(2) (1990), 295~298.

──── *Whose Science? Whose Knowledge? Thinking from Women's Lives* (Ithaca, NY: Cornell University Press, 1992).

──── *The 'Racial' Economy of Science: Toward a Democratic Future* (Bloomington, IN: University of Indiana Press, 1993).

──── *Is Science Multicultural? Postcolonialisms, Feminisms, and Epistemologies* (Bloomington, IN: University of Indiana Press, 1998).

Hartsock, N., 'The feminist standpoint: developing the ground for a specifically feminist historical materialism', in *Discovering Reality: Feminist Perspectives on Epistemology, Methodology, and Philosophy of Science*, ed. by S. Harding and M. Mintikka (Dordrecht/Boston: Reidel, 1983), 283~310.

Hayles, N. K., *How We Became Posthuman: Virtual Bodies in Cybernetics, Literature, and Informatics* (Chicago: University of Chicago Press, 1999).

Hearne, V., *Adam's Task: Calling Animals by Name* (New York: Knopf, 1986).

──── *Animal Happiness* (New York: HarperCollins, 1994).

Heath, D., 'Primate Visions', *American Ethnologist*, 17(4) (1990), 798~799.

Heidegger, M., *The Question Concerning Technology*, trans. W. Lovitt (New York: Harper & Row, 1977).

Hendricks, M., 'Managing the barbarians: the tragedy of Dido, queen of Carthage', *Renaissance Drama*, New Series 23 (1992), 165~188.

──── 'Civility, barbarism, and Aphra Behn's The Widow Ranter', in *Women, 'Race,' and Writing in the Early Modern Period*, ed. by M. Hendricks and P. Parker (New York: Routledge, 1994), 225~239.

──── 'Obscured by dreams: race, empire, and Shakespeare's *A*

Midsummer Night's Dream', *Shakespeare Quarterly*, 47(1) (1996), 37~60.

hooks, b., *Yearning* (Boston: Southend Press, 1990).

Hrdy, S. B., *The Woman That Never Evolved* (Cambridge, MA: Harvard University Press, 1981).

Hubbard, R., 'Planet of the apes: dismantling the empire of science', *The Village Voice*, October 3 (1989), 63.

Hutchins, E., *Cognition in the Wild* (Cambridge, MA: MIT Press, 2000).

Jensen, C. B. and Selinger, E., 'Distance and alignment: Haraway's and Latour's Nietzschean legacies', in *Chasing Technoscience: Matrix for Materiality*, ed. by D. Ihde and E. Selinger (Bloomington, IN: Indiana University Press, 2003), 195~212.

Jolly, A. and Jolly M., 'A view from the other end of the telescope', *New Scientist*, April 21 (1990), 58.

Keller, E. F., *Reflections on Gender and Science* (New Haven, CT: Yale University Press, 1985).

———*Secrets of Life, Secrets of Death: Essays on Language, Gender, and Science* (New York: Routledge, 1992).

———*Refiguring Life: Metaphors of Twentieth-Century Biology* (New York: Columbia University Press, 1995).

King, K., 'Bibliography and a feminist apparatus of literary production', *Text: Transactions for the Society for Textual Scholarship*, 5 (1991), 91~103.

———*Theory in Its Feminist Travels: Conversations in U.S. Women's Movements* (Bloomington, IN: University of Indiana Press, 1994a).

———'Feminism and writing technologies: teaching queerish travels through maps, territories, and pattern', *Configurations*, 2(1) (1994b), 89~106.

———'Speaking with Things: An Introduction to Feminism and Writing Technologies', Manuscript, University of Maryland, College Park, 2003.

Kirkup, G., Janes, L., Woodward, K. and Hovenden, F., *The Gendered*

Cyborg: A Reader (London and New York: Routledge, 2000).

Kuhn, T. S., *The Structure of Scientific Revolutions*, second edition (Chicago: University of Chicago Press, 1970).

Latour, B., 'Give me a laboratory and I will raise the world', in *Science Observed: Perspectives on the Social Study of Science*, ed. by K. Knorr Cetina and M. Mulkay (London: Sage, 1983), 141~170.

———— *Science in Action: How to Follow Scientists and Engineers through Society* (Cambridge, MA: Harvard University Press, 1987).

———— *The Pasteurization of France* (Cambridge, MA: Harvard University Press, 1988).

———— *Pandora's Hope: Essays on the Reality of Science Studies* (Cambridge, MA: Harvard University Press, 1999).

———— *War of the Worlds: What about Peace?* (Chicago: Prickly Paradigm Press, 2002).

———— 'The promises of constructivism', in *Chasing Technoscience: Matrix for Materiality*, ed. by D. Ihde and E. Selinger (Bloomington, IN: Indiana University Press, 2003), 27~46.

———— 'Why has critique run out of steam? From matters of fact to matters of concern', *Critical Inquiry*, 30(2) (Winter) (2004), 225~248.

Latour, B. and Woolgar, S., *Laboratory Life: The Social Construction of Scientific Facts* (Beverly Hills, CA: Sage, 1979).

———— *Laboratory Life: The Construction of Scientific Facts* (Princeton, NJ: Princeton University Press, 1986).

Law, J. and Hassard, J. (eds), *Actor Network Theory and After* (Oxford: Blackwell, 1999).

Lettvin, J. Y., Maturana, H. R., McCullouch, W. S., and Pitts, W. H., 'What the frog's eye tells the frog's brain', *Proceedings of the Institute for Radio Engineers*, 47(11) (November) (1959), 1940~1951.

Lorde, A., 'The master's tools will never dismantle the master's house', in *Sister Outsider: Essays and Speeches* (Trumansburg, NY: Crossing Press, 1984), 110~113.

Lynch, M. and Collins, H. M., 'Introduction: humans, animals, and

machines', *Science, Technology, & Human Values*, 23(4) (1998),
371~383.

Maturana, H. R., and Varela, F. J., *Autopoiesis and Cognition: The Realization of the Living* (Dordrecht: Reidel, 1980).

Marcus, G., 'The discourse of primatology', *Science*, 248(4957) (1990), 886~887.

Masters, J., 'Natural selection, cultural construction', *Women's Review of Books*, January (1990).

Mitman, G., 'Donna Haraway. *Primate Visions*', *Isis*, 82(1) (1991), 163~165.

Munnik, R., 'Donna Haraway: cyborgs for earthly survival?', in *American Philosophy of Technology: The Empirical Turn*, ed. by H. Achterhuis (Bloomington, IN: Indiana University Press, 2001), 95~118.

Myerson, G., *Donna Haraway and GM Foods* (Cambridge: Totem Books, 2000).

Noble, D. F., *A World Without Women: The Christian Clerical Culture of Western Science* (New York: Oxford University Press, 1992).

Olson, G. A., 'Writing, literacy, and technology: toward a cyborg writing', in *Women Writing Culture*, ed. by G. A. Olson and E. Hirsch (Albany, NY: SUNY Press, 1995), 45~77.

Olson, G. A. and Hirsch, E. (eds), *Women Writing Culture* (Albany, NY: SUNY Press, 1995).

Pickering, A., 'From science as knowledge to science as practice', in *Science as Practice and Culture*, ed. by A. Pickering (Chicago: University of Chicago Press, 1992), 1~29.

——— *The Mangle of Practice: Time, Agency, and Science* (Chicago: University of Chicago Press, 1995).

Potter, E., *Gender and Boyle's Law of Gases* (Bloomington, IN: Indiana University Press, 2001).

Rodman, P., 'Flawed vision: deconstruction of primatology and primatologists', *Current Anthropology*, 31(4) (1990), 484~486.

Rossiter, M. W., '*Primate Visions*', *Journal of American History*, 77(2) (1990), 712~713.

Said, E., *Orientalism* (New York: Pantheon, 1978).

Scheich, E., 'Donna Haraway. *Primate Visions*', *American Historical Review*, 96(3) (1991), 829~830.

Schneider, J., 'Reflexive/diffractive ethnography', *Cultural Studies* ↦ *Critical Methodologies*, 2(4) (2002), 460~482.

Scott, J., 'Ask ms. science', *Tikkun*, 6(1) (1991), 78~80.

Selinger, E., 'Interdisciplinary provocateurs: philosophically assessing Haraway and Pickering', in *Chasing Technoscience: Matrix for Materiality*, ed. by D. Ihde and E. Selinger (Bloomington, IN: Indiana University Press, 2003), 147~166.

Shapin, S., *A Social History of Truth: Civility and Science in Seventeenth Century England* (Chicago: University of Chicago Press, 1994).

Shapin, S. and Schaffer, S., *Leviathan and the Air-Pump: Hobbes, Boyle, and the Experimental Life* (Princeton, NJ: Princeton University Press, 1985).

Small, M., '*Primate Visions*', *American Journal of Physical Anthropology*, 82 (1990), 527~532.

Smuts, B. B., Cheney, D. L., Seyfarth, R. M., Wrangham, R. W. and Struhsaker, T. T. (eds), *Primate Societies* (Chicago: University of Chicago Press, 1987).

Sofoulis, Z., 'Through the lumen: Frankenstein and the optics of reorigination', PhD thesis, University of California, Santa Cruz, 1988.

——— 'Cyberquake: Haraway's manifesto', in *Prefiguring Cyberculture: An Intellectual History* (Cambridge, MA: MIT Press, 2002), 83~104.

Sperling, S., 'A jungle of our imagination', *Los Angeles Times Book Review*, 17 September 1989, 4.

Stanford, C. B., 'Primate Visions', *American Anthropologist*, 93(4) (1991), 1031~1032.

Star, S. L., 'Power, technology, and the phenomenology of conventions: on being allergic to onions', in *A Sociology of Monsters: Power, Technology, and the Modern World*, ed. by J. Law (Oxford: Basil Blackwell, 1991), 26~56.

Strathern, M., 'Primary visionary', *Science as Culture*, 11 (1991), 282~295.

_____ *Reproducing the Future: Anthropology, Kinship, and the New Reproductive Technologies* (New York: Routledge, 1992).

Strum, S. C. and Fedigan, L. M. (eds), *Primate Encounters: Models of Science, Gender, and Society* (Chicago: University of Chicago Press, 2000).

Taylor, M. C., *The Moment of Complexity: Emerging Network Culture* (Chicago: University of Chicago Press, 2001).

Tofts, D., Jonson, A. and Cavallaro, A. (eds), *Prefiguring Cyberculture: An Intellectual History* (Cambridge, MA: MIT Press, 2002).

Traweek, S., *Beamtimes and Lifetimes: The World of High Energy Physicists* (Cambridge, MA: Harvard University Press, 1988).

_____ 'Border crossings: narrative strategies in science studies and among physicists in Tsukuba Science City, Japan', in *Science as Practice and Culture*, ed. by A. Pickering (Chicago: University of Chicago Press, 1992), 429~465.

Varela, F. J., Thompson, E. and Rosch, E., *The Embodied Mind: Cognitive Science and the Human Experience* (Cambridge, MA: MIT Press, 1991).

Verran, H., 'Re-imagining land ownership in Australia', *Postcolonial Studies*, 1(2) (1998), 237~254.

_____ *Science and an African Logic* (Chicago: University of Chicago Press, 2001).

Whitehead, A. N. *Science and the Modern World* (New York: Mentor Books, [1925] 1948).

_____ *Process and Reality* (New York: Free Press, [1929] 1969).

Wolfe, C., *Zoontologies: The Question of the Animal* (Minneapolis: University of Minnesota Press, 2003).

Woodbridge, L., *Women and the English Renaissance: Literature and the Nature of Womankind, 1540~1620* (Urbana, IL: University of Illinois Press, 1984).

Young, R. M., *Darwin's Metaphor: Nature's Place in Victorian Culture* (Oxford: Oxford University Press, 1985).

_____ 'Science, ideology, and Donna Haraway', *Science as Culture*, 15(3) (1992), 165~207.